本书得到中原工学院校级教材重点建设项目资助

管理信息系统

主 编 刘克兴 高 岩
副主编 韦映梅 王小黎 李紫瑶

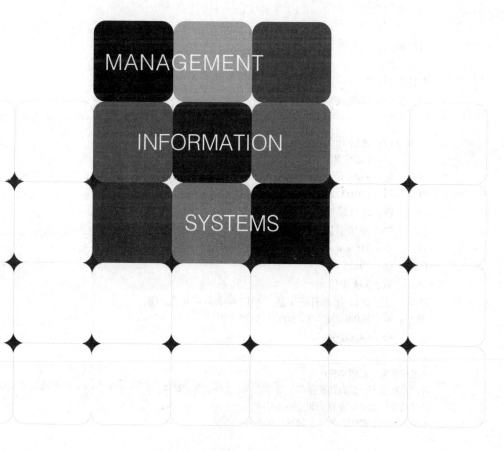

MANAGEMENT

INFORMATION

SYSTEMS

经济管理出版社

ECONOMY & MANAGEMENT PUBLISHING HOUSE

图书在版编目（CIP）数据

管理信息系统/刘克兴，高岩主编 . —北京：经济管理出版社，2017. 5
ISBN 978 - 7 - 5096 - 5133 - 9

Ⅰ. ①管…　Ⅱ. ①刘…　Ⅲ. ①管理信息系统—教材　Ⅳ. ①C931. 6

中国版本图书馆 CIP 数据核字（2017）第 116969 号

组稿编辑：王光艳
责任编辑：许　兵
责任印制：黄章平
责任校对：张晓燕

出版发行：经济管理出版社
　　　　　（北京市海淀区北蜂窝 8 号中雅大厦 A 座 11 层　100038）
网　　　址：www. E - mp. com. cn
电　　　话：（010）51915602
印　　　刷：北京晨旭印刷厂
经　　　销：新华书店
开　　　本：710mm×1000mm/16
印　　　张：19. 25
字　　　数：334 千字
版　　　次：2017 年 8 月第 1 版　2017 年 8 月第 1 次印刷
书　　　号：ISBN 978 - 7 - 5096 - 5133 - 9
定　　　价：68. 00 元

前　言

　　信息时代，对于信息的管理和应用水平已成为各级组织竞争能力的重要衡量指标。信息这一重要的资源也像物质和能源一样成为组织管理的主要对象；本质上，对组织的人、财、物的管理，也是通过反映这些资源的信息来进行的。现代信息技术的快速发展为信息的深层次管理提供了可能和广阔的发展空间，现代管理理论和实践也对信息管理理论、技术提出了新的更高要求。

　　管理信息系统是对一个组织进行全面管理的人机结合的系统，它综合了计算机技术、通信技术、现代管理思想来辅助管理人员进行管理和决策，从而帮助组织提高信息处理效率，提升经济效益，优化业务流程，保持竞争优势和发展。

　　管理信息系统自诞生以来，一直在不断地发展和完善。随着信息技术和现代管理方法的发展与相互融合，管理信息系统的功能边界发生了变化，管理方法也发生了变化，其涉及的内容、应用环境等因素也发生了显著变化。作者从长期的教学和科研开发工作中认识到，作为高校的教科书，目前亟须采用适应新的变化的前沿技术、理念来全面阐述管理信息系统理论和方法。

　　管理信息系统的课程设立，目的是使学生能够用管理信息系统的观点来审视和考虑如何处理组织中的具体问题。经管类的学生一般不能直接从事系统开发工作，其学习重点应在于基本概念、基本知识和系统的观点，对于系统的开发过程、思想方法、关键问题也必须掌握。尤其应该关注业务和技术的结合，认识到管理信息系统既是一个技术系统也是一个社会系统，涉及社会和组织的诸多方面问题等，从而保证信息技术对组织管理发挥最大的帮助作用。

　　管理信息系统产生至今，已有诸多优秀的经典教科书面世。从国内已出版的有关管理信息系统书籍来看，有的侧重于管理应用的视角，理论概念较多；有的偏重于计算机专业软件开发，技术细节较多。教学中发现，有的学生反映学过之后仍然不知从何入手；在系统开发的角度，多沿用经典的结构化开发方法技术，对目前软件开发主流技术的阐述多是一带而过，与现实社会商业实践尚存差距。

因此，本书在编写过程中注重突出如下特点：

第一，本书编写的指导思想是依据高校经管类专业的培养目标，按学科的课程设置要求，突出扎实的理论、面向应用、面向企业实践的特点。

第二，内容范围全面。本书作者结合多年从事管理信息系统教学和系统开发经验，全面阐述了管理信息系统的各个方面。从理论、技术基础、开发实践和应用等几个方面，全面地论述了管理信息系统的概念原理、开发和应用等问题，使读者学习之后，既能掌握理论，又能开发和管理应用。

第三，结构体系严谨、各部分自成体系，适合不同层次读者。如果将本书的学习比作登泰山，本书的各个部分就是几个不同阶段：第一部分是理论概念，是管理信息系统的入门篇章，是从岱庙初入"红门"；第二部分是技术基础，是进一步掌握管理信息系统的基石，是走入了中天门，"进入佳境"；第三部分和第四部分是开发方法和过程，是系统开发的进阶，需要大量的精力，如爬"十八盘"；第五部分是运营和应用，从广阔的视角重新审视管理信息系统的全貌，如到达"玉皇顶"，产生"一览众山小"的感觉。对初学的读者建议从第一部分开始，对有某方面基础的读者可以采用跳跃式的阅读，比如有技术基础的可以跳过第二部分，非信息管理专业的经管类学生可以对开发部分略读。第四部分作为选读，适合有更多精力的读者。

第四，采用新的技术，体现现代管理信息系统的特点，实践性强。目前，面向对象的开发方法早已成为业界主流。本书在兼顾传统经典开发方法介绍的同时，以大量篇幅讲述面向对象的开发，有利于学生毕业后与业界主流技术对接。

本书编写力求用通俗的语言去解释专业的理论概念，遵从管理信息系统的开发规律，着重从管理视角对管理信息系统进行介绍，避免了过多、过细的技术性叙述，强调实际操作能力的培养，在教材中设置大量的练习及案例分析题，巩固所学知识，锻炼学生活学活用解决具体问题的能力。以培养应用型、复合型人才为宗旨，注重教材的科学性、实用性、通用性和趣味性，具有难易适中等特点。

本书第一章、第二章为第一部分信息系统的理论；第三章、第四章、第五章为第二部分信息系统的技术基础；第六章、第七章、第八章、第九章为第三部分经典的开发方法；第十章、第十一章、第十二章、第十三章、第十四章为第四部分面向对象的开发方法；第十五章、第十六章为第五部分管理信息系统的管理与应用。

学生可以根据自己的基础选择不同的章节阅读学习。书中部分网络技术的内容，作为选学内容，经管类文科学生可以跳过；但建议信息管理专业学生学习。作为教材使用建议安排 45~60 课时。

本书主编为刘克兴和高岩，副主编为韦映梅、王小黎和李紫瑶，参编人员有孙学军和盛清燕。

其中，第三章、第四章、第五章、第十章、第十一章、第十二章、第十三章由刘克兴编写；第二章由孙学军编写；第六章由李紫瑶编写；第一章、第十四章、第十六章由高岩编写；第九章由韦映梅编写；第八章由王小黎编写；第七章、第十五章由盛清燕编写。

本书编写过程中参考了较多国内外文献和资料，在此谨向这些文献和资料的作者表示衷心的感谢。本书最后的三个案例分别由李向东、李婷和牛晓山提供素材，在此一并致谢。特别感谢经济管理出版社王光艳等编辑的大力协助。

由于编者水平有限，书中难免有不妥甚至谬误之处，恳请读者和同行谅解、批评指正。

最后感谢您选择本书！

编者

2017 年 4 月

目　录

第一部分　信息系统理论

第一章　信息系统概述 ·· 3

　第一节　对"信息"的认识 ·· 3
　　一、数据 ·· 4
　　二、信息 ·· 5
　　三、信息的价值与信息的度量 ····································· 6
　　四、信息的分类和属性 ·· 8
　　五、信息和知识的关系 ·· 9
　第二节　系统与信息系统 ·· 10
　　一、什么是系统 ··· 10
　　二、信息系统 ·· 12
　思考练习题 ··· 14
　案例与讨论：数字土著人 ··· 14

第二章　组织中的管理信息系统 ····································· 16

　第一节　企业组织和信息系统 ·· 16
　　一、背景 ·· 16
　　二、管理的概念 ··· 17
　　三、管理的过程 ··· 18

第二节 管理信息系统 ……………………………………………… 19

　　一、管理信息系统的概念 ………………………………… 19

　　二、管理信息系统的特点 ………………………………… 20

　　三、管理信息系统的结构 ………………………………… 21

第三节 管理信息系统对管理的支持 ……………………………… 25

　　一、信息系统对计划职能的支持 ………………………… 26

　　二、信息系统对组织职能和领导职能的支持 …………… 27

　　三、信息系统对控制职能的支持 ………………………… 29

第四节 管理信息系统的发展及现状 ……………………………… 29

　　一、管理信息系统的演变 ………………………………… 29

　　二、管理信息系统的分类 ………………………………… 32

第五节 管理信息系统的学科特点与学习方法 …………………… 33

　　一、管理信息系统涉及的学科 …………………………… 33

　　二、对管理信息系统的进一步理解 ……………………… 33

　　三、管理信息系统的学习方法建议 ……………………… 35

思考练习题 …………………………………………………………… 36

案例与讨论：希尔顿酒店的信息系统 …………………………… 36

第二部分　信息系统的技术基础

第三章　计算机原理 ………………………………………………… 41

第一节 计算机系统基础知识 ……………………………………… 41

　　一、计算机概述 …………………………………………… 41

　　二、计算机系统的构成 …………………………………… 44

第二节 计算机软件 ………………………………………………… 45

　　一、软件分类 ……………………………………………… 45

　　二、系统软件 ……………………………………………… 45

　　三、应用软件 ……………………………………………… 47

第三节 计算机的发展趋势 ………………………………………… 49

思考练习题 …………………………………………………………… 50

案例与讨论：冯·诺依曼计算机体系 ············· 50

第四章　网络基本原理 ············· 53

第一节　数据通信 ············· 53

一、数据通信基本模型 ············· 53

二、数据通信的基本概念 ············· 54

三、传输介质 ············· 56

第二节　计算机网络 ············· 57

一、计算机网络的介绍 ············· 57

二、计算机网络体系结构 ············· 59

三、局域网中数据传输控制方式 ············· 62

四、局域网的组成和网络拓扑结构 ············· 63

五、远程网与因特网技术 ············· 67

第三节　网络通信协议 ············· 67

一、OSI 参考模型 ············· 68

二、局域网中常用的三种通信协议 ············· 69

三、IP 地址和子网掩码 ············· 71

第四节　网络操作系统 ············· 79

一、UNIX 操作系统 ············· 79

二、Netware 操作系统 ············· 80

三、Linux 操作系统 ············· 81

四、Windows NT 操作系统 ············· 82

五、Windows 2000 系列操作系统 ············· 82

六、Windows Server 2003 系列操作系统 ············· 83

七、微软的个人桌面操作系统 ············· 83

思考练习题 ············· 84

案例与讨论：全球化与 Internet ············· 84

第五章　数据管理技术 ············· 86

第一节　数据管理技术的演变 ············· 86

一、数据处理问题 ············· 86

　　二、数据管理技术发展历程 ·················· 87

　第二节　数据的组织与数据文件 ·················· 90

　　一、数据组织 ························· 90

　　二、数据文件 ························· 91

　第三节　数据库技术 ·························· 94

　　一、基本概念 ························· 94

　　二、概念模型 ························· 95

　　三、数据模型 ························· 98

　　四、关系数据库 ······················ 101

　　五、关系的规范化 ····················· 103

　思考练习题 ···························· 106

　案例与讨论：山东东阿阿胶集团公司与 ERP 选择 ·········· 107

第三部分　信息系统经典开发方法

第六章　管理信息系统的开发方法

·················· 111

　第一节　系统的生命周期 ····················· 111

　　一、系统规划阶段 ····················· 111

　　二、系统开发阶段 ····················· 112

　　三、系统运行维护阶段 ··················· 112

　第二节　常用系统开发方法简介 ·················· 112

　　一、结构化系统开发方法 ·················· 113

　　二、原型法 ························· 115

　　三、面向对象方法 ····················· 119

　　四、计算机辅助软件工程法 ················· 120

　第三节　系统开发策略 ······················ 121

　　一、开发策略 ························ 121

　　二、系统开发主体的选择 ·················· 123

　　三、系统开发方法比较选择 ················· 125

　思考练习题 ···························· 128

案例与讨论：移动互联网时代 10 万人海尔的信息系统建设 ……… 128

第七章　信息系统战略规划 ……………………………… 130

第一节　信息系统战略规划概论 …………………………… 130
一、信息系统规划内涵 ……………………………………… 130
二、信息系统规划模型 ……………………………………… 131

第二节　信息系统战略规划方法与内容 …………………… 133
一、关键成功因素法（CSF） ……………………………… 133
二、企业系统规划法（BSP） ……………………………… 134

第三节　企业业务流程重组 ………………………………… 140
一、业务流程重组概述 ……………………………………… 140
二、业务流程重组步骤及原则 ……………………………… 141
三、业务流程重组要点 ……………………………………… 142
四、业务流程重组的阶段 …………………………………… 144

思考练习题 …………………………………………………… 145
案例与讨论：福特汽车财会部的付款业务流程重组 ………… 145

第八章　系统分析 ………………………………………… 147

第一节　系统分析概述 ……………………………………… 147
一、系统分析的任务和目的 ………………………………… 147
二、系统分析的主要步骤和内容 …………………………… 148
三、业务调查的方法 ………………………………………… 149

第二节　初步调查和可行性分析 …………………………… 150
一、初步调查 ………………………………………………… 150
二、可行性分析 ……………………………………………… 150

第三节　管理业务调查 ……………………………………… 152
一、组织结构调查 …………………………………………… 152
二、管理功能调查 …………………………………………… 152
三、业务流程调查与分析 …………………………………… 154

第四节　数据流程调查分析 ………………………………… 156
一、数据流程 ………………………………………………… 156

二、数据流程图 ……………………………………… 157

三、数据字典 ………………………………………… 161

第五节　新系统逻辑方案的确定 ……………………… 165

一、确定合理的业务处理流程 ………………………… 166

二、确定合理的数据和数据流程 ……………………… 166

三、确定新系统的逻辑结构和数据分布 ……………… 166

四、新系统逻辑模型的运行环境 ……………………… 167

第六节　编写系统分析报告书 ………………………… 167

一、系统开发项目概述 ………………………………… 168

二、现行系统概况 …………………………………… 168

三、系统需求说明 …………………………………… 168

四、新系统的逻辑方案 ……………………………… 168

五、系统实施计划 …………………………………… 168

思考练习题 …………………………………………… 169

案例与讨论：企业利用信息技术的风险（一） ……… 170

第九章　系统设计 …………………………………… 171

第一节　系统设计概述 ……………………………… 171

一、系统设计的任务和原则 …………………………… 171

二、系统设计主要内容 ……………………………… 173

第二节　系统总体设计 ……………………………… 174

一、系统功能结构设计 ……………………………… 174

二、系统平台体系结构的选择 ………………………… 178

三、系统配置方案设计 ……………………………… 182

第三节　详细设计 …………………………………… 184

一、代码设计 ………………………………………… 184

二、数据库设计 ……………………………………… 188

三、输入/输出设计 …………………………………… 190

四、处理流程设计 …………………………………… 192

五、编写系统设计报告书 ……………………………… 193

思考练习题 …………………………………………… 194

案例与讨论：企业利用信息技术的风险（二） …………………… 195

第四部分　面向对象开发方法

第十章　面向对象的开发原理 ……………………………………… 199

第一节　面向对象综述 …………………………………………… 199
　一、面向对象的基本思想 …………………………………… 199
　二、面向对象的关键概念 …………………………………… 202
第二节　面向对象技术的优势 …………………………………… 206
　一、传统开发方法存在的问题 ……………………………… 206
　二、面向对象开发方法的特征和优势 ……………………… 207
思考练习题 ………………………………………………………… 209
案例与讨论：软件业如何看待世界 ……………………………… 209

第十一章　建模工具和面向对象编程语言 …………………………… 211

第一节　建模工具——UML 概述 ……………………………… 211
第二节　UML 的建模机制 ……………………………………… 213
　一、类图、对象图 …………………………………………… 214
　二、用例图 …………………………………………………… 215
　三、顺序图和协作图 ………………………………………… 216
　四、状态图 …………………………………………………… 219
　五、包图 ……………………………………………………… 221
第三节　面向对象的编程语言 …………………………………… 222
　一、Simula 语言、Smalltalk 语言、Eiffel 语言和 C 扩展语言 222
　二、Java 语言 ………………………………………………… 223
　三、C#语言 …………………………………………………… 223
思考练习题 ………………………………………………………… 224
课外练习：ATM 机操作流程 …………………………………… 225

第十二章　为需求建立模型 …………………………………………… 226

第一节　系统开发过程概述 ……………………………………… 226

一、分析问题、描述需求 ························· 227

二、识别对象和类 ····························· 227

三、构造对象模型（属性、行为） ················· 227

四、构造对象动态模型（对象之间的关系） ··········· 228

五、完善和细化对象的属性和功能 ················· 228

六、反复循环、不断改进 ······················· 229

七、编码实现与调试维护 ······················· 229

第二节　从现实世界中提取、建立业务模型 ············· 229

第三节　获取需求 ······························· 231

一、获得用户需求 ····························· 231

二、系统需求分析报告是系统分析阶段的里程碑 ········· 233

第四节　描述需求 ······························· 233

思考练习题 ································· 237

课外练习：ATM 机需求表达 ··················· 237

第十三章　分析问题 ······························· 238

第一节　建立分析模型 ··························· 238

一、分析模型作用 ····························· 238

二、分析模型里的元模型分类 ··················· 239

第二节　静态分析 ····························· 241

一、发现对象 ······························· 241

二、识别类 ································· 243

三、使用类图表达概念之间的联系 ················· 244

四、为对象和类添加属性 ······················· 246

五、建立和维护术语表 ························· 247

第三节　动态分析 ····························· 247

一、用例的实现过程建模——通讯图 ················· 247

二、为类添加操作 ····························· 248

三、状态建模 ······························· 248

思考练习题 ································· 249

课外练习：ATM 机分析 ······················· 249

第十四章　设计系统 ················· 251

第一节　建立设计模型 ················· 251

一、从分析模型到设计模型的转化 ······· 251

二、优化概念模型 ··················· 253

三、构建系统动态模型 ··············· 255

第二节　系统体系结构的设计与其他设计 ····· 256

思考练习题 ··························· 257

课外练习：ATM 机系统中的类 ··········· 257

第五部分　管理信息系统的管理与应用

第十五章　系统的实施与运行管理 ········· 261

第一节　软硬件及编程环境 ············· 261

一、物理环境的建立 ················· 261

二、软件环境的建立 ················· 262

三、编程工具 ······················· 262

第二节　系统测试 ····················· 263

一、程序调试 ······················· 264

二、功能调试 ······················· 264

三、总调 ··························· 264

四、特殊测试 ······················· 264

五、实况测试 ······················· 265

第三节　系统的运行维护和评价 ··········· 265

一、系统切换 ······················· 265

二、系统运行 ······················· 266

三、系统维护 ······················· 267

四、系统评价 ······················· 268

五、系统验收 ······················· 268

思考练习题 ··························· 268

案例与讨论：电信诈骗与个人隐私 ······················ 269

第十六章 管理信息系统开发应用案例 ····················· 270

第一节 郑州市网格化管理信息系统 ····················· 270

一、城市网格化管理是一种革命和创新 ················· 270

二、系统介绍 ·· 271

第二节 某高校教务管理信息系统 ····················· 276

一、系统登录 ·· 276

二、成绩录入 ·· 277

三、信息维护 ·· 279

四、信息查询 ·· 282

五、毕业设计 ·· 287

六、教学评价 ·· 289

第三节 某出入境检验局试剂采购管理系统 ············· 290

思考练习题 ··· 292

第一部分　信息系统理论

第一章
信息系统概述

学习目标

通过本章学习，对数据、信息、信息系统有整体的认识，能够掌握数据与信息的区别和联系，建立系统的概念，理解信息系统的本质、特点和分类。

第一节 对"信息"的认识

在日常生活中人们时时刻刻都与信息打着交道。从早晨开始，你要了解天气信息，出门要了解交通信息，路上可能收到朋友的短信问候信息……这些信息决定了你这一天的穿衣戴帽、要做的事情甚至一天的状态和心情。然而人们对于信息重要性的认识并不是生来就有的。在传统的经济学中，无论是微观层次的企业竞争还是宏观领域的经济调控，信息并没有引起人们的重视。它就像空气一样，在我们的周围处处存在，是人们赖以生存的必不可少的资源，却经常被忽略。直到信息论和信息经济学的兴起，信息作为重要的价值资源被纳入人们的视野。其所能产生的价值、获得信息要付出的成本，成为经济活动中重要的参数。

对于企业来说，其一切活动都建立在对信息掌握的基础之上。对于信息掌握的数量和质量，决定了企业决策的优劣，进而决定了企业的发展和命运。

今天我们处于信息时代，在大数据、即时数据环境下，对信息系统的依赖更强了。管理信息系统对于企业组织实现其战略目标的重要性不言而喻。这一切的基础都要从对"信息"的认识开始。

一、数据

信息是管理信息系统的基础概念。无论是信息系统的应用，还是信息系统的开发过程，都要紧紧围绕信息这一中心展开。要想成为一个成功的管理者，就必须认识到信息是组织中最重要的、最有价值的资源。但是"信息"一词常常与"数据"混淆。

数据（Data）是对客观事物的状态和特征的记录，并以人类创造的符号形式体现出来。例如，对于天气温度的记录，可用 29℃ 表示；对于某人的年龄，可用 20 岁表示等。常用的数据记录形式有数值和和非数值的符号；广义的数据记录形式有数字、文本、图形、图像和动态视频等物理形式，我们统称为数据。这些数据既可以被进一步识别、认知和解释，也可以对其进行某种预算产生另一种形式的数据。常见数据的表现形式如表 1 – 1 所示。

表 1 – 1　常见数据的表现形式

数据	表现形式
数值数据	数字，如 123、3.14
文字数据	文字符号，如红色、大、小
图形数据	照片、流程图
音频数据	声音、噪声、音乐
视频数据	动画、电影

数据要记录在一定的具体载体上。载体是多种多样的，例如，纸张、木版、声波、磁性材料或电磁波等。没有载体的数据是不存在的，但要注意数据和数据的载体是不同的。

我们说数据是对客观事物记录的符号；反过来，通过数据符号就应当能够了解客观事物的状态和性质了。然而不幸的是，仅仅通过某一数据本身，你并不能达到这一目的，原因是一种符号常常用来记录多种事物。例如数据"20"，可能是说某人是 20 岁，也可能是说温度是 20℃ 或者两个数据之间的关系是 20 倍等。再例如，同样是数据 20℃，可能是说今天的气温，也可能是说水池中的水温，或其他什么东西的温度。

总之，数据是对客观世界、客观事物的描述和记录。数据的价值就在于客观性和进一步处理、理解的可能性。除此之外，单独的数据本身并不能告诉我们更多。然而，数据的处理却是十分有意义的。在很多情况下，对数据进行加工处理，可以产生新的数据，这些新的数据结合具体事物，又可以产生新的意义。管理信息系统就是利用计算机的软硬件能力，对数据进行加工和处理，使企业管理者能够对企业、市场产生正确的认知。

在企业管理中，数据产生于企业的各种活动中。企业有计划、生产、销售、会计、库存和人事等各项管理活动，相应地就会产生计划指标、生产产品数量、销售额、账簿、库存量和人事情况等方面的数据。

二、信息

信息（information）字面的含义是消息、情报和资料。信息具有丰富的内涵和广阔的外延，在不同的领域信息有不同的定义。从哲学意义上来看，信息是自然界、人类社会和人类思维活动中普遍存在的一切物质和事物的属性。物质的运动过程和信息的运动过程是同步的，人们通过信息运动可以了解物质运动。"信息就是信息，不是物质也不是能量"，是人与外界互相作用的过程中互相交换的内容和名称。人与外界环境交换信息的过程是一种广义的通信过程，信息是人与外部世界联系的中介，没有信息，人类社会就无法认识世界，更谈不上去改造世界。可见，这些定义从不同侧面反映了信息的某些特征。

信息技术的发展使"信息"一词的使用得到了迅速普及。信息作为资源在社会中的主导作用越来越明显，与信息研究相关的学科也在逐渐形成，对信息的解释和理解也不断地发展。目前，对于信息的定义常见的有以下几种：信息是指客观存在的新事实或新知识；信息是代码符号序列所承载的内容；信息是经过加工解释后所得到的，对某个目的有用的数据。

这些定义出现在不同的著作中，能够帮助我们更好地理解信息的含义。

信息和数据的本质区别在于，数据是符号记录，信息是赋予了明确意义的数据。如图 1 - 1 所示，信息是赋予了一定意义的数据。

如果站在管理信息系统的角度，考虑信息与其使用者的关系，我们可以将信息定义为信息是经过加工解释后能对人类的行为决策产生影响的数据。

根据前面对于数据、信息的描述，可以总结出以下几点：

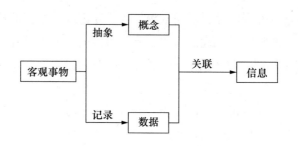

图 1-1 信息是赋予了一定意义的数据

（1）数据是载荷信息的物理符号，本身并没有意义。某一数据可能是对多种事物的描述，因此，仅凭数据本身并不能给我们带来意义。

（2）信息是对数据的解释，是具有某种含义的数据。将数据与具体事物的概念相结合才能有意义，也就是说，数据有了明确的解释之后才能有意义。

简单地说，数据是记载客观事物的符号，是物理性的；信息是数据内在逻辑关系的体现；数据是信息的表现形式。另外，多个数据之间的关联、组织形式的不同，可以产生新的数据，赋予新的"信息"内涵。

需要说明的是：①在有些不至于产生误解的情况下，日常生活中人们对"信息"与"数据"不做严格区分，信息可以称为数据，数据也可称为信息，"信息处理"也可以称为"数据处理"，反之亦然。②数据变换表现形式之后，并不是信息。数据简单加工之后，产生的仍然是数据。无论怎样加工数据，如果不与"意义"相结合，就不能成为信息。因此，不能将信息与数据之间的关系简单理解成信息是加工后的数据。③数据是客观的，信息具有一定的主观性。例如，汽车速度指针显示"80km/h"，这是客观数据，而这个数据代表车开快了还是慢了，要看按哪一标准来解释，如在拥挤的市区和高速公路就有不同的解释，这个解释就是信息，它决定驾驶员的决策是采取加速或减速。

三、信息的价值与信息的度量

信息是有价值的。例如，关于市场调查的信息，如果市场调查花费 1 万元，通过对市场预测信息的准确运用，带来额外的收益 3 万元，那么信息的价值就是 2 万元。再如，市场上某款衣服的价格是 800 元，某人花费一下午的时间在另外一个市场找到了同样的衣服价格只是 600 元，那么这条信息的价值就是 800 元减去 600 元，再减去其一下午的时间成本。

信息的本质是消除人们对客观事物认识的不确定性。如果某人已经买到了 600 元这件衣服，那么你再告诉他"这款衣服可以 600 元买到"这条信息，对他来说这条信息是没有价值的。

不同的数据资料中包含的信息量可能存在很大差别，有的资料包含的信息量多一些，有的则少一些，有的不包含信息量甚至包含错误的信息，这就涉及信息的度量。

在实际应用中，人们采集信息的目的就是为了解决所遇到的问题，或者说是为了消除人们对某种事物认识的不确定性。而不同的信息所能消除的人们对事物认识不确定性的多少（或说程度）不同。因此，我们就可以用信息所能消除人们对某种事物认识的不确定性的多少（或说程度）来衡量信息的大小——即信息量。

可见，信息量的大小取决于信息内容帮助人们消除认识不确定性的程度。不考虑信息的计量单位和数值，消除的不确定性程度越大，信息量就越大，反之信息量就越小，这就是从定性角度讨论信息的度量。如果事先就确切地知道事物的内容，则其中的信息量为零。例如，一个人学习一本新书可以了解很多新知识，消除不确定性程度较大，则这本书信息量较大；但如果这本书他已经学过了，对他来说没有多少新知识，消除不确定性程度很小，则这本书对来说信息量较小或等于零。

信息量的计量单位用具有多少个二进制的单位，即多少个比特（bit）来表示。1 比特的信息量是指含有两个独立均等概率状态的事件所具有的不确定性能被全部消除所需要的信息。这样，信息量的定量度量可采用如下公式进行计算：

$$H(x) = -\sum [P(X_i)\log_2 P(X_i)] \quad i = 1,2,3,\cdots,n$$

其中，X_i 表示第 i 个状态（共 n 个状态）；$P(X_i)$ 代表出现第 i 个状态时的概率；$H(x)$ 就是为了消除这个系统的不确定性所需的信息量，单位为比特（bit）；等式右边的负号，可以理解为对于不确定性的"消除"。

例如，抛一枚硬币下落时有正反面两种状态，出现这两种状态的概率都是 $1/2$，即

$$P(X_i) = 0.5$$

则出现正面时的信息量为 $H(x) = -[0.5 \times \log_2 0.5 + 0.5 \times \log_2 0.5] = -\log_2 0.5 = 1$。

同理可得，投掷均匀正六面体骰子的 H(x) = 2.6（bit）。

在热力学中，"熵"用来表明系统的无序程度。熵值越小表明该系统的无序程度（混乱程度）越小，有序化程度越高。信息量越大，表明"负熵"越大。信息度量表述了系统的有序化程度。因此，对信息的度量是对系统的组织性、复杂性的度量，是系统有序化程度的标志。

四、信息的分类和属性

1. 信息的分类

信息可有多种不同的分类方法。根据信息所反映的内容，可分为自然信息、生物信息和管理信息；根据信息的处理要求，可分为一次信息、二次信息和三次信息；根据信息的应用，可分为管理信息、社会信息、科技信息等；根据信息对应的管理层次，可分为战略信息、战术信息和作业信息等；根据信息载体不同，可分为数字信息、文字信息、图形图像信息和声音信息等。

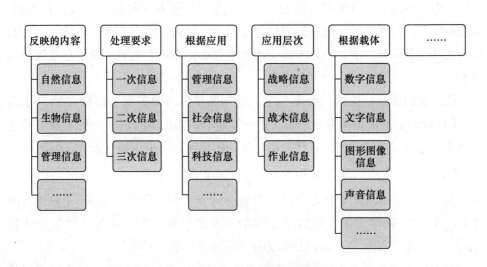

图 1 - 2　信息的分类

2. 信息的性质

信息具有较多的性质，理解和掌握信息的性质，便于人们对信息进行管理和利用信息辅助决策。信息的性质主要体现在以下几个方面：

（1）客观性。信息是客观事物特征的具体反映，一切客观事物都是信息源。客观存在是信息的基本性质，可以说信息无处不在、无时不有。

（2）时效性。信息有时效性，要及时、充分地发挥信息的作用才有意义。随着时间的推移，信息的效用将会逐渐减少，直至全部消失。

（3）价值性。一方面，信息可以被人利用创造价值或节约成本；另一方面，人们要获得信息也要付出一定的代价。因而，信息是有价值的。

（4）不完全性。客观世界不停变化，人们对客观世界的认识也是存在一个过程的。对于反映客观世界信息的掌握，从绝对意义上讲，永远不可能完全到位。因此，人类对于任何客观事物信息的掌握都是片面的、局部的、不完全的。

（5）真伪性。信息有真假之分。信息在传递的过程中，既可能与原事物脱离联系，也可能与周围事物失去联系，很容易使人们凭主观想象去认识它、理解它，从而失去其本来面目。

管理信息系统就是建立在信息的基础上，利用计算机技术，完成对信息的认识、理解和加工，帮助企业决策管理。

五、信息和知识的关系

知识（Knowledge）的概念和信息有着密切的关系。

知识是人类对客观规律的认识，是系统的、有条理的信息，是对信息的利用。即知识是以某种方式把一个或多个信息关联在一起的信息结构，是对客观世界规律性的总结。例如，20 是一个数据，如果用来表示一个人年龄，则成为一种信息，这个信息对没知识的人来说不再具有其他意义，但对于企业招聘或人才选拔的人来说，如果一个人的年龄是 20 则具有重要的意义，20 就成为关于选拔对象的知识。

信息和知识是管理中的一项极为重要的资源。早先人们注意对人、物、财、设备和管理方法五种资源的管理，而忽略对信息和知识的管理，但实际上，这五种资源都是通过有关这些资源的信息和知识来管理的。管理信息系统的出现为信息和知识管理创建了前所未有的条件。

近年来，随着全球经济一体化和知识经济时代的到来，人们对知识重要性的认识迅速提高，开始加强了专门对知识管理问题的研究。可以说，信息管理主要是对数据的管理，而知识管理则是对思维的管理，信息管理是知识管理的研究基础。

第二节　系统与信息系统

一、什么是系统

1. 系统的含义

对于系统的定义还有很多种说法。例如，"具有特定功能的组织""相同或相似的事物按一定的秩序和内部联系组合而成的整体""多种方法、过程或者技术综合在一起，按一定的规律相互作用以构成一个有机整体""能完成一组特定功能，由人、机器以及各种方法组成的有机集合体。"综合各种定义，系统具有以下一些必要条件：系统是由若干个个体组成的；个体之间按照一定的规律进行相应的活动；系统具备相应的功能。

因此，系统（System）是由若干相互联系、相互作用的元素构成的，为了特定的共同目标，按一定的方式和秩序组合在一起所形成的统一有机整体。

2. 系统的分类

根据系统组成的要素和功能，可将系统分为自然系统、人工系统和复合系统。

太阳系、生态系统、人体系统等都是自然系统。这些系统是由原物质因素组成，其目标是与生俱来，不以人为的因素改变，是不可缺少和消亡的系统，是自然形成的系统。

计算机系统、通信系统、运输系统、教育系统等称为人工系统，是指人类为了达到某种目的而对一系列的要素做出规律的组织，并赋予相应的功能，使之成为一个统一的整体。

信息系统、企业系统等则是复合系统。这里的复合系统主要是指同时包含自然系统和人工系统在内的系统所组成的新的系统。实际上，大多数系统都可以定义为是两个或两个以上的系统组成的复合系统，这类系统都有人参加，是人—机系统。

系统的分类方式还有很多，如动态系统和静态系统、封闭系统和开放系统等。系统的组成和运行是有一定规律可循的，了解系统分类和特点以及人与系统的紧密关系，掌握系统的结构和运行规律，合理地利用现有的系统，充分发挥人的主观能动性，开发或组合出符合我们要求的新的信息系统，是管理信息系统学科的核心内容。

3. 系统的共性

作为系统，一般来说具有一些共性，即整体性、目的性和层次性。

（1）整体性，是最基本特征。系统是由若干个相互独立、相互依赖、相互区别的个体（要素）或子系统组成的，系统的特性和功能不等于各自独立时的特性和功能的组合；系统中各部分的特征和功能也不同于它们各自独立时的特性和功能；各部分在系统中所处的地位和所起的作用有主次和大小之分，有的处于主导地位、支配地位，有的处于从属地位、被支配地位。

（2）目的性，是系统存在的前提。所谓目的性是指系统形成、运行所要达到的目的，具体表现为系统所具备的功能。系统的目的决定系统的组成要素和结构。

（3）层次性，是指任何一个系统都可以划分为若干个子系统或元素，各种子系统都具有相对独立的目标和完成目标所要求的功能，以及相应的结构组成，彼此之间互为依存和协调。这些子系统还可以进一步分解，直到不能或不需要划分为止。系统的这种特性有助于系统的组建和形成。当然系统中所有子系统的目标不能脱离整体的目标而独立存在和运行。

4. 系统的环境和边界问题。

任何一个系统都处于一定的环境之中。系统的环境包括两个方面含义：一是环境对系统要有一定的影响；二是系统对环境要有一定的影响。所谓环境是指一切位于系统之外并与系统密切相关的因素。究竟哪些因素属于系统的环境取决于系统的目标。

所谓系统边界是系统与其环境分割开来的一种假想线。系统通过其边界与外界进行物质、能量和信息的交换。

二、信息系统

1. 信息系统的概念

广义地讲，任何系统中若有信息流动都可视为信息系统。狭义地讲，信息系统是一个人造系统，它由人、计算机硬件和软件、数据资源等组成，目的是及时、准确地收集、加工、存储、传递信息，并在必要时向有关人员提供信息，以实现组织中各项活动的管理、调节和控制。

信息系统本身是系统的一种，除了具有系统的一般特性如整体性、目的性、环境适应性、相关性、层次性之外，还具有自身的一些特点，如在信息系统开发过程中，不仅涉及计算机的软硬件技术、通信技术、运筹学、控制论等方面的知识，还涉及社会科学领域中有关政治、经济、管理、法律、组织行为学、人际关系学等许多方面，这就构成了信息系统的复杂性。

2. 信息系统的分类和层次

按照处理的对象可把组织的信息系统分为作业层的信息系统和管理层的信息系统两大类。

（1）作业层的信息系统，也称作业信息系统，它的任务是处理组织的业务、控制生产过程、支持办公事务和更新有关的数据库。图 1 – 3 展示了作业信息系统常见的三种形式。

图 1 – 3　作业信息系统

1）业务处理系统。业务处理系统的目标是迅速、及时、准确地处理大量的信息，提高管理工作的效率和水平，如进行销量统计、成本计算和库存记录等。

2）过程控制系统。过程控制系统主要用计算机控制正在进行的生产过程和监控内容，如发电厂通过敏感元件对生产数据进行监测并予以实时调整。

3）办公自动化系统。办公自动化系统以先进技术和自动化办公设备（如文字处理设备、电子邮件、轻印刷系统等）支持人的部分办公业务活动。这种系统较少涉及管理模型和管理方法。

（2）管理层次的信息系统包括管理信息系统和决策支持系统。管理信息系统是对一个组织（单位、企业或部门）进行全面管理的人和计算机相结合的系统，它综合运用计算机技术、信息技术、管理技术和决策技术与现代化的管理思想、方法和手段，结合辅助管理人员进行管理和决策。管理信息系统不仅是一个技术系统，而且也是一个社会系统。

决策支持系统不同于传统的管理信息系统。早期的管理信息系统主要为管理者提供预定的报告，而决策支持系统则是在人和计算机交互的过程中帮助决策者探索可能的方案，为管理者提供决策所需的信息。决策支持系统把数据库处理与经济管理数学模型的优化计算结合起来，是具有管理、辅助决策和预测功能的管理信息系统。

3. 信息系统的属性特征

（1）附属性。信息系统的附属性是指信息系统不是孤立、自主的系统，它总是依附于某个具体业务系统来完成所依附的业务系统的目标服务；或者说它是一个更大系统的一个子系统，所处的地位和作用是关键的，是其他子系统所不能代替的。另外，信息系统的目标不能和它所在大系统的目标相冲突。

（2）间接性。信息系统的作用和效益是通过它所依附的系统间接实现的，也就是说企业或组织开发、建立和使用相应的信息系统是为了规范管理程序，提高管理水平，辅助管理决策，是帮助企业实现其规划目标的有效手段。

（3）整体性。信息系统是一个统一的整体，有自己的组成结构和运作方式，有自己的运行规律和目标。同时信息系统还要和其所服务的系统形成一个统一的有机整体，相互配合、相互协调，共同完成企业的信息处理任务，实现企业的管理目标。

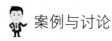思考练习题

1. 获得信息要付出代价或成本吗？请就你的日常生活举例说明你付出了什么代价？

2. 对特定事情而言，获得相关信息可以带来价值或获得竞争优势。请结合日常生活举例。

3. 获得相关信息越多带来的价值就会越大，所以就特定事情而言相关信息是多多益善。你是否同意这个观点？为什么？

4. 黄昏你快速驾车在陌生的公路上，一个路牌一闪而过，你只记得有个数字"100"，接下来你会决定控制车速在"100km/h"吗？为什么？

5. 信息有哪些特征？

6. 如何理解数据和信息的关系？

案例与讨论

数字土著人

美国 Games2train 公司 CEOPrensky 于 2001 年率先提出"数字土著人"（digital – natives）这一概念，随后被广泛引用。其是指今天在 Internet 环境下成长起来的人。有一份研究报告中曾提到所谓"Google 一代"，认为这一代人具有如下特点：他们具有超强的技术能力；他们对信息通信技术具有很高的期望；他们更喜欢交互的系统，正在摒弃被动的信息消费；他们已经最终转向数字形式的交流：文本而不是说话；他们在其生活的所有方面总是多任务处理；他们习惯于保持愉悦；他们对视频信息的喜欢超过文本；他们对时滞具有零忍受度，其信息需求必须立即得到满足；他们认为同行作为信息源比权威数字更可信；他们需要始终与网络连接在一起的感觉；他们是"剪—贴"的一代；他们通过"试错法"掌握计算机的技能；他们更喜欢容易消化的信息单元式的快捷信息，而不是整个文本；他们都是专家级的检索者；他们认为网上无所不有（而且都是免费的）；他们不尊重知识产权。

请就上述特点讨论，你认为这些特点目前来说还存在吗？还是已经发生了变化？为什么？如果你赞成某一点，请举例说明；如果你不赞成某一点，请说明为什么？

第二章
组织中的管理信息系统

学习目标

通过本章学习，应对信息系统在组织中的作用有初步的整体认识，了解管理信息系统的产生过程、理解管理信息系统目前所处阶段；对于管理信息系统需要的相关领域知识和学习方法要有一定的认识。

第一节　企业组织和信息系统

一、背景

20世纪80年代以来，信息越来越被人们重视，成为企业的重要财富和战略性资源。这与信息时代管理环境的重大变化紧密相关。

1. 全球经济一体化的需求

现在世界上一些发达国家的经济已在很大程度上依赖于国际贸易，例如美国对外贸易的进出口份额已占其提供的商品和服务的25%以上，日本和德国的比例更高。"信息使空间变小，距离对经济活动的约束日益弱化。经济活动的国内和国外界限变得模糊起来。知识无国界，作为主要经济资源的知识，必然导致经济活动突破国界而成为全球活动。"今天成功的企业都依赖于其全球运作的能力。

世界性销售网点的建立需要依靠信息系统来跟踪订货、货运和结算，进行世界范围内的协调和管理实现各子公司、销售网点与总公司及供应商之间每日 24 小时的通信联系。由于出现了全球性的商业系统，顾客可以查到世界市场上商品的价格信息和质量信息，因此企业间的竞争进一步加剧。这种管理环境的变化使那些得不到信息系统支持的企业越来越难以生存。

2. 知识经济和信息经济时代的到来

当今世界，许多国家的经济从工业经济转向基于知识和信息的服务经济，即一个以知识为基础的经济时代已经到来。知识经济直接依赖于知识和信息的生产、扩散和应用。例如，微软公司的产值已超过美国三大汽车公司产值的总和。软件的发展、网络的产生和虚拟技术的应用正在使企业资产中的无形资产比例不断增加。知识经济的到来将对我们的生产方式、生活方式、思维方式和管理决策产生重大影响，企业管理将从生产向创新转变，其经济效益将越来越依赖于知识和创新。一个企业要生存和发展就必须依靠信息系统的支持，用动态的观点来研究面临的新问题。

3. 组织对信息系统的要求

信息系统和组织相互影响，信息系统必须符合组织的要求，为组织中重要的群体提供所需要的信息。与此同时，组织必须清楚信息系统的影响并且从信息系统中获得有益的业务提升。信息技术和组织之间的关系非常复杂，受到许多中间因素的影响，包括组织结构、标准操作程序、政策、文化、环境和管理风格等。管理者必须清楚信息系统可以改变组织的现状和未来。

因此，总的来看，信息系统和管理者、组织的特点等是密不可分、相互影响的。

二、管理的概念

管理是通过计划、组织、指挥、协调、有效地调度各种资源，确保组织达到预期目标的过程。管理被定义为组织中的活动或过程，即通过信息获取、决策、计划、组织、领导、控制和创新等职能的发挥，来分配、协调包括人力资源在内的一切可以调用的资源，以实现单独的个人无法实现的目标。

这个定义的内涵可以解释为：管理的载体是组织；管理的本质是活动或过程；管理的对象是包括人、财、物、设备、技术和信息等一切可以调用的资源；管理的职能是信息的获取、决策、计划、组织、领导、控制和创新；管理的目的是为了实现组织的既定目标，而这个目标仅凭个人的力量是无法实现的。

三、管理的过程

管理由管理模式、管理职能、管理过程等组成。管理过程也称作管理流程、企业流程，在更多情况下，称其为业务流程。关于业务流程有很多定义，典型的定义有"业务流程是指企业为了完成某一目标或任务而进行的，跨越时间和空间的逻辑上相关的一系列活动的有序集合。""业务流程是一组将输入转化为输出的相互关联或相互作用的活动。"自从有了社会组织，就有了管理，也就有了相应的业务流程。例如，企业中的采购流程、人才引进流程、产品销售流程、生产流程、合同审批流程等都属于业务流程。组织（或企业）就是信赖各种各样的流程而运作的。当前的管理方式也正从职能主导型向流程主导型转变，业务流程已成为管理的主要对象。

业务流程和管理职能的区别：管理职能是指人和机构应有的作用、功能、职责和权力，例如，企业由研发、生产、销售等部门组成，那么研发、生产和销售就是这些部门的职能，也称职能部门；业务流程通常是跨职能的，超越了销售、市场、生产和研发等职能部门之间的界限。业务流程通常也超越了传统的组织结构，把不同部门中的员工集中在一起来完成某项工作。例如，许多公司订货流程就需要销售职能（接收订单、输入订单）、会计职能（财务审查、订单记账）和生产职能（按订单生产和运输）等各职能之间的协调。

管理信息系统可以使部分业务流程自动化，或者通过不断发展的信息技术，实现业务流程的重新设计和简化，从而使企业达到高效管理。鉴于信息技术和管理信息系统在业务流程管理以及业务流程再造中的重要作用，本书将在后续章节详细介绍这方面的知识。

至于管理模式，可以认为是一种能使人们参照着做的标准管理样式。例如，物料需求计划（MRP）、准时制生产方式（JIT）、制造资源计划（MRPⅡ）、企业资源计划（ERP）等都是代表了先进的生产管理模式。

第二节 管理信息系统

一、管理信息系统的概念

管理信息系统（Management Information System，MIS）是信息系统在管理领域应用中发展起来的一个重要分支。管理信息系统的定义有如下一些：

其一，以口头或书面的形式，在合适的时间向经理、职员以及外界人员提供过去的、现在的、预测未来的有关企业内部及其环境信息，以帮助他们进行决策。它强调了信息支持决策，但没有包括计算机和应用模型。

其二，管理信息系统为制作、处理及精炼资料，以便产生组织内各阶层为达成管理目的（计划、指导、评估、协调、管制）所需要信息的整体体系。这个定义强调了管理信息系统是为企业各层管理服务的信息体系。

其三，它是一个利用计算机硬件和软件，手工作业、分析、计划、控制和决策模型以及数据库的人机系统；它提供信息支持企业（或组织）的运行、管理与决策功能。这个定义较全面地说明了管理信息系统的目标、组成和功能。

其四，管理信息系统是一个由人、计算机等组成的能进行信息的收集、传送、储存、加工、维护和使用的系统。

从定义中可以看出，管理信息系统不只是一个技术系统，而且还是一个包括人在内的人机系统。一般看来，管理信息系统是由人和计算机等组成的能进行信息收集、传递、存储、加工、维护和使用的系统。它能实测组织的各种运行情况，利用过去预测未来，从全局出发辅助组织决策，利用信息控制企业行为，帮助企业实现规划目标。

要理解管理信息系统的概念，需要从组织、管理和技术等多个层面来分析。

从组织的角度来看，管理信息系统是组织的一个组成部分或是组织的自然延伸，组织的营销、制造、财务、人力资源等都离不开管理信息系统的支持，管理信息系统与组织的影响是相互的。一方面，组织提出了对管理信息系统的需求，组织的结构形式决定了管理信息系统的运行方式，管理信息系统的设计必须以支持原有的组织形式为前提；另一方面，由于管理信息系统的影响，组织的结构向扁平化方向发展，组织中的员工能够高效率地工作。

从管理的角度来看，使用管理信息系统可以快速得到组织的各种经营信息、监测企业的运行状况、协调员工之间的工作和评价员工的工作业绩等。管理信息系统是企业管理人员应付环境挑战的一种解决方案。在企业内部无论是高层、中层管理人员，还是低层操作人员，都离不开管理信息系统的支持和辅助，都需要借助管理信息系统的手段进行决策和完成操作。但同时，管理信息系统对企业的支持和辅助也离不开企业大量真实、有效的数据信息。

从技术的角度来看，管理信息系统实际上是企业组织的管理人员为了解决面临的各种问题而采用的一种技术集成工具。这种技术集成工具涉及计算机硬件技术、软件技术、网络通信技术和数据库技术等，这些技术是开发管理信息系统的基础。

二、管理信息系统的特点

由上述管理信息系统的定义可以看出管理信息系统具有如下的特点：

其一，管理信息系统是为管理决策服务的。它必须能够根据管理的需要，及时提供信息，帮助决策者作出决策。

其二，管理信息系统是对组织乃至整个供应链进行全面管理。一个组织在建设管理信息系统时，可根据需要逐步应用个别领域的子系统，然后进行综合，最终达到应用管理信息系统进行综合管理的目标，管理信息系统综合的意义在于产生更高层次的管理信息为管理决策服务。

其三，管理信息系统是一个人机结合的系统。其目的在于辅助决策，而决策只能由人来做，因而它必然是一个人机结合的系统。在管理信息系统中，各级管理人员既是系统的使用者又是系统的组成部分，因而在管理信息系统的开发过程中，要根据这一特点正确界定人和计算机在系统中的地位和作用，充分发挥人和计算机各自的长处，使系统得到整体优化。

其四，管理信息系统要与先进的管理方法和手段相结合。人们在管理信息系统应用的实践中发现，只简单地采用计算机技术提高处理速度，而不采用先进的管理方法，管理信息系统的应用仅仅是用计算机系统仿真原手工管理系统，充其量只是减轻了管理人员的劳动，其作用发挥得十分有限。管理信息系统要发挥其在管理中的作用，就必须与先进的管理手段和方法结合起来，在开发管理信息系统时，融进现代化的管理思想和方法。

其五，管理信息系统是多学科交叉形成的边缘学科。管理信息系统是一门新的学科，其理论体系尚处于发展和完善的过程中。早期的研究者从计算机科学、应用数学、管理理论、决策理论、运筹学等相关学科中抽取相应的理论，构建了管理信息系统的理论基础，从而形成一个具有鲜明特色的边缘科学。

三、管理信息系统的结构

管理信息系统是企业信息系统的核心，贯穿于企业管理的全过程，同时又覆盖了管理业务的各个层面，因而其结构也必然是一个包含各种子系统的广泛结构。下面着重从广义概念上阐述管理信息系统的结构。

图2-1是管理信息系统的概念结构矩阵。纵向概括了基于管理任务的系统层次结构；横向概括了基于管理职能的系统结构。下面分别进行阐述。

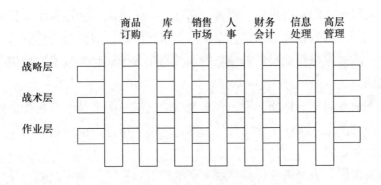

图2-1 管理信息系统的概念结构矩阵

1. 管理任务具有层次结构

纵向来看，管理信息系统可以按照管理任务的层次分为三层（见表2-1管理任务的层次分类）。

战略层涉及企业的长远计划，处理中长期事件，如确定企业的目标、方针、政策；确定企业的组织层次、决定企业的工作任务等；战术层属于中长期计划范围，包括资源的获取，与组织、人员的招聘与训练、经营和管理活动的分析汇总、资金的监控等方面；作业层涉及作业的控制（如作业计划和调度等），完成企业最基本的活动，它涉及企业的每一项生产经营和管理活动。多数企业的管理存在着类似的层次关系。

表 2 - 1　管理任务的层次分类

层次	内容
战略层	确定企业的目标、方针、政策；确定企业的组织层次、决定企业的工作任务
战术层	资源的获取与组织、人员的招聘与培训、经营和管理活动的分析汇总、资金的监控等
作业层	利用现有设备和资源在预算限制内活动；完成企业的每一项生产经营和管理活动

在实际工作中，有时同一问题可以属于不同的管理层次，只是每个层次考虑问题的角度不同而已。如对于库存控制问题，作业层关心的是日常业务处理能否准确无误；战术层关心的是如何根据运行控制数据，确定安全库存量和订货次数；而战略层关心的是如何根据作业层和战术层的结果及战略目标、竞争者行为等因素做出正确的库存战略决策。

在不同层次，信息的内容、来源、精度、加工方法、使用频率、保密程度等方面都不相同。通常作业层的信息量大、要求精度高；战略层的信息量小、注重宏观数据。战略层与作业层所需信息的特性有很大不同，而战术层所需信息则介于两者之间。

从管理决策问题的性质来看，在作业层上的决策大多属于结构化的问题，而在战略层上的决策大多属于非结构化问题，战术层所做决策问题的性质介于结构化和非结构化之间。

战略决策层的决策内容，如确定和调整组织目标以及制定获取、使用各种资源的政策等，一般属于非结构化问题，决策者是企业或组织的最高管理层。战术层所作决策是对于各种资源的获取和使用进行有效的计划和控制等方面的问题，它受战略管理层所指定的目标和策略的限制，一般属半结构化或结构化的决策，决策者为组织的中层领导；作业层的决策是为了保证有效地完成任务或操作，有一定的周期性，一般属于结构化决策问题，决策者通常是组织的基层管理人员或操作人员。

从信息处理的工作量来看，信息处理所需资源的数量随管理任务的层次而变化。一般作业层处理的信息量较大，而在系统结构中所处层次越高其所需信息量越小，呈金字塔形，见图 2 - 2 管理信息系统的金字塔形结构。金字塔的底部表示结构化的管理过程和决策，而顶部则为非结构化的管理过程和决策，中间则是介于结构化和非结构化问题之间的半结构化问题，其所处层次越高，结构化程度也越低，反之亦然。

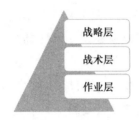

图 2-2　管理信息系统的金字塔形结构

2. 按管理职能划分的系统结构

横向来看，管理信息系统结构也可以按照使用信息的组织职能加以描述。系统所涉及的各职能部门都有自己特殊信息需求，需要专门设计相应的功能子系统，以支持其管理决策活动，同时各职能部门之间存在着各种信息联系，从而使各个功能子系统构成一个有机结合的整体，管理信息系统正是完成信息处理的各功能子系统的综合。

例如在商业企业中，管理信息系统可由下面所列主要的子系统构成，每一个功能子系统完成有关功能的全部信息处理，包括作业层、战术层和战略层管理。

（1）商品入出库子系统。商品入出库子系统包括订货、收货、库存控制、配送等管理活动。作业层处理数据涉及购货申请、订货单、收货单、库存管理、提货单，要求把订货收货情况与计划进行比较，产生库存水平、采购成本和库存等分析报告。战术层管理信息包括计划库存与实际库存的比较、外购商品的成本、缺货情况及库存周转率等。战略层管理主要涉及新商品经营战略、对供应商和客户的新政策以及经济效益和社会效益比较分析等。

（2）销售与市场子系统。销售与市场功能通常包括商品的销售、推销以及售后服务的全部活动。其中作业层有客户订单的处理、推销的处理；战术层活动包括雇佣和培训销售人员、编制销售计划和按区域、商品、顾客的销售量定期分析，涉及的成果与市场计划的比较，它要用到有关客户、竞争者、竞争产品和销售力量等方面的数据；在战略层管理方面包括新市场的开拓和新市场的战略，它使用的信息有顾客分析、竞争者分析、顾客调查信息、收入预测和技术预测等。

（3）财务和会计子系统。财务和会计虽然有不同的工作目标和工作内容，但它们之间也有密切的联系。财务的职责是在尽可能低的成本下保证企业的资金运转，包括托收管理、现金管理和资金筹措等。会计则包括对财务工作进行分类、汇制标准财务报表、制定预算及对成本数据进行分析。对管理控制报告来说，预算和成本是输入数据，也就是说，会计是为管理控制各种功能输入信息。与财务有关的作业层处理包括收账凭证、支付凭证、分类账和股份转让等。战术层利用进销存分析、财务资源成本、会计数据处理成本及差错率信息等。战略层管理包括确保资金充足的长期战略计划和预算系统计划等。

（4）人事子系统。人事子系统包括人员的录用、培训、考核记录、工资和终止聘用等，其作业层内容涉及人员基本情况数据、工资变化等，还要完成聘用、培训、改变工资等。战术层主要对实际情况与计划进行比较，产生各种报告和分析结果，用以说明在岗工人的数量、招工费用、技术专长的构成等，是否符合政府就业政策等。人事战略计划主要由战略管理层来制定，它包括对招工、工资、培训、福利以及各种策略方案的评价，这些策略将确保企业能够获得完成战略目标所需的人力资源。战略管理还包括对就业制度、教育情况、地区工资率的变化及对聘用和留用人员的分析。

（5）高层管理子系统。每个组织都有一个最高领导层，如由公司总经理和各职能领域的副总经理组成的委员会。高层管理子系统为高层领导服务，它的作业层活动主要是信息的查询和决策的支持，处理的文件常常是信函、备忘录和高层领导向各职能部门发送的指示等，还要负责会议安排、信函管理和会晤记录文档。战术层管理要求各功能子系统执行计划的当前综合报告。战略管理活动包括组织的经营方针和必要的资源计划等，它要综合外部和内部的信息。这里的外部信息可能包括竞争者信息、区域经济指数、顾客偏好、提供服务的质量等。

（6）信息处理子系统。信息处理子系统的作用是保证各职能部门获得必要的信息资源和信息处理服务。该子系统典型的作业层工作包括工作请求、采集数据的请求、改变数据的请求、软件情况的报告以及设计方面的建议。信息处理运行包括日常任务的调度、差错率和设备故障信息等。对于新项目开发还包括程序员的工作进展情况和调试时间的安排。战术层管理主要是对计划情况和实际情况进行比较。战略管理功能的组织，如采用集中式还是分散式管理制定信息系统总体规划，确定硬件和软件的总体结构等。

管理信息系统的应用离不开办公自动化技术，该技术的主要作用是支持知识工作和文书工作，如文字处理和电子信件的收发、电子文件的制作等。办公自动化既可以看作是与信息处理系统合一的子系统，也可以作为一个独立的子系统而存在。

3. 管理信息系统结构的综合

以上从管理任务和组织职能两个方面对管理信息系统的结构进行了描述，由上述系统的组成和决策支持的要求可以综合管理信息系统的概念结构。综合的形式如下：

（1）横向综合。横向综合就是把同一管理层次的各种职能综合在一起，如作业层的人事、工资等子系统可以综合在一起，使基层的业务处理一体化。横向综合正向着资源综合的方向发展，如按人把人员的信息综合到一个系统，按商品把采购、进货、库存控制等综合到一起。

（2）纵向综合。纵向综合就是把不同层次的管理业务按职能综合起来。这种综合沟通了上下级之间的关系，便于决策者掌握情况进行正确分析，如把各部门和总公司的各级财务系统综合起来，构成综合财务子系统。

（3）纵横综合。纵横综合也可以称为总的综合，它使一个完全一体化的系统得以形成，能够做到信息集中统一管理，程序模块共享，各子系统无缝集成。

通过对管理信息系统进行综合可知，管理信息系统由各功能子系统组成，每一个子系统可以分为三个主要信息处理部分，即作业管理、战术管理和战略管理。信息系统的每个功能子系统都有自己的文件，还有为各子系统公用的数据组成的数据库，由数据库系统进行管理。在系统中，除了有为各子系统专门设计的应用程序，也有为多个应用程序公用的分析与决策模型，这些公用软件构成了信息系统的模型库。

第三节 管理信息系统对管理的支持

在企业管理中如何获得充分的、高质量的信息，进而如何利用信息产生效益呢？首先我们从系统的角度，来理解管理系统在管理中的作用。

信息系统对管理工作的支持作用体现在多方面。何泽恒主编的《管理信息系统》一书对信息系统管理的支持详细描述如下：

管理的任务在于通过有效地管理人、财、物等资源来实现企业的目标，而要管理这些资源需要通过反映这些资源的信息来管理，这就说明了管理和信息的关系。每个管理系统都首先要收集反映各种资源的有效数据，然后再将这些数据加工成各种统计报表、图形或曲线，以便管理人员能有效地利用企业的各种资源来完成企业的使命。所以，信息是管理上的一项极为重要的资源。信息对于管理之重要在于"管理就是决策"。管理工作的成败取决于能否作出有效的决策，而决策的正确程度则取决于信息的质和量。

一定的管理方法和管理手段是一定社会生产力发展水平的产物。现代社会的特点是分工越来越细，各种问题的影响因素越来越错综复杂，对情况的反应和做出的决定越来越要求迅速、及时，管理效能和生产效能、经营效能越来越取决于信息系统的完善程度，因此对信息的需要不仅在数量上要大幅度增加，而且在质量上也要求其正确性、精确性和时效性等不断提高。信息系统能把生产和流通过程中的巨大数据流收集、组织和控制起来，经过处理转换为数据，经过分析变成对各级管理人员作决定具有重要意义的有用信息。特别是运筹学和现代控制论的发展，使许多先进的管理理论和方法应运而生，而这些理论和方法又都因为计算工作量太大，用手工方式根本不可能及时完成，只有现代电子计算机高速、准确的计算能力和海量存储能力，才能为这些理论从定性到定量方面指导决策活动开辟了新局面。

任何组织都需要管理。所谓组织是指人们为了实现共同目标而组成的群体和关系，例如企业、部门、公司等，它们都具有一定的形式和结构并完成其特定的功能。一个组织的管理职能主要包括计划、组织、领导和控制四大方面，其中任何一方面都离不开信息系统的支持。所以，管理与信息系统的关系主要体现在信息系统对管理具有重要的辅助和支持作用，现代管理要依靠信息系统来实现其管理职能、管理思想和管理方法。这可从下列信息系统对计划职能、组织职能、领导职能和控制职能的支持中得到体现。

一、信息系统对计划职能的支持

计划是对未来做出安排和部署。任何组织的活动实际上都有计划，计划不仅可以作为行动的纲领，而且也是对执行结果进行评价的依据。管理的计划职能是为组织及其下属机构确定目标、拟订行动方案并制订各种计划，使各项工作和活动都能围绕预定目标去进行，从而达到预期的效果。高层的计划管理还包括制定总的战略和总的政策。计划还应该为组织提供适应环境变化的手段与措施，因为急剧变化着的政治、经济、技术和其他因素要求及时修订计划和策略。

信息系统对计划的支持包括如下几个方面的内容：

1. 支持计划编制中的反复试算

为了使计划切合实际，必须收集历史的和当前的数据，通过分析，研究变化的趋势和预测未来，还要围绕计划目标进行大量、反复的计算，拟订多种方案。这是一项十分繁琐的计算工作，如果没有信息系统的支持，不仅工作量大，还可能无法实现。

2. 支持对计划数据的快速、准确存取

为了实现计划管理职能，重要的是建立与计划有关的各种数据库，如各类定额数据库、各类计划指标数据库、各种计划表格数据库等。

3. 支持预测

预测是计划的基础，是研究对未来状况作出估计的专门技术。而计划则是对未来作出安排和部署以达到预期的目的，所以，计划与预测虽是两个不同的概念，但计划必须在预测的基础上进行。预测支持决策者作出正确的决策，制订可靠的计划。通常，预测方法的计算量大，要用计算机来求解。

4. 支持计划的优化

在企业编制计划时经常会遇到对有限资源的最佳分配问题。例如，某物流配送中心只有几台固定车辆，每天要为各连锁分店配货，由于每天配货品种数量不同，交通路线也不同，则配送成本的单位利润差别很大。有关人员在编制计划时就可能提出如何在运输能力允许的约束条件下，获得最大的利润？对于这样一个问题可以列出数学模型，然后在计算机上通过人机交互方式进行求解。

二、信息系统对组织职能和领导职能的支持

组织职能包括人的组织和工作的组织。具体包括确定管理层次、建立各级组

织机构、配备人员、规定职责和权限，并明确组织机构中各部门之间的相互关系、协调原则和方法。信息技术是现阶段对企业组织进行改革的有效技术基础。信息技术的发展促使企业组织重新设计、企业工作的重新分工和企业职权的重新划分，从而进一步提高企业的管理水平。传统企业组织结构采用"金字塔"式的、纵向的、多层次的集中管理，其运作过程按照一种基本不变的标准模式进行。由于其各项职能（生产、销售、财务、市场调研等）分工严格加之信息传递和反馈手段落后，导致应变能力差、管理效率低且成本高昂。随着信息技术的发展，上述这种传统的企业组织结构正在向扁平式结构的非集中管理转变，其特点如下：

其一，通信系统的完善使上下级指令传输系统上的中间管理层显得不再那么重要，甚至也没有必要再设立那么多的中间管理层。

其二，部门分工出现非专业化分工的趋向，企业各部门的功能互相融合、交叉，如制造部门可能兼有销售、财务等功能。

其三，计算机的广泛应用使得企业上下级之间、各部门之间及其与外界环境之间的信息交流变得十分便捷，从而有利于上下级和成员之间的沟通，也使企业可以随时根据环境的变化做出统一的、迅速的整体行动和应变策略。

其四，"扁平化"管理的实质是"信息技术进步大大降低了组织内部信息交流的成本，从而使纵向（金字塔）的官僚体制开始崩溃""决策层与执行层之间距离缩小和最终向合一恢复"。

互联网的出现使企业、公司的经营和生产不再受地理位置的限制，可以在全世界范围内运作，事务处理成本和协作成本都明显降低；企业网络的建设、多媒体计算机和移动计算机的广泛应用，使信息传送从文字向多媒体发展，使领导和管理人员接受更多的信息和知识，使企业对工作过程的重新设计成为可能，使个人和工作组之间的协调得以进一步加强，从而形成一种新的、管理层次少的组织形式，它依靠近乎实时的信息进行柔性的运作，管理工作更加依赖于管理人员之间的协作、配合以及对信息技术应用的把握。领导职能的作用在于指引、影响个人和组织按照计划去实现目标，这是一种行为过程。领导者在人际关系方面的职责是领导、组织和协调；在决策方面的职责是对组织的战略、计划、预算、选拔人才等重大问题作出决定；在信息方面的职责是作为信息会合点和神经中枢对内对外建立并维持一个信息网络，以沟通信息、及时处理矛盾和解决问题。由此可见信息系统在支持领导职能方面的重要作用。

三、信息系统对控制职能的支持

一切管理内容都包括控制问题。控制职能是对管理业务进行计量和纠正,确保计划得以实现。计划是为了控制,是控制的开始。执行过程中需要不断检测、控制,通常是把实际的执行结果和计划的阶段目标相比较,发现实施过程中偏离计划的缺点和错误。所以为了实现管理的控制职能,就应随时掌握反映管理运行动态的系统监测信息和调控必要的反馈信息。在企业管理方面,最主要的控制大多数都由信息系统支持和辅助,其内容如下:

其一,行为控制,它是指对人的管理。为了真正调动人的积极性和创造性,不能简单用行政命令、强制手段来管理,除加强思想工作,还要借助于科学行为,要通过收集、加工、传递、利用人的行为信息来对人的行为进行协调和控制。

其二,人员素质控制,特别是对关键岗位上人员素质的控制。

其三,质量控制,特别是对重要产品关键工序的质量控制和成品的质量控制。

其四,其他控制,包括库存控制、生产进度控制、成本控制、财务预算控制(产量、成本和利润的综合控制、资金运用控制和收支平衡控制等)。

随着科学技术的发展,自动化、智能化的控制将是一种更高级的形式。例如,连锁超市的统一价格控制,连锁总部可根据不同连锁分店所处商圈调整价格,并用这个价格监控各分店的销售过程。总部和各分店子系统交换必要的库存、销售等信息,从而形成一种更综合的信息系统。

第四节　管理信息系统的发展及现状

一、管理信息系统的演变

管理信息系统的发展与计算机技术、通信技术和管理科学的发展紧密相关。

虽然信息系统和信息处理在人类文明开始时就已存在，但直到电子计算机问世后，随着信息技术的飞跃和现代社会对信息需求的增长，它们才迅速发展起来。这个发展过程大致经历了以下几个阶段。

1. 电子数据处理系统（Electronic Data Processing Systems，EDPS）

在20世纪50年代中期到70年代中期，电子数据处理系统的特点是数据处理的计算机化，目的是提高数据处理的效率。这一阶段是电子数据处理的初级阶段，主要是用计算机部分地代替手工劳动，进行一些简单的单项数据处理工作，如计算工资、统计产量等。随着计算机技术的发展，有了大容量直接存取的外存储器。出现了一台计算机能够带动若干终端，可以对多个过程的有关业务数据进行综合处理。这时作为管理信息系统的雏形，出现了各类信息报告系统，其特点是按事先规定的要求提供生产、服务和研究等各类状态报告。

2. 管理信息系统（Management Information Systems，MIS）

20世纪70年代初随着数据库技术、网络技术的发展和科学管理方法的推广，计算机在管理上的应用日益广泛，管理信息系统逐渐成熟起来。管理信息系统最大的特点是高度集中，能将组织中的数据和信息集中起来进行快速处理、统一使用。这一阶段，有一个中心数据库和计算机网络系统是MIS的重要标志。MIS的处理方式是在数据库和网络基础上的分布式处理。随着计算机网络和通信技术的发展，不仅能把组织内部的各级管理联结起来，而且能够克服地理界限把分散在不同地区的计算机网络互联，形成跨地区的各种业务信息系统和管理信息系统。管理信息系统的另一特点是利用定量化的科学管理方法，通过预测、计划优化、管理、调节和控制等手段来支持决策。

3. 决策支持系统（Decision Support Systems，DSS）

20世纪70年代国际上展开了MIS为什么失败的讨论。人们认为早期MIS的失败并非由于系统不能提供信息。实际上MIS能够提供大量报告，但经理很少去看，大部分被丢进废纸堆，原因是这些信息并非经理决策时所需要的信息。当时美国的MichaelS. Scott Marton在《管理决策系统》一书中首次提出了"决策支持系统"的概念。决策支持系统不同于传统的管理信息系统。早期的MIS主要为管理者提供预定的报告，而DSS则是在人和计算机交互的过程中帮助决策者探索可能的方案，为管理者提供决策所需的信息。由于支持决策是 MIS 的一项重要内容，DSS 无疑是 MIS 重要组成部分；同时 DSS 以 MIS 管理的信息为基础，是 MIS 功能上的延伸。从这个意义上可以认为 DSS 是 MIS 发展的新阶段，而 DSS 是把数据库处理与经济管理数学模型的优化计算结合起来，具有管理、辅助决策和预测功能的管理信息系统。

综上所述，EDPS、MIS 和 DSS 各自代表了信息系统发展过程中的某一阶段，但至今它们仍各自不断地发展着，而且是相互交叉的关系。EDPS 是面向业务的信息系统，MIS 是面向管理的信息系统，DSS 则是面向决策的信息系统。DSS 在组织中可能是一个独立的系统，也可能作为 MIS 的一个高层子系统而存在。

管理信息系统是一个不断发展的概念。20 世纪 90 年代以来，DSS 与人工智能、计算机网络技术等结合形成了智能决策支持系统（Intelligent Decision Support Systems，IDSS）和群体决策支持系统（Group Decision Support Systems，GDSS）。此外还出现了不少新的概念，诸如总裁信息系统、战略信息系统、计算机集成制造系统和其他基于知识的信息系统等。

4. 网络化、智能化是管理信息系统发展的主要趋势

网络化是应管理信息系统发展需要，实现信息集成的结果，也是计算机和通信技术发展的结果。1993 年 WWW（万维网）在 Internet 上的出现为信息系统的网络化创造了前所未有的条件。近年来，管理信息系统依托互联网正从企业内部

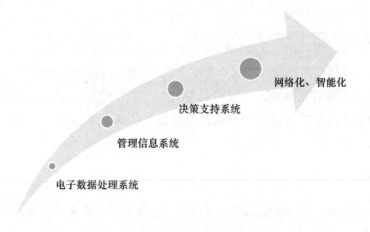

图 2-3　管理信息系统的发展

向外部发展，随之出现了电子商务、电子政务、供应链管理、虚拟企业、网上交易、谈判支持系统等许多新的概念。随着软件技术、人工智能和其他学科的不断发展，智能化是管理信息系统未来发展的不可避免的方向。

大体上看，管理信息系统的发展如图 2 − 3 所示。

二、管理信息系统的分类

管理信息系统是一个广泛的概念，至今尚无明确的分类方法。依据信息系统不同的功能、目标、特点和服务对象，它可分为业务信息系统、管理信息系统和决策支持系统；依据管理信息系统面向的范围，它可分为国家层面的经济信息系统、企业层面的管理信息系统；依据其服务的对象不同，可分为事业单位的事务型管理信息系统、行政机关办公型信息系统；相对于上述通用信息系统还有面向特定行业的专业型管理信息系统。根据我国管理信息系统应用的实际情况和管理信息系统服务对象的不同，分别介绍如下。

1. 国家经济信息系统

国家经济信息系统是一个包含各综合统计部门在内的国家级信息系统。这个系统纵向联系各省市、地市、各县直至各重点企业的经济信息系统，横向联系外贸、能源、交通等各行业信息系统，形成一个纵横交错、覆盖全国的综合经济信息系统。

2. 企业管理信息系统

企业管理信息系统面向工厂、企业，主要进行管理信息的加工处理，这是一类最复杂的管理信息系统，一般应具备对工厂生产监控、预测和决策支持的功能。企业复杂的管理活动给管理信息系统提供了典型的应用环境和广阔的应用舞台。

3. 事务型管理信息系统

事务型管理信息系统面向事业单位，主要进行日常事务的处理，如医院管理信息系统、饭店管理信息系统、学校管理信息系统等。由于不同应用单位处理的事务不同，这些管理信息系统的功能也各不相同。

4. 行政机关办公型管理信息系统

国家各级行政机关的办公管理自动化，对提高领导机关的办公质量和效率，改进服务水平具有重要意义。办公管理系统的特点是办公自动化和无纸化，如应用局域网、打印、传真、印刷、缩微等办公自动化技术，以提高办公效率。行政机关办公型管理信息系统，对上要与行政首脑决策服务系统整合，为行政首脑提供决策支持信息。

5. 专业型管理信息系统

专业型管理信息系统指从事特定行业或领域的管理信息系统，如人口管理信息系统、科技人才管理信息系统、房地产管理信息系统等。这类管理信息系统专业性很强，使用的技术相对简单，规模一般较大。再如，铁路运输管理信息系统、电力建设管理信息系统、银行信息系统、民航信息系统、邮电信息系统等，这类管理信息系统的特点是综合性很强，包含了上述各种管理信息系统的特点，也称为综合型信息系统。

第五节　管理信息系统的学科特点与学习方法

一、管理信息系统涉及的学科

管理信息系统涉及多个学科领域，不为某一种学科理论或观点所主宰，与它相关联的一些主要学科如图 2-4 所示。

二、对管理信息系统的进一步理解

管理信息系统的发展极大地促进了生产、经营和管理工作，但同时只有深刻理解管理信息系统的内涵，才能充分利用它的优势。

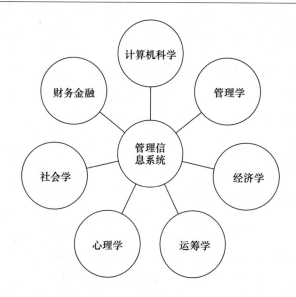

图 2-4　管理信息系统涉及的学科

技术只是手段，管理信息系统的核心是一个社会系统。管理信息系统发展的各个阶段，许多管理信息系统在耗费了大量的人力、物力、财力之后夭折了，或者根本没有实现原定的系统开发目标。这是长期以来困扰着人们的一大难题。现在人们日益深刻地认识到，管理信息系统不仅是技术系统而且是社会系统，离不开应用环境。MIS 技术的复杂性、需用资源的密集性和用户需求的多样性仅是问题的一个方面，而更重要的则涉及管理思想、管理制度、管理方法、权力结构和人们习惯的变化。这是在开发和实现 MIS 过程中必须十分明确的一个关键性的认识问题。

信息系统只是辅助工具，提高科学管理水平才是根本。如果企业本身没有建立符合社会化大生产客观要求的制度，那么怎么能教会计算机正确工作呢？我们不能把计算机加以神化，期望它把企业从混乱中拯救出来，轻而易举地实现现代化管理；相反则是要扎扎实实地搞好管理工作的科学化，为信息系统的应用和发展创造条件。

充分认识 IT 的影响力，促进企业管理。信息技术的飞跃正在促使企业管理发生深刻的变化。例如，由于信息系统改变了企业的通信状况，可能引起企业重组工作流程、重新分工、重新划分职权、重新进行企业的组织设计，甚至过去的服务地点、时间、办公桌相对位置等也都可能作很大的调整。

不断学习，培养新一代的工作人员，使之适应新技术应用和企业转型。"管理不能脱离人的价值，不是单纯的技术手段，而是一种植根于特定价值观念系统、习惯与信念之中的文化现象"。人是最积极的因素，人的素质和文化水平对信息活动的效率起着决定性的作用。为此提高企业文化，做好人员选择和培训具有重要的战略意义。

内外环境相配合促进信息系统的应用和发展。信息系统的发展，向政府的管理部门提出了更高的要求。企业的发展不仅需要良好的市场环境，同时也要求有协调的社会总体环境。信息技术成果的商品化不仅与企业本身工作有关，在相当程度上还受到整个社会信息交流环境的影响。政府部门应积极推动网络建设，发展国家信息基础设施，创造开放的信息环境，促进信息交流，加强信息标准化工作，鼓励企业间、行业间的竞争和协作。

三、管理信息系统的学习方法建议

通过前面的学习，可以看出，管理信息系统涉及的学科较多，涉及的管理方法也较多，因此它是一门综合性的学科。如何学好这门知识，这里有些建议仅供参考。

第一，保持跟踪最新 IT 技术。管理信息系统的基础是 IT 技术。从其发展看来，IT 技术的每次飞跃都促进了管理信息系统的发展。因此只有掌握、了解最新的 IT 技术动向，才能在开发信息系统时选择科学、合理的工具，体现技术的优势，为管理工作提供更好的支持。作为管理信息系统的开发者，至少应当掌握一门较新的编程语言，一个较为常见的数据库系统以及必要的网络技术。

第二，广泛涉猎相关知识。前面说要求掌握一些编程技术并不是说要死扣细节，而是要高屋建瓴，了解主流开发工具的特性和优缺点。这样在开发系统的时候才能选择合适的工具，做到事半功倍的效果。

第三，以理论学习为基础，实验开发为目的。需要在掌握管理信息系统的原理的基础上，再去考虑开发系统。如果发展系统的原理一知半解，就盲目地开发所谓的系统，必然会陷入为了技术而开发的误区，最终的结果必然是产生一个技术上可行，应用上不可行的东西。

第四，要充分重视业务领域的知识学习。对于财务知识、营销知识、人事管理等方面的知识，要有充分的认识，对于系统的管理辅助功能有正确的认识。

第五，活学活用。学习管理信息系统千万不要死记硬背一些概念和定义。管理信息系统本身也是在发展的，一些概念和说法也不是一成不变的。学习管理信息系统的精髓，掌握其本质的东西，在具体应用中有创造性地为企业管理工作提供更好的帮助。

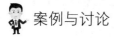 思考练习题

1. 企业为何需要信息系统？

2. 管理信息系统对管理的支持体现在哪些方面？

3. 在管理信息系统中，既涉及管理方面的知识也涉及因特网知识，结合本章知识和读者自身的知识积累特点，谈谈学习和掌握管理信息系统的难点。

4. 课外查阅相关资料，谈谈管理信息系统与准时制生产的关系。

案例与讨论

希尔顿酒店的信息系统

希尔顿（Hilton，Konrad 1887～1979），美国旅馆业巨头，人称"旅店帝王"。1887年生于美国新墨西哥州，曾控制美国经济的十大财阀之一。希尔顿经营旅馆业的座右铭是："你今天对客人微笑了吗？"这也是他所著的《宾至如归》一书的核心内容。希尔顿的"旅店帝国"已伸延到全世界，资产发展为数十亿美元。"希尔顿"遍布全球。

希尔顿集团独立研发了信息系统HHonor系统，从一开始就是针对连锁酒店数据共享的需求而设计的，是一个高度集成的系统，包括客房管理、预定、收益管理、客历和销售管理的数据，都集中到数据中心，可以进行统一的查询和统计分析处理；可以预订集团内部任何一家酒店的客房；可以根据客人提供的确认号码，调出订房单进行修改或取消预定；可以根据客人的姓名、电话号码或信用卡号码实时查询客人的档案。系统超前的理念、先进的设计概念，注定了它可以最终取代希尔顿原有的酒店管理系统，并在日后的CRM总体规划中占据重要地位。

希尔顿酒店都做了客户档案的管理，这是优质服务的基础，其次他们的服务都超过了客户的期望值，为客户创造了产品之外的价值。一定要为客户创造产品之外的价值，这样客户才会舍不得离开你。

想象一下如下情境：一位商人第二天将前往芝加哥出差，他登录到希尔顿酒店集团（HiltonHotel）的网站，决定入住该酒店旗下9个连锁品牌之一的家森套房酒店（HomewoodSuites）。接下来，他浏览家森套房酒店的数字化楼层平面图，看看还有哪些空房。他选了一间位于顶层的房间，远离游泳池而靠近电梯。打定主意后，他直接在网站上办理了入住登记手续。第二天，当这位商人抵达酒店时，房间钥匙已在前台静候他的到来，前台接待员也亲切地叫出他的名字并欢迎他光临。当他走进房间后，发现自己喜欢的鹅毛枕和芝加哥当地的报纸也已在床上恭候他多时了。

案例中的应用情境大致是怎样实现的？信息系统在其中起了怎样的作用？另外，信息系统还能够帮助酒店业做些什么？设想一下应用场景。

第二部分　信息系统的技术基础

第**三**章

计算机原理

学习目标

通过本章学习，应对计算机的基本原理有了较为全面的了解，能够初步理解计算机的运行原理。要求掌握计算机的系统构成结构，掌握计算机的软件分类以及各类软件的特点。

第一节　计算机系统基础知识

一、计算机概述

计算机是一种具有快速计算和逻辑运算能力，依据一定程序自动处理信息，储存并且输出处理结果的电子设备。1614 年苏格兰人 John Napier（1550～1617年）发表了一篇论文，其中提到他发明了一种可以进行四则运算和方根运算的精巧装置。从早期的机械计算机（见图 3－1），到大型电子计算机（见图 3－2），再到今天的个人计算机，计算机技术的飞速发展，已经改变了人们生活和工作的方式。

从 1946 年世界第一台电子计算机问世至今，已经经历了电子管、晶体管、集成电路和大规模集成电路等发展阶段，并且正在向着人工智能的方向发展。世界上第一台通用电子数字计算机 ENIAC（Electronic Numerical Integrator And

图 3 - 1　早期的机械计算机　　　　　图 3 - 2　电子时代的计算机

Computer），于 1946 年在美国宾夕法尼亚大学建成。由于 ENIAC 输入和更换程序特别繁杂，ENIAC 课题组的顾问、著名数学家冯·诺依曼提出将程序的指令与指令所操作的数据一起存于存储器的概念。这个著名的存储式程序（stored - program）概念，成为计算机工作的基本机理。这一概念也被图灵大约同时期提出。世界上第一台存储式程序计算机是 1949 年在英国剑桥大学建成的 EDSAC（Electronic Delay Storage Automatic Calculator）计算机，它使用 3000 只电子管，每秒钟能完成 700 次加法运算。1953 年 IBM 公司制造出第一台电子存储式程序的商用计算机。

50 多年来，计算机系统性能得到了大幅度的提高，价格却大幅度下降。计算机的发展经历了四次更新换代，现在正处于第五代。依据半导体技术发展水平，这五代划分应该如下：

第一代：1945～1954 年，电子管和继电器。

第二代：1955～1964 年，晶体管和磁芯存储器。

第三代：1965～1974 年，中、小规模集成电路。

第四代：1975～1990 年，LSI/VLSI 和半导体存储器。

第五代：1990 年至今，巨大规模集成电路。

计算机系统更新换代的标志主要是两个方面：一是由于器件不断发展，使计算机系统的工作速度、功能、集成度和可靠性等指标不断提高和价格不断降低而造成的；二是得益于计算机系统结构的改进。有人统计在 1965～1975 年，计算机系统性能提高近 100 倍，其中由于器件性能提高使其性能增加 10 倍，而另外的 10 倍，主要归功于系统结构改进。在 50 多年的发展进程中，器件在技术上的改进是比较稳定的，而系统结构的改进则有较大起伏。特别是近 20 年来，由于计算机系统的设计对集成电路技术的依赖性大为增加，从而使得在这一期间内，各类不同的计算机系统的性能增长率有了差异。

一台计算机的核心部件是中央处理器（CPU），它指挥计算机各部件的工作。控制器包括控制单元、程序计数器、指令寄存器和指令译码器几部分。运算器完成算数运算和逻辑运算，实现对信息的加工和处理。中央处理器从 1971 年的 4004（晶体管集成度 2000、主频 2、数据总线 4）芯片发展到 2000 年的 P4（晶体管集成度 1000 万、主频 1.4GHz、数据总线 64、地址总线 32 位）如图 3 - 3 所示。最近微处理器的主频已经达到了 4GHz。

另一个主要部件是存储器。内部存储器即人们常说的内存（见图 3 -4），用来存放程序和数据，并与 CPU 直接交换信息。计算机的半导体存储器内存容量从 1KB、4KB、16KB、64KB、256KB、1MB、4MB、16MB、64MB 发展到 256MB、512MB，目前个人计算机的内存已达到 2 ~ 4GB 的级别。外部存储器指硬盘、软盘、U 盘等。

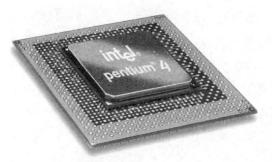

图 3 - 3　Intel 的 CUP

图 3 - 4　内存条

CPU、存储器和输入输出设备之间要进行通信，就需要将这些部件连接在一起的通路，这些通路的集合称为互连结构。其中一种主要的互连结构是总线结构，主板就是提供总线的载体（见图 3 -5）。各种硬件安装在主板的插槽或者通过电缆（数据线）连接到主板的插座上。主板还包括总线控制器、DMA 控制器、输入输出接口电路等。声卡、网卡和显卡都通过插槽连接到主板上或者直接集成在主板上。将 CUP 与这些部件集成在一起的是计算机的主板，它上面有许多控制芯片，例如输入输出接口等。

一台完整的计算机还要有外部设备。输入设备以某种形式接收数据和指令，并将其转换为计算机能够识别的机器码。输入设备包括键盘、鼠标、扫描仪等；输出设备用于输出计算机的处理结果，包括显示器、打印机等。

图 3-5　台式机主板

二、计算机系统的构成

一个完整的计算机系统包括硬件、软件和使用计算机的人三部分（见图 3-6）。硬件是指构成计算机系统的物理设备的总称，通常是电子的、机械的、磁性的、光的元器件或装置。软件是程序及有关文档的总称。程序是由一系列指令组成的，指挥计算机按照指定顺序完成特定任务。程序执行结果是按某种格式产生的输出。软件包括系统软件和应用软件。对 MIS 而言，系统软件的一个重要部分是数据库。它既是数据组织与管理的基础，也是管理信息系统的基础。软件、硬件相辅相成，软件依赖硬件执行，没有应用软件，硬件不知道做什么。计算机系统之间进行网络通信时，负责连接的通信设备和线路以及管理、调度这些设备和线路的软件，也成了计算机信息系统的一部分；人是计算机系统的重要组成部分，也是管理信息系统的重要组成部分。无论系统建设还是系统维护（硬件维护、软件维护和数据维护）都离不开人，离不开稳定的、高素质的开发与管理团队，人永远是计算机系统中最重要的部分。所以，一个计算机系统是硬件、软件和人的结合，所有这些要素有机组织起来对数据进行输入、处理和输出。

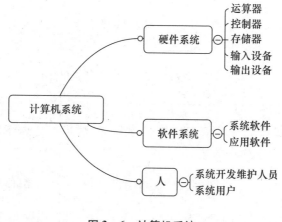

图 3 - 6　计算机系统

第二节　计算机软件

一、软件分类

只有硬件的计算机通常被称为"裸机"，只有适当的软件，才能使"裸机"运行起来。计算机软件是指计算机程序和有关的文档。计算机软件系统由系统软件和应用软件组成，见图 3 - 7 计算机软件的分类。

二、系统软件

系统软件是指负责管理、监控和维护计算机硬件和软件资源的一种软件。系统软件用于发挥和扩大计算机的功能和用途，提高计算机的工作效率，方便用户的使用。系统软件主要包括操作系统、程序设计语言和语言处理系统、数据库管理系统和实用程序。

1. 操作系统

操作系统是软件系统的核心。它负责控制和管理计算机系统的各种硬件和软

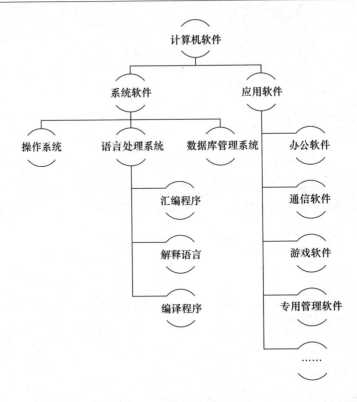

图3-7 计算机软件的分类

件资源，合理地组织计算机系统的工作流程，提供用户与操作系统之间的软件接口。操作系统具有如下五大功能：作业管理、进程管理（处理机管理）、存储管理、设备管理和文件管理。操作系统按使用环境可分为批处理系统、分时系统、实时系统；按用户数目可分为单用户系统和多用户系统，如 DOS 为单用户单任务系统，Windows 为单用户多任务系统；按硬件结构可分为网络操作系统、分布式系统和多媒体系统。

2. 程序设计语言和语言处理系统

为了让计算机解决实际问题，使计算机按人的意图工作，人们主要通过用计算机能够"理解"的语言和语法格式编写程序并提交计算机执行来实现。编写程序所采用的语言就是程序设计语言。程序设计语言包括机器语言、汇编语言和高级语言。

指令系统是计算机所能执行操作的所有指令的集合，是裸机（硬件）与外界（软件）的接口。机器语言的每一条指令都是由 0 和 1 组成的二进制代码序列，是最底层的面向机器硬件的计算机语言，用机器语言编写的程序不需要任何翻译和解释就能被计算机直接执行。其特点是可直接执行，速度最快；但程序编写麻烦、难认、难记，修改调试不方便。

汇编语言是机器语言的符号化形式。其特点是与机器语言指令之间基本上是一一对应，但比较容易理解和记忆。机器语言和汇编语言成为低级语言（面向机器的语言），与硬件关系密切。

高级语言与具体的计算机指令系统无关，独立于计算机硬件，且表达方式又接近人们对求解过程或问题都熟悉的自然语言和数学语言，容易理解、掌握和记忆，是面向问题的语言。常见的高级程序设计语言有 BASIC、FORTRAN、PASCAL、C、Java、VC、VB、C++、Develop 2000 等。

语言处理系统包括汇编程序与各种高级语言的解释程序和编译程序，其任务是将使用汇编语言或高级语言编写的源程序翻译成能被计算机硬件直接识别和执行的机器指令代码。

3. 数据库管理系统

计算机经常需要处理许多大数据量的问题。如何存储和利用这些数据，如何使多个用户共享同一数据资源，都是数据处理中心必须解决的重要问题。数据库管理系统就是为此而设计的系统软件。常见的数据库管理系统有 Oracle、DB2、SQLServer、Sybase、Informix 等。

4. 实用程序

一个完善的计算机系统往往配置许多服务性程序，成为实用程序，它们包含在操作系统之内，或可被操作系统调用。实用程序的种类很多，通常包括界面工具程序、编辑程序、连接装配程序、诊断排错程序等。

三、应用软件

应用软件为解决各类实际问题而设计的程序（完成用户任务）。例如，工资管理程序、图书资料检索程序、办公自动化软件或医疗诊断系统等都属于应用软件。这类软件一般由软件人员或计算机用户针对具体工作编制。应用软件分为两类：一类是部分业务、行业的公用应用软件；另一类是按业务、按行业分的专用应用软件。

1. 公用应用软件

它包括进行数据分析、统计分析的数据处理软件，如统计分析软件包 SPSS；声音、图形、图像、文献等信息处理和进行信息检索的软件；自然语言处理、模式识别、专家系统等人工智能方面的软件；计算机辅助设计（CAD）、辅助制造（CAM）、决策支持系统（DSS）、结构分析等应用软件。

2. 专用应用软件

有的专用应用软件只能用于一个单位，如果稍加扩充，则可以供多个单位使用。某种专门用途的应用软件，如财会核算软件就是会计业务方面的应用软件。同一应用范围的软件，经过实践检验，取长补短，修改完善，形成性能良好、规格统一的模块化程序，叫作应用软件包。

上面提到的各类计算机软件所处的层次是不同的，它们之间的层次关系可以借助图 3-8 计算机软件应用层次进行说明。

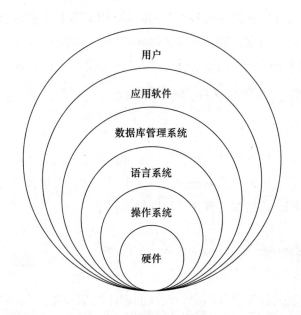

图 3-8 计算机软件应用层次

处于内层的软件是外层软件的基础。操作系统是建立在硬件基础之上的，驱动硬件运行；程序设计语言及编译系统是以操作系统为基础的；系统实用程序和数据库管理系统是用特定程序设计语言编写的，并在操作系统上运行；应用软件是基于数据库管理系统或用特定的程序设计语言开发的；信息系统的最终用户是通过应用软件进行信息管理活动的。

第三节　计算机的发展趋势

目前，计算机正朝着多极化、网络化、多媒体、智能化等方面发展。

多极化包括巨、大、中、小、微各种机型，每种机型各有自己的适用领域，共同形成了一个多极化的计算机家族。微型化机不再是单一的计算机器，而是一种信息机器，一种个人的信息机器；巨型化机是运算速度可达每秒几百亿次运算的超级计算机，1975 年建成世界上第一台超级计算机"Cray–I"，超级计算机已经应用于天气预报、地震机理研究、石油和地质勘探、卫星图像处理等大量科学计算的高科技领域。我国在 2004 年研制成功的曙光 4000A 计算机的运算速度达到了每秒 10 万亿次。将来能生产出比真正的核爆炸速度还快的计算机，并能够模拟出核爆炸的实际情况。届时，计算机速度将达到每秒 100 万亿次。网络化是计算机技术从 20 世纪 90 年代以来的重要发展趋势之一。计算机网络是电子计算机技术与通信技术日益发展并密切结合的产物，是指利用通信线路把分布在不同地点上的多个独立的计算机系统连接起来的一种网络，其目的是使广大用户能够共享网络中的所有硬件、软件和数据等资源。由于资源共享，可以充分发挥各地资源的作用和特长，实现协同操作、提高可靠性、降低运行费用和避免重复投资。计算机网络的特点在于，多个计算机系统结合在一起，不受地理环境的限制，同时为多个用户服务。

多媒体集文、图、声、像等媒体于一身，向人们提供了多姿多彩的应用。

智能化是计算机具有人的某些职能，并且具备一定的学习和推理能力。智能化（AI）的研究已进行了许多年，人工智能是以模糊逻辑为基础，计算机可以主动分析执行过程中碰到的困难，自动选择最优的解决方案。最成功的智能化应用应该是在航天技术方面，随着机遇号和勇气号先后成功登陆火星，不表明人类又往外太空行进了一步，同时宣示人工智能的成功。火星与地球的距离约为5576万千米，即使是采用无线电进行通信，一个信号来回就需要6.2分钟，根本没有办法对身处火星的机器人进行实时操控。这就要求机器人本身具备一定的智能，以应付各种突发事件。

随着计算机计算能力的增强，民用化的计算机也开始具备某种程度的智能化。以帮助处理日常生活中的琐事，甚至出现专门做家务活的机器人，让人们可以腾出更多的时间来学习、娱乐、交际等。新一代的计算机将朝着具有知识信息处理系统、神经网络计算机、生物计算机等方向发展。

思考练习题

1. 请查阅相关资料，说明计算机的 CPU 为什么能够计算？
2. 请查阅相关资料，说明存储器分为几种？每一种的存储原理大致是什么？
3. 请查阅相关资料，说明除了个人计算机还有哪类计算机？
4. 操作系统在计算机体系中起了什么作用？
5. 管理信息系统在计算机的软硬件体系中处于什么位置？

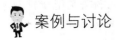 案例与讨论

冯·诺依曼计算机体系

计算机自问世以来，虽然从性能指标、运算速度、工作方式、应用领域和价格等方面有很大的改变，但基本体系结构没有变，都属于冯·诺依曼计算机体系。该体系可以简要地概括如下：

计算机应包括运算器、存储器、控制器、输入和输出设备五大基本部件。

计算机内部应采用二进制来表示指令和数据。每条指令一般具有一个操作码和一个地址码。其中，操作码表示运算性质，地址码指出操作数在存储器的位置。

编好的程序和原始数据送入内存储器中，然后启动计算机工作，计算机应在

不需操作人员干预的情况下，自动逐条取出指令和执行任务，计算机工作过程如图 3－9 所示。

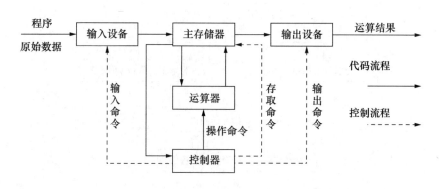

图 3－9　计算机工作过程

冯·诺依曼设计思想最重要之处在于他明确地提出了"程序存储"的概念。他的全部设计思想，实际上是对"程序存储"要领的具体化。

输入设备在控制器控制下输入解题程序和原始数据，控制器从存储器中依次读出程序的一条条指令，经过译码分析，发出一系列操作信号以指挥运算器、存储器等部件完成所规定的操作功能，最后由控制器命令输出设备以适当方式输出最后结果。这一切工作都是由控制器控制，而控制器赖以控制的主要依据则是存放于存储器中的程序。

计算机的工作过程，就是执行程序的过程。怎样组织存储程序，涉及计算机体系结构问题。现在的计算机都是基于"程序存储"概念设计制造出来的。了解了"程序存储"，再去理解计算机工作过程变得十分容易。如果想让计算机工作，就得先把程序编出来，然后通过输入设备送到存储器保存起来，即程序存储。然后就是执行程序的问题。根据冯·诺依曼的设计，计算机应能自动执行程序，而执行程序又归结为逐条执行指令。执行一条指令又可分为以下四个基本操作（如图 3－10 所示）：

（1）取出指令，从存储器某个地址中取出要执行的指令送到 CPU 内部的指令寄存器暂存。

（2）分析指令，把保存在指令寄存器中的指令送到指令译码器，译出该指令对应的微操作。

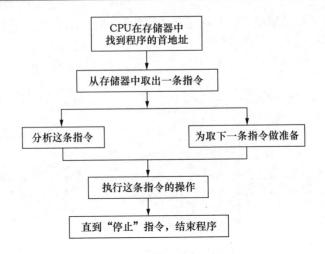

图 3 – 10　计算机的执行过程

（3）执行指令，根据指令译码，向各个部件发出相应控制信号，完成指令规定的各种操作。

（4）为执行下一条指令做准备，即取出下一条指令地址。

冯·诺依曼计算机体系的核心是什么？该体系是完美的吗？

第四章

网络基本原理

学习目标

通过本章的学习，应掌握计算机网络通信的基本原理。掌握网络的基本概念、了解主要功能、掌握网络的基本分类。重点掌握局域网的组成和拓扑分类及特点。对于网络通信协议和 IP 地址等内容，要求初步了解。

第一节　数据通信

一、数据通信基本模型

人类进行通信的历史很悠久，其最基本的方式就是利用听觉和视觉。早在远古时期，人们就一直使用语言、羊皮、烟雾信号等来通信。通信技术发展到近现代出现了电报、电话等，这种借助于电脉冲传递信息的方式不仅是技术上的革新，而且彻底改变了人们的通信方式。自 20 世纪 80 年代以来，计算机技术和通信技术的融合大大改变了技术和产品，使计算机数据处理和通信的区别日益模糊，计算机通信系统能够传输和处理多种形式的数据和信息。

1. 数据通信

数据通信是指通过数据通信系统将数据以某种信号方式从一处安全、可靠地传送到另一处的过程。

2. 通信系统模型

通信系统的基本作用是在两个实体间交换数据，可以用图 4 – 1 通信系统模型来表示。

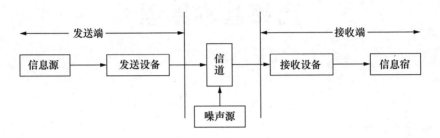

图 4 –1　通信系统模型

模型中的关键部分包括如下几个：

（1）信息源。产生要发送的数据的设备。

（2）发送器。对信号进行转换或编码以产生能在特定传输系统中传输的电磁信号。

（3）传输系统。连接信息源和目的地的传输线或复杂的网络。

（4）接收器。从传输系统接收信号并转换成目的站设备能处理的信号。

（5）目的站。从接收器输入数据的设备。

二、数据通信的基本概念

1. 数据

数据是传递信息的实体。它分为模拟数据和数字数据两种，前者取连续值，后者取离散值。如声音和图像在强度上是连续变化的，而自然数、字符文本取值是离散的。

2. 信号

信号是数据的电编码或电磁编码。它分为模拟信号和数字信号两种。模拟信号即信号的取值是连续的，如话音信号；数字信号即信号的取值是离散的，如计算机通信所用的二进制代码"1"和"0"组成的信号。

3. 信道

在数据通信系统中，信道是指能够传送电信号的一条通路。在计算机网络中有物理信道和逻辑信道之分。物理信道是指用来传送信号或数据的物理通路。逻辑信道也是一种通路，但在信号的收、发点之间并不存在一条物理上的传输介质，而是在物理信道基础上，由节点内部连接实现的。

4. 模拟传输和数字传输

模拟传输是传输模拟信号的一种方式，数字传输则是传输数字信号的方式。由于两者变换后可以相互转换，因而数字传输可以传输数字化了的连续数据，如声音；模拟传输也可将传输转换为模拟信号的离散数据。传统的电话网采用模拟传输技术，而 20 世纪 70 年代后建立的公用数据网则采用数字传输技术。

5. 调制解调器

调制解调器是用于信号变幻的装置。在数据通信系统中，计算机或终端发送和接收的信号都是离散的二进制数字信号序列；完成"数字"→"模拟"的转换，这就是调制；从"模拟"→"数字"的转换称为解调。实现调制与解调的设备分别为调制器与解调器，统称为调制解调器。调制可分为幅度调制、频率调制和相位调制三大类。

6. 带宽

每种信号都要占据一定的频率范围。该频率范围称为带宽，如声音的频率。

7. 数据率

数据率是数据传输速率，指传输线路上传输信息的速度，有信号速率和调制速率两种表示法。信号速率（S）指单位时间内传送二进制代码的位数（比特数），以 b/s 表示。调制速率（B），又称为码元速率，是信号经调制后的传输速率，即每秒传输的码元数，单位为波特（Band）。

8. 误码率

误码率即二进制在传输中被传错的概率，它是衡量数据通信系统或通信信道传输可靠性的一个参数。

9. 延迟

它表示信道中从发送第一位数据起，到最后一位数据被接收所经历的时间。该参数表示网络响应速度，延迟越小，响应越快，性能越好。传送数据的总时延主要由传播时延、发送时延、重发时延三部分组成。

三、传输介质

数据传输是指用电信号把数据从发送端传送到接收端的过程。传输信道为数据信号从发送端传送到接收端提供了通路。传输介质是通信网络中发送方和接收方之间的物理通路。

双绞线是一种最常用的传输介质，由螺旋线排列的两个绝缘导线组成。既可用于传输模拟信号也可用于传输数字信号，比较适合于短距离传输。在一般情况下，在 100 米内传输速度可达 10Mbps，甚至高达 100Mbps。双绞线可分为非屏蔽双绞线和屏蔽双绞线，屏蔽双绞线电缆的外层由铝箔包裹着，它的价格相对要高一些。

同轴电缆是局域网中应用较为广泛的一种传输介质。它由内、外两个导体组成，内导体是单股或多股线，使用固体绝缘材料固定；外导体呈圆柱形，通常由编织线组成并围裹着内导体。

光纤是一种能传送光波的介质，其内层是具有较高折射率的光导玻璃纤维，外层包裹一层折射率较低的材料，利用不断的全反射来传送被调制的光信号。在光纤系统中，发送端用电信号对光源进行光强控制，从而转化为光信号；接收端用光检波二极管再把光信号还原成电信号。光纤不易受电磁干扰和噪声影响，可进行远距离、高速率的数据传输，而且具有很好的保密性能。

无线介质是通过大气传输电磁波的技术，包括微波、红外线和激光。这三种技术都需要在发送方和接收方之间有一条视线通路。这些技术对于连接不同建筑物内的局域网是特别有用的，因为很难在建筑物之间架设电缆，而无线技术只需在每个建筑物上安装设备即可。

第二节　计算机网络

计算机和通信技术的结合推动社会信息化的技术革命。人们通过连接各个部门、地区、国家甚至全世界的计算机网络来获取、存储、传输和处理信息。遍及全球范围的计算机互联网络不断地高速发展，并日益深入到国民经济各个部门和社会生活各个方面，计算机网络已经成为人们日常生活中必不可少的交际工具。

计算机网络也是管理信息系统的运行基础。由于一个企业或组织中的信息处理都是分布式的，把分布式信息按其本来面目由分布在不同位置的计算机进行处理，并通过通信网络把分布式信息集成起来，是管理信息系统的主要运行方式，因此，计算机网络是管理信息系统的基本使用技术。

一、计算机网络的介绍

1. 计算机网络基本概念

随着计算机应用的不断深入，人们不再满足于单机系统，如何使不同的计算机相互连接起来，以实现资源共享和信息传递，成为一种客观需求。通信技术的飞速发展，使这种需求有了实现的可能。通信技术与计算机技术的互相结合，产生了计算机网络技术，这种技术是近几十年发展最快的技术之一。从最早的远程终端联机阶段，到第一个真正的计算机网络阿帕网，再到最成功、应用最广泛、对网络技术的发展最具影响的因特网，时至今日，计算机网络已经无时不有、无处不在，成为影响和改变人们生活的重要因素。

计算机网络是一些在地理上分散的、通过通信线路连接起来的计算机集合，这些相互独立的计算机通过共同的协议相互通信，以实现网络各种资源的共享。计算机网络也可以简单地定义为一个互连的、自主的计算机集合。所谓互连是指相互连接在一起，所谓自主是指网络中的每台计算机都是相对独立的，可以独立工作。

最小的计算机网络可以是两台计算机的互连，最复杂的、最大的计算机网络是全球范围的计算机的互连。最普遍的、最通用的是一个局部地区乃至一个国家的计算机的互连。

2. 计算机网络的主要功能

（1）资源共享。"资源"是指网络中所有的软件、硬件和数据资源；"共享"是指网络中的用户都能够部分或全部地享受这些资源。例如，可以使用网上的高速打印机打印报表、文档，可以使用网络中的大容量存储器存放自己的数据信息。对于软件资源，用户可以使用网络中被共享的各种程序和数据，比如网络中某些数据库可供整个网络中的用户使用。如果不能实现资源共享，将大幅度增加全系统的投资费用。

（2）数据通信。数据通信是计算机网络的基本功能。它用来传送分布在不同地域的计算机与终端、计算机与计算机之间的各种信息，包括文字信件、新闻消息、图片资料等，并可以极大地缩短数据传输的时间。利用这一特点，可将分散在各个地区的单位或部门用计算机网络联系起来，进行统一的调配、控制和管理。

（3）负载均衡。负载均衡是计算机网络的一大特长。当某台计算机负担过重或该计算机正在处理某项工作时，网络可将新任务转交给空闲的计算机来完成，这样处理能均衡各计算机的负载，提高处理问题的实时性。例如，一个大型ICP（因特网内容提供商）为了支持更多的用户访问它的网站，在全世界多个地方放置了相同内容的WWW服务器，并通过均衡负载技术使不同地域的用户看到放置在离他最近的服务器上的相同页面，这样来实现各服务器的负载均衡。

（4）分布处理。分布处理是把任务分散到网络中不同的计算机上并行处理。对于大型综合性问题，可将问题各部分交给不同的计算机分别处理，充分利用网络资源，扩大计算机的处理能力。对解决复杂问题来讲，多台计算机联合使用并构成高性能的计算机体系，这种协同工作、并行处理要比单独购置高性能的大型计算机便宜得多。

（5）提高可靠性。在一个系统内，单个计算机因各种原因可能出现故障，当故障出现在服务器或者一个局部地区时，后果是极其严重甚至是灾难性的。在计算机网络中，重要资源可通过网络在多个地点互做备份，并使用户通过几条不同的路由来访问网内资源，从而可以有效地避免单个部件、计算机或通信链路的故障对用户访问的影响。

（6）集中管理。对于那些地理位置上分散的组织、部门需集中管理的事务，可通过计算机网络来实现集中管理。如飞机、火车订票系统，银行通存通兑业务系统，证券交易系统，数据库远程检索系统，军事指挥决策系统等。由于业务或数据分散于不同的地区，而又需要对数据信息进行集中处理，单个计算机系统是无法解决的，此时就必须借助于网络完成集中管理和信息处理。

3. 计算机网络基本分类

由于网络覆盖范围和计算机之间互连距离不同，所采用的网络结构和传输技术也不同，因而形成不同的计算机网络，一般可以分为局域网（LAN）、城域网（MAN）、广域网（WAN）三类。

（1）局域网（Local Area Network，LAN）。局域网的分布范围可以是一个办公室、一幢大楼或一个园区，用于连接个人计算机、工作站和各类外围设备以实现资源共享和信息交换。它的特点是分布距离近（通常不超过 2 公里），传输速率高（一般为 10～100Mbps），组网方便，连接费用低，数据传输可靠等。局域网一般为一个机构（如一个公司、一所学校、一间网络实验室）所专有，并能进行独立的控制和管理。

（2）城域网（Metropolitan Area Network，MAN）。城域网的分布范围介于局域网和广域网之间，其规模相当于一个城市的地理区域，一般从数公里至数十公里。

（3）广域网（Wide Area Network，WAN）。广域网也称远程网，它的联网设备分布范围广，一般从数十公里至数千公里，因此网络所涉及的范围可以是一个地区、一个国家乃至世界范围。由于广域网距离较远，使单独建造一个广域网的成本极其昂贵，所以，常常借用传统的公共传输（电报、电话）网来实现。广域网网络规模大，能实现较大范围的资源共享。广域网和局域网相反，传输速率较低。广域网有许多种，如电信、银行都有自己专用的广域网。因特网是广域网中最大也是最著名的一种。

广域网、城域网都是由许多互连的局域网构成的，局域网是基础。

二、计算机网络体系结构

根据网络中的计算机之间的关系，分为对等网模式和客户机/服务器模式。

后者按其发展过程，经历了主机—终端模式、文件共享处理环境、C/S 模式和 B/S 模式等阶段。

1. 对等网

网络中每一台计算机的地位平等，没有专用的服务器（Server），每一台计算机既可以是服务器又可以是客户机（Client），这样的网络称为对等网。在对等网中，每台计算机都可以向其他计算机提供服务，即向其他用户提供资源，如共享文件夹、共享打印机等；同时，每台计算机也可以享受其他计算机提供的服务。对等网与网络拓扑的类型和传输介质无关，哪种拓扑类型和传输介质的网络都可以建立对等网。对等网组建简单，不需要专用的服务器和网络操作系统，一般应用于计算机数量较少（在几台至十几台）、对网络安全要求不高的小型网络。但是如果对网络安全要求较高，就不能使用对等网，应该使用客户机/服务器网络了。

2. 客户机/服务器网络

客户机/服务器网络是指服务器在网络中起核心作用的组网模式。客户机/服务器网络与对等网不同，网络中必须至少有一台运行网络操作系统的服务器（Server），其中，服务器可以扮演多种角色，如文件和打印服务器、应用服务器、电子邮件服务器等。除了服务器以外，其他的计算机叫客户机（Client）。在客户机/服务器网络中，所有的客户机都可以享受服务器提供的服务，而它们之间也可以相互提供和接受服务。服务器作为一台特殊的计算机，除了向其他的计算机提供如文件共享、打印共享等服务之外，它还具有管理客户机的功能，它能赋予其他用户不同的权限，它与客户机之间的关系不是对等的，即存在制约与被制约的关系。联网计算机数量在几十台、几百台甚至上千台以上，而且对网络安全要求高的网络必须使用基于服务器的模式。其发展经历了以下几个阶段：

（1）主机—终端模式。从 20 世纪 60 年代起，由于当时硬件造价昂贵，为了充分利用主机资源，网络应用主要是集中式的，采用主机—终端模式，数据处理和数据库应用全部集中在主机上，众多简单的终端设备与主机相连，终端设备主要进行数据的输入输出不具备数据处理能力。

（2）文件服务器/工作站。后来人们发现当终端用户增多时，主机负担过重，处理性能显著下降，造成"主机瓶颈"。20 世纪 80 年代以后，文件服务器/

工作站结构的微机网络开始流行起来，这种结构把数据库管理系统（DBMS）安装在文件服务器上，而数据处理和应用程序分布在工作站上，文件服务器仅提供对数据的共享访问和文件管理。这种方式可充分发挥工作站的处理能力，但由于文件服务器没有协同处理能力，工作站要求的数据往往是以整个数据文件的形式传输，网络负担较重，严重时会造成"传输瓶颈"。

（3）客户/服务器（Client/Server）。客户/服务器是 20 世纪 80 年代产生的崭新应用模式，这种模式把 DBMS 安装在数据库服务器上，数据处理可以从应用程序中分离出来，形成前后台任务：客户机运行应用程序，完成屏幕交互和输入、输出等前台任务，服务器则运行 DBMS，完成大量的数据处理及存储管理等后台任务。由于具有共享能力和前台的自治能力，后台处理的数据不需要在前后台间频繁传输，从而有效解决了文件服务器/工作站模式下的"传输瓶颈"问题。

客户/服务器模式有以下特点：通过客户机和服务器的功能合理分布，均衡负荷，从而在不增加系统资源的情况下提高了系统的整体性能。系统开放性好，在应用需求扩展或改变时，系统功能容易进行相应的扩充或改变，从而实现系统的规模优化。系统可重用性好，系统维护工作量大为减少，资源可利用性大大提高，使系统整体应用成本降低。

（4）浏览器—服务器系统结构（Browser/Server）。因特网采用浏览器—服务器系统结构，这种结构实质上是客户—服务器结构在新的技术条件下的延伸。在传统的客户—服务器结构中，服务器仅作为数据库服务器，进行数据的管理，大量的应用程序都在客户端进行。这样，每个客户都必须安装应用程序和工具，因而，客户端很复杂，系统的灵活性、可扩展性都受到很大影响。浏览器—服务器模式的本质是 C/S 结构中的客户端采用了通用的浏览器，克服了专用客户端的不便。在因特网结构下，客户—服务器结构自然延伸为三层或多层结构，形成服务器应用模式，如图 4-2 浏览器/服务器结构所示。

在这种方式下，Web Server 既是浏览服务器，又是应用服务器，可以运行大量的应用程序，从而使客户端变得很简单，其工作方式有 JavaApplet、JDBC 等。

（5）分布式处理。分布式处理环境是以计算机网络为依托，把各个同时工作的分散计算单元、不同的数据库、不同的操作系统连接成一个整体的分布式系统，为多个具有不同需要的用户提供一个统一的工作环境。

分布式处理环境是网络技术发展的必然，大多数组织机构，如银行、企业系

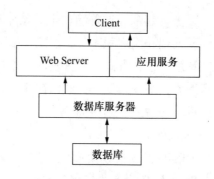

图 4 – 2　浏览器/服务器结构

统等本身就是分布式的，自然会要求分布式处理；同时，工业生产体系结构由树形发展成为网状，贸易的全球化、人们对资源共享的需求普遍化，都要求采用分布式信息处理，以适应客观世界的本来运行模式。国际标准化组织（ISO）与国际电报电话委员会（CCITT）联合制定了一个分布式系统的标准，称为"开放式分布处理"（ODP），目的就是为大范围的分布式应用提供一个统一的参考模型。

三、局域网中数据传输控制方式

局域网的类型划分至今没有公认的标准，在信息系统应用中，往往根据网络操作系统的不同，把网络称为 Novell 网、WindowsNT 网、UNIX 网；而在系统设计中，又往往根据底层实现的不同，称为以太网、令牌环网等。这里我们根据介质中数据传输控制方法的不同，介绍几种典型的局域网。

1. 以太网（Ethernet）

以太网是按照 IEEE802.3 协议建立的局域网，采用载波侦听多路访问技术，即当一个节点有报文发送自己准备就绪时，先检测信道，如果信道空闲，就在下一个时间片占用信道并发送报文，若信道忙，该节点就不能发送。由于报文在信道上传输有一定延迟，而节点发送报文是随机的，因而存在着发报冲突。IEEE802.3 协议规定了 CSMA/CD（载波侦听多路访问/冲突检测）协议标准，所有站点在发送信息的同时，也能检测冲突，一旦有冲突，就推迟发送。在大型网络中，随着传输冲突的增加，以太网效率会急剧下降，因而，一般只能作为小型网络或工作组网络的选择，不宜作为主干网。

2. 令牌环网（Token – Ring）

令牌环网即 IEEE802.4 协议，采用按需分配信道的原则，即按一定的顺序在网络节点间传送称为"令牌"的特定控制信息，得到令牌的节点若有信息要发送，则将令牌置为忙，表示信道被占用，随即发送报文。报文发送完毕后将令牌置为空，传给下一站点。这种方法在较高通信量的情况下仍能保证一定的传输效率。

3. 快速以太网（FastEthernet）

快速以太网保留了以太网的 CSMA/CD 技术，是以太网的发展，但速度可达 100Mbps，近年来又有千兆位以太网面世。快速以太网在一定程度上缓解了网络"瓶颈"现象，在小型网络应用中有较高效率，但传输距离有限，不适合作为大型网络的主干网。

4. FDDI（光纤分布式数据接口）

FDDI 采用光纤作为传输介质，以令牌方式仲裁站点对介质的访问，传输速率可达 100Mbps；采用双环备份方式，传输距离远，可靠性高，互操作能力强，适合作为局域网的主干网选型。

5. ATM（异步传输模式）

ATM 是一种以信元为单位在设备间传输信息的方式，传输速率为 155Mbps，最高可达 622Mbps，信元内可携带任何信息进行传送。ATM 采用面向连接的服务方式，支持不同速度的设备，具有较高的灵活性。缺点是价格昂贵，至今没有统一的国际标准，在局域网应用中，正受到快速以太网的挑战。

四、局域网的组成和网络拓扑结构

当要把两台以上的计算机连成局域网时，不仅需要为每台联网的计算机安装网卡，还需要一条通信电缆和介质连接器等附属部件，将计算机与电缆连接在一起。根据不同的联网技术，有时还需要使用集线器、交换机、路由器等网络设备，以实现局域网的物理连接。图 4 – 3 就是一个简单的局域网。

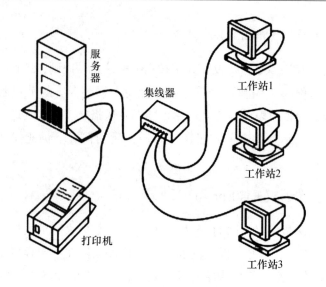

图 4 - 3　一个简单的局域网示例

计算机科学家通过采用从图论演变而来的"拓扑"方法，抛开网络中的具体设备，把工作站、服务器等网络单元抽象为"点"，把网络中的电缆等通信媒体抽象为"线"，这样从拓扑学的观点看计算机和网络系统，就形成了点和线组成的几何图形，从而抽象出网络系统的具体结构。通常称这种采用拓扑学方法抽象出的网络结构为计算机网络的拓扑结构。

1. 拓扑结构分类

计算机网络的拓扑结构是指网络中的通信线路和节点的几何排列方式，也就是网络中电缆的组网布局，它影响整个网络的设计、功能、可靠性及通信费用。按结构分类有星型、环型、树型和总线型等（见图 4 -4）。

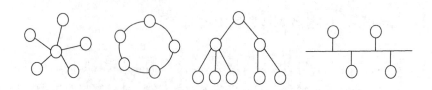

图 4 - 4　常见的网络拓扑结构（从左至右分别是星型、环型、树型和总线型）

（1）总线拓扑结构采用一根称为"总线"的传输线作为介质，网络中所有设备都直接与总线相连。总线拓扑所采用的介质一般是同轴电缆（包括粗缆和细缆），现在也有采用光缆作为总线型传输介质的。

总线拓扑结构是早期局域网的主流结构之一，广泛应用于随时都有扩充工作站要求的网络系统（见图4－5）。

（2）环型拓扑结构。所有节点彼此串行连接，就像连成链一样，构成一个回路或环，这种连接形式称为环型拓扑。网络中发送的信息通过这个环进行传递，通常把这类网络称为"令牌环网"。环型拓扑所用的传输介质一般是同轴电缆。在一般情况下，环的两端是通过一个阻抗匹配器来实现环的封闭的，因为在实际组网过程中因地理位置的限制不方便真正做到环的两端物理连接（见图4－6）。

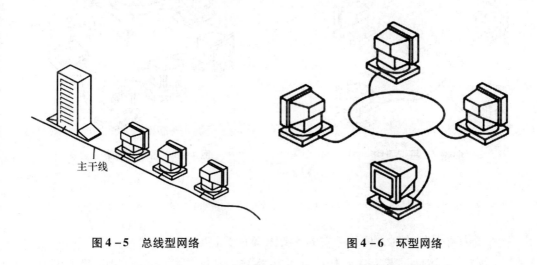

图4－5　总线型网络　　　　　　　　图4－6　环型网络

（3）星型拓扑结构。星型拓扑因网络中的所有节点都连接到一个中心节点，其他各节点呈星状分布而得名。在星型网络中，如果计算机需要发送数据或需要与其他计算机通信时，首先必须向中心节点发送一个请求，以便和需要对话的计算机建立连接，一旦连接建立后，两台计算机就像是用专用线连接的一样，可以实现点对点的通信。星型拓扑几乎被以太网所专用，是目前在局域网中应用得最为普遍的一种，在中型、小型网络中几乎都是采用这一方式。星型网络目前用得最多的传输介质是双绞线，如常见的5类线、超5类线等，中心节点一般使用集线器（Hub）或交换机（见图4－7）。

以上简要介绍了三种常用的局域网拓扑结构，有些情况下，特别是局域网之间互连后会出现某几种拓扑结构的混合形式，即混合型拓扑结构（见图4-8）。这种网络拓扑结构通常是将若干个星型结构的局域网，通过总线型或环型结构的网络主干连接在一起。混合型拓扑结构更能满足较大型的局域网的拓展要求，一定程度上兼具不同拓扑结构的优点。

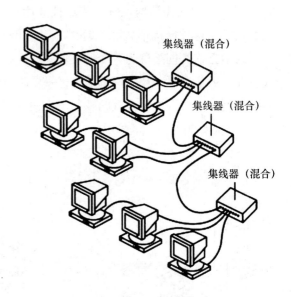

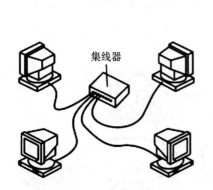

图4-7　星型网络　　　　　　　图4-8　混合型网络

2. 拓扑结构选择

选择拓扑结构时，应该考虑的主要因素有以下几点：

（1）经济性。不论选用什么样的拓扑结构都需进行安装，如电缆布线等。要降低安装费用，就需要对拓扑结构、传输介质种类、传输距离等相关因素进行分析，选择合理的方案。

（2）灵活性。在设计网络时，拓扑结构必须具有一定的灵活性，能较容易地重新配置。对原有网络的兼容性和今后的可扩展性都是需考虑的重要因素。

（3）可靠性。在局域网中有两类故障：一类是网中个别节点损坏，这可能只对局部有影响；另一类是网络本身无法运行。拓扑结构的选择要使故障的检测和隔离较为方便。对中小型局域网来说，通常采用星型网络拓扑结构。

五、远程网与因特网技术

局域网技术在 20 世纪 80 年代获得了广泛的应用，为管理信息系统的普及应用提供了技术上的可行性。但随着管理信息系统的发展和信息技术应用水平的不断提高，一个企业或组织往往需要更为广泛的信息联系，这些应用超出了局域网的应用范围，同时由于局域网用户的信息交互主要集中在局域网内部，如果建设更大规模的网络，又由于信息流量、传输距离等因素的制约而显得既不现实也无必要，因而，把不同局域网通过主干网互连起来，既能满足信息技术应用日益发展的需要，又可以充分保护已有的投资，成为网络技术发展的重要方向。

网际互连指通过主干网络把不同标准、不同结构甚至不同协议类型的局域网在一定的网络协议的支持下联系起来，从而实现更大范围的信息资源共享。为了实现网络互连，国际标准化组织（OSI）提出了开发系统互连（Open System InterConnection，OSI）参考模型，凡按照该模型建立起来的网络机可以互连。现有的网络协议已或多或少地遵循了 OSI 的模式。Internet 即是在 TCP/IP 协议下实现的全球的互连网络，成为"Internet 网际"，我国称为"因特网"。

Internet 的前身是美国国防部高级计划研究局（ARPA）建立的 ARPAnet 广域网，1982 年，Internet 由 ARPAnet、MILnet（军事网络）等合并而成，1987 年开始一些非军事性、非研究性的商用网络连入其中逐渐形成了包括各行各业在内的国际互联网。因特网网络大致形成三层结构，最底层是大学、企业网络，中间层是地区网络，最上层是全国主干网。目前，因特网提供的服务多种多样，一般可分为电子邮件（E - mail）服务、远程登录服务（RemoteLogin）、文件传送服务（FTP）、信息查询服务、网络新闻服务和公告服务、娱乐和会话服务及电子商务。

第三节　网络通信协议

在计算机网络发展的初期，不同厂商生产的计算机设备是互不匹配的，即相互不兼容。这种不兼容使网络的互连非常困难。为了解决这种问题，国际标准化组织提出了开放系统互连（OSI）参考模型。只有各个生产计算机设备的厂家遵守 OSI 模型，生产出来的计算机设备才能互相兼容，只有兼容才可能组建成计算机网络，相互通信。大部分协议是网络设备生产厂商在设计生产时使用的标准、规范，这些对普通用户来说可以不予考虑。

为什么要用通信协议？举个简单的例子，两个人交流如果一个讲英语，一个讲汉语，而这两个人相互不懂对方语言，是无法进行交流的。在计算机网络中也是这样，如果网络中的每一台计算机不能遵守统一的网络协议，网络中的计算机也是不能互相"交流的"。在计算机网络中，计算机之间赖以交流的语言就是网络通信协议。当前网络中比较常用的网络协议有三种，即 NetBEUI、IPX/SPX 和 TCP/IP。

一、OSI 参考模型

由于不同的局域网有不同的网络协议，不同的传输介质也各有其电气性能，为了使不同的网络能够互连，必须建立统一的网络互连协议。为此，ISO（国际标准化组织）提出了网络互连协议的基本框架，称为开放系统互连（OSI）参考模型。该模型把网络功能分为七个层次。

1. OSI 模型功能分层

（1）物理层。物理层是建立在通信介质的基础上实现系统和介质通信的物理接口。本层主要处理与电、机械、功能和过程有关的各种特性，以便建立、维持和拆除物理连接。

（2）数据链路层。在物理层的基础上，用以建立相邻节点之间的数据链路，传送数据帧。本层将不可靠的物理传输信道变为可靠的信道，并将数据组织成适于正确传输的帧形式的数据块。帧中包含应答、流控制、差错控制等信息，以确保数据正确传输。

（3）网络层。控制通信子网的工作，解决路径选择、流控制问题以使不相邻节点之间的数据能够正确传送。

（4）传输层。提供两端点间可靠、透明的数据传输，管理多路复用。

（5）会话层。在两实体间建立通信伙伴关系，进行数据交换，完成一次对话连接。

（6）表示层。用以处理数据表示、进行转换、消除网内各实体间的语义差异，执行通用数据交换的功能，提供标准应用接口、公共通信服务。

（7）应用层。负责应用管理、执行应用程序，为用户提供 OSI 环境的各种服务，管理和分配网络资源，建立应用程序包等。

2. OSI 模型功能分组

OSI 的七层功能可分为三组：一层、二层解决网络信道问题；三层、四层解决传输服务问题；五层、六层、七层处理对应用进程的访问。从控制的角度来看，一层、二层、三层为传输控制层，解决网络通信问题；五层、六层、七层为应用控制层，解决应用进程通信问题；四层则是传输与应用之间的接口。上述几种典型局域网协议，实际上都对应着 OSI 参考模型的下三层。

二、局域网中常用的三种通信协议

1. NetBEUI 协议

IBM 在 1983 年开发了一套用于实现 PC 间相互通信的标准 NetBIOS（Network Basic Input/Output System，网络基本输入/输出系统），其目的是提供一种仅在小型局域网上使用的通信规范。后来，IBM 发现 NetBIOS 存在许多缺陷，所以于 1985 年对其进行了改进，推出了 NetBEUI 通信协议。NetBEUI（NetBIOS Extended User Interface，NetBIOS 的用户扩展接口）得到了微软的推崇，并将这个协议集成在自己的产品中。微软在其早期产品中主要选择 NetBEUI 作为自己的通信协议，以至于有人称 NetBEUI 为微软所有产品中通信协议的"母语"。在微软的主流产品如 Windows 95/98 和 Windows NT/2000 中，NetBEUI 已成为其固有的协议被缺省安装。NetBEUI 是一种体积小、效率高、速度快的通信协议，它的主要特点是占用内存少、使用方便，在网络中基本不需要任何配置。NetBEUI 是专门为几台到百余台计算机所组成的单网段部门级小型局域网而设计的，最多允许有 254 台计算机。它不具有跨网段工作的功能，即 NetBEUI 不具备路由功能。如果在一个服务器上安装了多块网卡，或要采用路由器等设备进行两个局域网的互连时，将不能使用 NetBEUI 通信协议，这是 NetBEUI 协议的最大缺点，也是随着因特网的兴起，人们逐渐由 NetBEUI 转向 TCP/TP 协议的重要原因。

2. IPX/SPX 及其兼容协议

IPX/SPX（Internet PacketExchange/Sequences Packet Exchange，网际包交换/顺序包交换）是 Novell 公司的通信协议集。其与 NetBEUI 的明显区别是，IPX/SPX 显得比较庞大，在复杂环境下具有很强的适应性。IPX/SPX 在设计一开始就考虑了多网段的问题，具有强大的路由功能，适于大型网络使用。当用户端接入 Netware 服务器时，IPX/SPX 及其兼容协议是最好的选择。但在非 Novell 网络环境中，一般不使用 IPX/SPX。尤其在 Windows 网络中，无法直接使用 IPX/SPX 通信协议。为了实现与 Netware 平台的互连，Windows 系列操作系统提供了 IPX/SPX 的兼容协议，称为"NWLink 通信协议"。NWLink 通信协议是 Novell 公司 IPX/SPX 协议在微软网络中的实现，它在兼顾 IPX/SPX 协议优点的同时，更适合于微软的操作系统和网络环境。Windows 用户可以利用 NWLink 协议获得 Netware 服务器的服务。如果网络从 Novell 环境转向微软平台，或两种平台共存时，NWLink 通信协议是最好的选择。

3. TCP/IP 协议

TCP/IP（Transmission Control Protocol/Internet Protocol，传输控制协议/网际协议）是美国政府资助的高级研究计划署（ARPA）在 20 世纪 70 年代的一项研究成果，逐渐发展成了目前最常用的通信协议。在局域网中，TCP/IP 最早出现在 UNIX 系统中，现在几乎所有的厂商和操作系统都支持这个协议。同时，TCP/IP 也是 Internet 的基础协议，随着 Internet 的盛行，TCP/IP 协议得以独占鳌头，成为计算机网络世界的一个通用协议。

TCP/IP 具有很高的灵活性，支持任意规模的网络，几乎可连接基于所有不同平台的服务器和工作站。同 IPX/SPX 及其兼容协议一样，TCP/IP 也是一种可路由的协议。但是，两者存在着一些差别。TCP/IP 的地址分为两级，即网络地址和主机地址，这使得它很容易确定并找到网上的用户，同时也提高了网络带宽的利用率。当需要时，运行 TCP/IP 协议的服务器（如 Windows NT 服务器）还可以被配置成 TCP/IP 路由器。

TCP/IP 的灵活性也为它的使用带来了许多不便。在使用 NetBEUI 和 IPX/SPX 及其兼容协议时都不需要进行配置，而 TCP/IP 协议在使用时首先要进行复杂的设置，每个节点至少需要一个"IP 地址"、一个"子网掩码"、一个"默认网关"和一个"主机名"。这些复杂的设置的确给网络初学者带来许多困难。不过，在 Windows NT/2000 中提供了一个称为动态主机配置协议（DHCP）的工具，它可以自动为客户机进行上述设置，减轻了联网工作的负担，并避免了出错。当然，网络中必须配备 DHCP 服务器才能实现 DHCP 所拥有的功能。

三、IP 地址和子网掩码

开始使用 TCP/IP 协议时，许多用户会对其复杂的描述和配置感到困惑。其实就局域网用户来说，只要掌握了一些有关 IP 地址和子网掩码的知识，使用起来非常方便。

1. IP 地址

在使用 TCP/IP 协议的网络中，是靠 IP 地址来识别其中计算机的位置和身份的，IP 地址由"网络标识"（也叫"网络 ID"）和"主机标识"（也叫"节点 ID"）两部分组成。

一个完整的 IP 地址由 32 位（bit）二进制数组成，每 8 位（1 个字节）为一个段，共 4 段，段与段之间用"．"号隔开。为了便于应用，IP 地址在实际使用时并不直接用二进制，而是用大家熟悉的十进制数表示，如"192.168.0.1"等。这种用 4 个十进制数表示 IP 地址的方法叫"点分十进制"表示法。

网络标识	主机标识

IP 地址采用两级结构，它的两个组成部分"网络标识"和"主机标识"都包含在这 32 位二进制数中，其中，前面的若干位用来表示网络地址，剩下的部分表示主机地址。

IP 地址的分配原则是同一网络的所有主机使用同一个网络标识号，同一网络的不同主机分别使用不同的主机标识号。不同网络中的主机，其主机标识号可以相同，但网络标识号显然不相同。

可以用一个人和他的身份证号之间的关系来类比网络中的计算机和它的 IP 地址之间的关系。18 位身份证号中，表示省、市、县区的数字可以看成"网络标识"，表示个人信息的出生时间、顺序号等数字可以看成"主机标识"。

注意：这里所说的主机地址，实际上应该是网卡地址，在 TCP/IP 协议中，

IP 地址是分配给网卡的，一台计算机如果有多个网卡，就可以有多个 IP 地址。

（1）IP 地址的类别和结构。IP 协议将所有的 IP 地址分成了 A、B、C、D、E 共 5 类，以适应不同规模的网络需要。目前，5 类 IP 地址中主要使用 A、B、C 这 3 类，其中，A 类用于大型网络，B 类用于中型网络，C 类一般用于局域网等小型网络。IP 地址的结构如表 4 - 1 所示。

表 4 - 1　IP 地址的结构

IP 地址字节	第 1 字节					第 2 字节	第 3 字节	第 4 字节
IP 地址位数	1	2	3	4	5 ~ 8	9 ~ 16	17 ~ 24	25 ~ 32
A 类	0	网络标识					主机标识	
B 类	1	0	网络标识				主机标识	
C 类	1	1	0	网络标识				主机标识
D 类	1	1	1	0	组播地址			
E 类	1	1	1	1	保留			

A 类地址。第一个字节为网络标识，其他 3 个字节为主机标识，其中，第一个字节的最高位为 0。A 类地址包含的网络 1.0.0.0 ~ 126.0.0.0，共有 $2^7 - 2 = 126$ 个（000 和 127 保留），而每个网络中允许有 $2^{24} - 2 = 16777214$ 个主机。A 类地址只分配给特大型的网络，并且由于因特网发展历史的原因，A 类地址早已分配完毕。

B 类地址。前两个字节为网络标识，另两个字节为主机标识，其中，第一个字节的最高 2 位为 10。B 类地址包含的网络 128.0.0.0 ~ 191.255.0.0，共有 $2^{14} = 16384$ 个，每个网络最多可以包含 $2^{16} - 2 = 65534$ 台主机。B 类地址包含的主机数量较多，用于较大型和中型网络。B 类地址的资源也即将告罄。

C 类地址。前三个字节为网络标识，后一个字节为主机标识，其中，第一个字节的最高 3 位为 110。C 类地址包含的网络 192.0.0.0 ~ 223.255.255.0，共有 $2^{21} = 2097152$ 个，每个网络最多可以包含 $2^8 - 2 = 254$ 台主机。C 类地址包含的主机数量较少，用于主机数少于 254 台的小型网络。

D 类地址。第一个字节的最高 4 位为 1110，表示比广播地址稍弱的组播（Multicast）地址，用于支持组播技术。D 类地址并不表示一个特定的网络，而是用来表示一组计算机。使用组播技术，这些计算机可以共享同一网络服务。

E 类地址。第一个字节的最高 4 位为 1111，E 类地址被保留作为扩展，目前尚未应用。

注意：网络地址和主机地址不能全为 0 或全为 1。这些地址在 TCP/IP 协议中另有约定。①主机地址全为 0，表示该地址不分配给单个主机，而是指网络本身。②主机地址全为 1，为定向广播地址，作为另一个网络的所有主机的地址。所谓广播，指同时向网上所有主机发送报文。③网络地址全为 0，表示当前网络的某个特定的主机。

0.0.0.0：表示当前网络的当前主机；255.255.255.255 为本地网络广播。有时需要在本网络内部广播，但又不知道本网络网络号。TCP/IP 规定，32 位全为 1 的地址表示本地网络的所有主机用于本网广播，该地址叫作有限广播地址；127.*.*.*：作为内部主机的回送地址，用于网络软件测试以及本地机进程间通信。

（2）IP 地址的分配。IP 地址中的所有网络标识都要向 InterNIC（Internet Network Information Center，互联网络信息中心）申请，而主机标识可以自由分配。InterNIC 负责分配 A 类 IP 地址、授权分配 B 类 IP 地址的组织为自治区系统。分配 B 类 IP 地址的有三个自治区系统组织，即 InterNIC、APNIC 和 ENIC，其中，ENIC 负责欧洲地区的分配工作，InterNIC 负责北美地区，APNIC 负责亚太地区（设在日本东京大学）。我国由 APNIC 分配 B 类地址。

C 类地址的分配由各个国家和地区的网络管理中心负责。我国的 IP 地址分配由中国互联网络信息中心（CNNIC）负责。中国互联网络信息中心（http：//www.cnnic.cn）是成立于 1997 年的非营利管理与服务机构，行使国家互联网络信息中心的职责。中国科学院计算机网络信息中心具体承担 CNNIC 的运行和管理工作。CNNIC 作为国家级的互联网络信息中心，代表我国各互联网络单位与国际互联网络信息中心（InterNIC）亚太互联网络信息中心（APNIC）及其他的互联网络信息中心进行业务联系。

按上述规则由 InterNIC 分配的 IP 地址，称为"公有地址"或"合法地址"。如果需要直接接入 Internet，必须使用 InterNIC 分配的 IP 地址。如果是一个封闭式的网络，只要保证每个设备的 IP 地址唯一，三类地址中的任意一个都可以直接使用。如果通过代理服务器接入 Internet，应该使用保留的"私有 IP 地址"（也叫内部地址）。

（3）私有 IP 地址。私有 IP 地址是专门为局域网保留的地址，以避免与合法的 IP 地址相冲突。私有 IP 地址的范围如下：

　　A 类：10. 0. 0. 1 ~ 10. 255. 255. 254。

　　B 类：172. 16. 0. 1 ~ 172. 31. 255. 254。

　　C 类：192. 168. 0. 1 ~ 192. 168. 255. 254。

2. 子网掩码

（1）利用子网掩码标识网络地址。子网掩码也是一组 32 位二进制数字，它和 IP 地址配合，主要作用是声明 IP 地址的哪些位属于网络地址，哪些位属于主机地址。

从 IP 地址的结构中可知，IP 地址由网络地址和主机地址两部分组成。对于某一主机的 IP 地址如 192. 168. 0. 1，网络上的其他设备怎样知道它的哪些位属于网络地址，哪些位属于主机地址呢？这就要靠子网掩码。子网掩码的长度也是 32 位，其表示方法与 IP 地址的表示方法一致。其特点是，它的 32 位二进制数分为两部分，第一部分全部为 1，而第二部分则全部为 0。子网掩码中为 1 的部分，对应 IP 地址的位表示网络地址；子网掩码中为 0 的部分，对应 IP 地址的位表示主机地址。

由网络的划分方法，A、B、C 三类网络具有默认的子网掩码。A 类地址的默认子网掩码为 255. 0. 0. 0，B 类地址的默认子网掩码为 255. 255. 0. 0，而 C 类地址的默认子网掩码为 255. 255. 255. 0。

表 4 - 2 子网掩码列出了 A、B、C 三类网络的默认子网掩码。

表 4 - 2　子网掩码

类别	子网掩码的二进制表示	子网掩码的十进制表示
A	11111111. 00000000. 00000000. 00000000	255. 0. 0. 0
B	11111111. 11111111. 00000000. 00000000	255. 255. 0. 0
C	11111111. 11111111. 11111111. 00000000	255. 255. 255. 0

子网掩码的工作过程为，将 32 位的子网掩码与 IP 地址进行二进制的逻辑"与"（AND）运算，得到的便是网络地址。将子网掩码取反后与 IP 地址进行二进制的逻辑"与"（AND）运算，得到的便是主机地址。

例如，某一主机设备的 IP 地址为 192.168.200.12，子网掩码为 255.255.255.0，则该 IP 地址相应的二进制表示为 11000000　10101000　11001000　00001100；子网掩码的二进制表示为 11111111　11111111　11111111　00000000；与 IP 地址经过逻辑"与"运算，结果为 11000000　10101000　1100100000000000；对应的十进制数值为 192.168.200.0；将子网掩码取反后的二进制表示为 00000000　00000000　00000000　11111111；与 IP 地址经过逻辑"与"运算，结果为 00000000　00000000　00000000　00001100；对应的十进制数值为 0.0.0.12。

则该主机设备的 IP 地址所属的网络地址为 192.168.200.0，主机地址为 12。

TCP/IP 协议利用子网掩码机制判断目标主机是位于本地网络还是远程网络，可以减少网络上的通信量。同一网络中主机间的通信被控制在网络内部，只有不同网络的主机相互通信时，才在路由器的管理控制下进行跨网转发。

（2）利用子网掩码划分子网。子网掩码的另一作用是划分子网。在局域网的管理中，经常会遇到和下面的例子相似的情况：某单位采用了两个 C 类地址，每个 C 类网络只有 20 台主机，由于 C 类地址最多可以拥有 254 台主机，这样无疑造成了网络地址的浪费。或者，只有一个 C 类地址，但希望将单位的若干个部门分别进行管理。这时候，就需要对网络进行子网划分。子网掩码机制提供了子网划分的方法。子网划分的作用是：①减少网络上的通信量。②节省 IP 地址，如上面的例子中，使用子网划分就可以解决问题。③便于网络管理。将网络分成几个子网后，可对本地用户单独管理或在单位内部创建彼此隔离的子网，以阻止敏感信息的扩散。④解决物理网络本身的某些问题（如网络覆盖范围超过以太网段最大长度的问题）。

划分子网，就是在 IP 地址中增加表示网络地址的位数，同时减少表示主机地址的位数。在上面的例子中，根据上述思路，可以将 IP 地址中原来的主机标识部分的前几位改为标识网络，从而将 IP 地址原有的两级结构扩充为如下的三级结构：网络标识部分、子网标识部分和主机标识部分。

在划分子网之前，要结合网络目前的需求和将来的需求计划，确定要划分的子网数量。下面以将一个 C 类网络划分成 6 个子网为例，说明划分子网的方法。

第一步，将主机标识部分的前几位改为标识网络。需要 6 个子网，6 的二进制值为 110，共 3 位，所以需要将主机标识部分的前 3 位改为标识网络。

第二步，按照 IP 地址的类型写出其缺省子网掩码的二进制数值。由于是 C 类地址，则缺省子网掩码为 11111111.11111111.11111111.00000000。

第三步，将子网掩码中标识主机部分前 3 位对应的位改为 1，其余位不变，即 11111111.11111111.11111111.11100000；转化为十进制得到 255.255.255.224。

由于网络被划分为 6 个子网，占用了主机号的前 3 位，对 C 类地址来说，则主机号只能用 5 位来表示主机号，因此每个子网内的主机数量为 $2^5 - 2 = 30$，6 个子网总共所能标识的主机数将小于 254。

表 4 - 3 子网划分给出了将一个 C 类网络 218.98.101.0 划分成 6 个子网后的情况。

表 4 - 3　子网划分

子网	子网地址（二进制）	子网地址（十进制）	实际 IP 范围
1 号	11011010.01100010.01100101.0010000	218.98.101.32	218.98.101.33 ~ 218.98.101.10.62
2 号	11011010.01100010.01100101.01000000	218.98.101.64	218.98.101.65 ~ 218.98.101.94
3 号	11011010.01100010.01100101.01100000	218.98.101.96	218.98.101.97 ~ 218.98.101.126
4 号	11011010.01100010.01100101.10000000	218.98.101.128	218.98.101.129 ~ 218.98.101.158
5 号	11011010.01100010.01100101.10100000	218.98.101.160	218.98.101.161 ~ 218.98.101.190
6 号	11011010.01100010.01100101.11000000	218.98.101.192	218.98.101.193 ~ 218.98.101.222

这种划分实际上将网络划分成了 8 个子网，但子网号为 000 和 111 的两个子网不可用，因此，可用子网为 6 个。

以上是将 C 类网络子网掩码主机标识部分的前 3 位改为标识网络，如果将前 4 位改为标识网络，则可以划分成 14 个可用子网，每一个子网容纳的主机数为 14 个，子网掩码为 255.255.255.240。

表 4 - 4 中列出了 C 类网络中子网标识部分的位数与子网掩码、可用子网数、子网中容纳的主机数之间的关系。

表 4 - 4　C 类网络中子网标识部分的位数与其对应的子网掩码换算关系

子网标识部分的位数	子网掩码	可用子网数	子网中容纳的主机数
0	255.255.255.0	0	254

子网标识部分的位数	子网掩码	可用子网数	子网中容纳的主机数
1	255.255.255.128	0	126
2	255.255.255.192	2	62
3	255.255.255.224	6	30
4	255.255.255.240	14	14
5	255.255.255.248	30	6
6	255.255.255.252	62	2
7	255.255.255.254	126	0
8	255.255.255.255	254	0

划分 6 个子网，与划分 4 个或 5 个子网的子网掩码是一样的，都是 255.255.255.224。可以把划分 4 个子网理解为划分了 6 个子网，但只使用了其中的 4 个。比如想划分 10 个子网，与划分 14 个子网的子网掩码是一样的，都占用了 4 位作为子网号。子网掩码是由划分子网个数的二进制数值的位数所决定的。

如何判断网络是否划分了子网。可以通过子网掩码来判断，如果它使用了缺省子网掩码，那么表示没有划分子网；反之，则一定进行了子网划分。

网络中的子网数量的计算如下：第一步，将子网掩码转化为二进制形式，确定作为子网号的位数 n。第二步，子网数量为 $2^n - 2$。例如，一个 C 类网络的子网掩码为 255.255.255.224，其二进制表示为 11111111.11111111.11111111.11100000；显然 n=3，子网数量为 6，子网地址可能有如下八种情况：000、001、010、011、100、101、110 和 111。

3. IPv4 和 IPv6

目前广泛应用的 IP 协议的版本号为 4，故叫 IPv4。IPv4 是 20 世纪 70 年代制定的协议，几十年来，随着因特网的爆炸式增长，IPv4 获得了巨大的成功。影响 IPv4 继续使用的一个最大问题是，随着应用范围的扩大——特别是 IP 地址不再只是由计算机使用，越来越多的其他电子设备也在使用 IP 地址，IPv4 暴露出了越来越多的缺陷，最突出的是 IP 地址资源即将耗尽，尤其是数字终端、信息家电的出现加快了这一进程。在我国 IP 地址的供需失衡尤为严重，据中国互联网信息中心发布的《中国互联网络发展状况统计报告》称，截至 2016 年 12 月，中国分配 IPv4 地址 338102784 个，我国网民总体规模 7.31 亿人。平均约 2 个网民才有一个 IP 地址，再过几年可能会出现 10 个网民争用一个 IP 地址的局面。

由于人们意识到了 IPv4 这一缺陷，在 20 世纪 90 年代初就着手 IP 协议的升级工作，其中，具有标志性意义的是 IETF（互联网工程任务组）1998 年 12 月发布的 RFC2460——网际协议第 6 版技术规范（InternetProtocol，Version6 Specification）。许多国家纷纷把 IPv6 技术的研究作为未来网络发展的重要课题，在研发规划中均采用 IPv6 协议作为网络的核心协议。许多计算机厂商和网络公司也在开展 IPv6 的研究实施工作。

IPv6 具有许多新的优点，它的最大特征是 IP 地址从 32 位变为 128 位。原先的 IPv4 地址以 "192.168.209.131"（点分十进制）的形式表示，而 IPv6 地址的表现方式类似于 ABCD.EF98.7654.3210.ABCD.EF98.7654.3210（点分十六进制），显而易见，地址容量大为增加。IPv6 能够为所有使用 IP 地址的设备提供足够多的 IP 地址（IPv4 的设计者当初也这么认为），IPv6 的地址总数大约有 3.4×10^{38} 个，平均到地球表面上来说，每平方米将获得 6.5×10^{23} 个地址。一些商业公司推出的操作系统，已包含了 IPv6 的特性，如 Sun 公司的 Solaris8、IBM 公司的 AIX，Microsoft 公司也已经发布了用于 Windows2000 的 IPv6 技术预览版本，供用户测试 IPv6 的功能。

使用 IPv6 代替 IPv4，必须对构成现有网络基础的软件和硬件进行一系列重大的修改，类似这样的问题使得从 IPv4 到 IPv6 的过渡过程极其复杂，有的专家认为这一过渡期大约需要 10 年，其间 IPv4 和 IPv6 会共同存在，但无论如何，IPv6 代替 IPv4 是一个必然的结果。

2004 年 3 月 19 日，在中国国际教育科技博览会暨中国教育信息化论坛开幕仪式上，中国第一个下一代互联网主干网——第二代中国教育和科研计算机网 CERNET2 试验网正式宣布开通并提供服务。CERNET2 是中国下一代互联网示范工程 CNGI 中最大的核心网和唯一的学术网，是目前所知世界上规模最大的采用纯 IPv6 技术的下一代互联网主干网。该试验网目前以 2.5Gbps 的速度连接北京市、上海市和广州市 3 个 CERNET2 核心节点，并与国际下一代互联网相连接，开始为清华大学、北京大学、上海交通大学等一批高校提供高速 IPv6 服务。它的开通，标志着中国下一代互联网研究取得重大进展。

第四节　网络操作系统

网络操作系统（NOS），是为使网络上各计算机能方便而有效地共享网络资源，为网络用户提供所需各种网络服务的软件系统。网络操作系统是计算机网络中用户与网络资源的接口，由一系列软件模块组成，负责控制和管理网络资源。网络操作系统的优劣，直接影响到计算机网络功能的有效发挥，可以说网络操作系统是计算机网络的中枢神经，处于网络的核心地位。早期的网络操作系统只是一种最基本的文件系统，只能提供简单的文件服务和某些安全性能，随着计算机网络的发展，网络操作系统的功能也在不断得到丰富、完善和提高。

网络操作系统与单机系统的区别在于提供的服务类型不同。一般单机操作系统偏重于对用户与系统的接口以及在其上运行的各种应用的优化，而网络操作系统则以优化与网络活动相关的特性为目的，通过网络管理共享数据文件、软件应用和外部设备等资源。

局域网中常见的操作系统有 UNIX、Netware、Linux 以及 Windows 系列等。

一、UNIX 操作系统

UNIX 操作系统是美国贝尔实验室开发的一种多用户、多任务的通用操作系统。作为网络操作系统，UNIX 操作系统以其安全、稳定、可靠的特点和完善的功能，被广泛应用在网络服务器、Web 服务器和数据库服务器等高端领域。

1. UNIX 操作系统的优点

UNIX 操作系统从最初的科学研究、数学计算应用逐步发展到如今的商业运作和网络操作系统，因其具有以下主要优点：

（1）可靠性高。UNIX 操作系统在安全性和稳定性方面具有非常突出的表现，它对文件和目录、用户数据都有非常严格的保护措施。

（2）通用性强。UNIX 操作系统是唯一能在笔记本电脑、PC 机直至巨型机等多种硬件环境下运行的操作系统。

（3）开放性好。开放性好是 UNIX 操作系统的典型特色之一和最重要的本质特征。

（4）网络功能强。作为 Internet 技术基础的 TCP/IP 协议就是在 UNIX 操作系统上开发出来的，而且成为 UNIX 操作系统不可分割的组成部分。UNIX 操作系统还支持所有最通用的网络通信协议，这使得 UNIX 操作系统能够方便地与主机、各种广域网和局域网通信。

2. UNIX 操作系统的缺点

UNIX 操作系统的主要缺点是系统过于庞大，一般用户很难掌握，加上众多版本之间的兼容性差，限制了 UNIX 操作系统的普及。UNIX 操作系统当前主要应用于高端应用领域，如工程应用、科学计算以及作为大型局域网关键应用的操作系统平台。

二、Netware 操作系统

Netware 操作系统是 Novell 公司开发的网络操作系统，是一个可使 PC 机网络取代小型机系统的多任务网络操作系统，它开创了客户机/服务器结构，在一个 Novell 网络中允许有多个文件服务器，每个服务器可使用不同类型的网络接口卡（NIC）。Netware 操作系统适合各种拓扑结构，如总线、环型、星型和混合型，并可以和其他网络（如 TCP/IP 网）在同一网络下工作。

1. Netware 操作系统的主要优点

（1）强大的文件及打印服务功能。Netware 操作系统能够通过文件及目录高速缓存，将那些读取频率较高的数据预先读入内存，以实现文件的高速处理。在 Netware 操作系统中，还可以将打印服务软件装入文件服务器，以便实现打印共享。

（2）良好的兼容性及容错能力。Netware 操作系统不仅能与不同类型的计算机兼容，还能与不同的操作系统兼容；同时，Netware 操作系统在系统出错时具有自我修复能力，使因文件和数据丢失带来的损失降低到最低限度。

（3）比较完备的安全措施。Netware 操作系统采取四级安全控制，以管理不同级别用户对网络资源的使用。

2. Netware 操作系统的主要缺点

Netware 操作系统的主要缺点是工作站的资源无法共享；相对于 Windows 系列操作系统来说，管理维护比较复杂；其早期版本不支持 TCP/IP 协议，限制了访问 Internet 和网络互连功能的实现。

Netware 操作系统对硬件环境要求较低，因此适合应用在以实现文件服务和打印服务功能为主、硬件配置较低的局域网。Netware 现在最新的版本是 6.0，这一版本具备了更多的优点，是一个功能强大的网络操作系统。

三、Linux 操作系统

Linux 操作系统是目前十分火爆的操作系统。它是由芬兰赫尔辛基大学的一个大学生托瓦尔兹（LinusTorvalds）在 1991 年首次编写的。标志性图标是一个可爱的小企鹅。Linux 操作系统是一个"类 UNIX"型的操作系统，属于自由软件。自由软件也称为开放源码软件，是用户可以免费使用、免费取得源代码的一类计算机软件。正是由于这一特点，来自全世界的无数程序员通过 Internet 或其他途径免费获得 Linux 操作系统的源代码，并参与了它的修改、编写工作，他们可以根据自己的需要、兴趣和灵感对其进行改变，这让 Linux 操作系统吸收了无数程序员的精华，得以不断丰富和壮大。

1. Linux 操作系统优点

Linux 操作系统是在 UNIX 操作系统基础上发展起来的功能强大的网络操作系统。其主要优点如下：

（1）完全免费。Linux 操作系统是免费的操作系统，用户可以通过网络或其他途径免费获得，并可以任意修改其源代码。这是其他操作系统所做不到的。

（2）开放的源代码。Linux 操作系统的所有源代码都是开放的，任何人都可以通过 Internet 或其他途径得到，并可以任意开发和重新发布。

（3）广泛的硬件适应性。Linux 操作系统不仅可以运行在 Intel 系列个人计算机上，还可以运行在 Apple 等其他系统之上。通过修改 Linux 操作系统的内核源代码，可以支持几乎所有的外部设备。

（4）丰富的网络功能。Linux 操作系统具有先进的网络特性，在通信和网络功能方面优于其他网络操作系统，并且支持所有通用的 Internet 协议。

2. Linux 操作系统缺点

Linux 操作系统存在的最大问题是版本繁多以及不同版本之间的不兼容。这种情况极大地限制了 Linux 操作系统的发展。

四、Windows NT 操作系统

Microsoft 公司的 Windows NT 产品有两种版本，即单机操作系统（Windows NT Workstation）和网络操作系统（Windows NT Server）。目前得到广泛应用的是 1996 年推出的 Windows NT Server 4.0，这也是 Windows 家族最有代表性的网络操作系统。其主要优点如下：

（1）可实现多种网络结构。在由 Windows NT 组成的局域网中，可以同时存在客户机/服务器（C/S）网络和点对点的对等网络两种模式，各工作站可根据不同的登录方式选择不同的共享对象。

（2）良好的用户界面。Windows NT Server 采用全图形化的用户界面，特别是 Windows NT Server 4.0 具有与 Windows95 相同的操作界面并具备完备的单机操作系统功能，使用户的操作更加简单。

（3）组网管理简单。相对于其他网络操作系统，Windows NT Server 的组建和管理都非常简单方便，适合普通用户使用。

（4）软硬件兼容性强。Windows NT Server 支持单处理器到对称处理器，在多种硬件平台上都能良好地运行。在 Windows NT Server 的设计中融入了对 UNIX 操作系统、OS/2 及 MS – DOS 等流行应用环境及多种网络协议的支持。对众多应用软件的支持也是 Windows NT Server 得以广泛应用的主要原因。

Windows NT Server 存在的主要问题，同时也是 Windows 系列存在的普遍问题，是对硬件环境要求过高和稳定性能欠佳。Windows NT Server 操作系统适合中小规模的局域网。

五、Windows 2000 系列操作系统

Windows 2000 系列包括 Windows 2000 Professional（Windows 2000 专业版）、

Windows 2000 Server（Windows 2000 服务器版）、Windows 2000 Advanced Server
（Windows 2000 高级服务器版）和 Windows 2000 Data CenterServer（Windows 2000
数据中心服务器版）四个版本。其中，Windows 2000 Professional 是专为各种桌面
计算机和便携式计算机开发的单机操作系统，后三个是服务器版本。Windows
2000 Server 具有以下特性：

其一，继承了 WindowsNT 的先进技术，提供了高层次的安全性、稳定性和
系统性能。帮助用户更加容易地使用计算机安装和配置系统、脱机工作和使用
Internet 等，减少了系统重启的次数。

其二，可靠的中间件和负载平衡服务。通过高度集成，增强了系统和应用软
件的扩展性。

其三，在磁盘和文件管理方面，增加了许多新的特性。

其四，在文件系统方面，采用了分布式文件系统，支持多种格式的分区，并
支持基本和动态两种类型的磁盘，使整个存储过程和磁盘管理变得更加简单。

六、Windows Server 2003 系列操作系统

Windows Server 2003 是 Microsoft 最新推出的网络操作系统，沿用了 Windows 2000
系列的先进技术，使之更易于部署、管理和使用。Windows Server 2003 系列包括
了用户需要的所有最重要的功能，如安全性、可靠性、可用性和可编程性。此
外，它对 Windows 2000 Server 的改进和扩展，使企业能够充分享受 . NET 带来的
完善功能。Windows Server 2003 系列操作系统提供了标准版、企业版、DataCenter
版和 Web 版四个版本。

七、微软的个人桌面操作系统

除了上述专用网络操作系统外，还有人们熟悉的微软的 Windows 系列个人桌
面操作系统也可以用于网络。Windows9x/Me/XP 系列操作系统是 Microsoft 推出
的面向个人计算机的单机操作系统，它们严格来说并不属于网络操作系统。但
是，Windows 系列的操作系统都集成了丰富的网络功能，特别是 Windows 98（第
二版）及以后的版本，完全可以利用它们强大的网络功能，组建简单的局域网
（对等网）。后续出现了 Windows7/8/8. 1/10 系列操作系统融合了 Windows NT 和

Windows XP 系列的技术优势，在许多方面都有所改进。

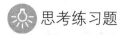 思考练习题

1. 常见的双绞线有什么特点？
2. 构建无线局域网络的信号传输介质是什么？
3. 请画出你寝室（家）中的局域网的拓扑图。
4. IPv4 最多能表示多少 IP 地址？
6. 查看你的计算机网络，其 IP 用的是 IPv6 吗？
7. 子网掩码的作用是什么？
8. 你的计算机是什么操作系统？能否作为服务器使用？

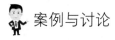 案例与讨论

全球化与 Internet

在全球化趋势的大潮中，国与国之间的合作越来越频繁，联系越来越紧密，依存度也越来越高。全球化的理论基础是比较优势理论、规模经济理论和通过竞争提高效率理论。经济全球化所带来的最大好处是实现了世界资源的最优配置。可以说，是全球经济的一体化才实现了"以最有利的条件生产，在最有利的市场销售"的最优状态。全球化同时也意味着更激烈的竞争和随之而来的优胜劣汰，落后产业和企业的淘汰既是经济全球化不可避免的现象，也是整个世界经济发展和资源优化配置的客观要求。生产方式的每一个历史进步都是生产力发展的结果。如果说国际分工的不断深入和世界市场的迅速扩展提出了经济全球化的内在要求，那么，作为第一生产力的科技的进步则为经济全球化提供了现实的可能性。没有科学技术的进步和飞速成长，就不可能有经济的全球化，是科技进步推动了经济全球化。尤其是日新月异的信息技术、迅速延伸的互联网络以及蓬勃发展的电子商务，正在把世界变成一个全新的"网络社会"，把硕大的地球变成一个小小的"地球村"。

当代社会，现代信息技术突破了单位性和地域性的限制，实现了网络化和全球化，以因特网为代表的现代信息网络正以月均 15% 的速度急剧扩张，其应用范围也开始从单纯的通信、教育和信息查询向更具经济效益的商业领域扩张。据统计，1998 年通过因特网实现的商业销售额达到 418 美亿元，而到 2000 年，这一数字超过了 2000 亿美元。这一趋势告诉人们，电子商务已经叩响了人类的大门。计算机的全球联网，形成了与地域、空间无关的世界一体化市场，加强电子商务的研究与应用，树立全球化战略思想，成为时代的主题。电子商务本身具有全球性今天，Internet 已经成为最有效率的全球性传播媒介，而在 Internet 上所从事的电子商务也天生就具有全球化的素质。在 Internet 上，没有国界、没有边境，也不分国籍、民族和肤色，对全球的任何用户来说，它是完全开放的、平等的。企业可以通过网络在全球范围内从事商务、贸易、投资活动，这就意味着企业进入了一个一体化的全球市场。

Internet 在全球化中扮演了什么角色？

第五章

数据管理技术

学习目标

　　通过本章学习，要求了解数据管理的演变，掌握关系数据库技术，重点掌握概念模型、数据模型的概念。学会将数据转化成规范化的管理数据库结构。

第一节　数据管理技术的演变

一、数据处理问题

　　有效的信息系统应该向用户提供准确、及时、有用的信息。如果文件能够以恰当的方式排列和管理，用户就可以方便地存储、访问、修改和检索所需的信息。但是，很多企业或组织虽然拥有性能卓越的硬件和软件，却由于文件管理混乱，使信息系统难以达到其预期效果。

　　数据处理指用一定的设备和手段，按一定的使用要求，对各种类型的原始数据进行加工，从而产生用户所需要的信息。

　　数据处理的目的可归纳为以下几点：①把数据转换成便于观察、分析、传递或进一步处理的形式。②从大量的原始数据中抽取、推导出对人们有价值的信息以作为行动和决策的依据。③科学地保存和管理已经过处理（如校验、整理等）的大量数据，以便人们能方便而充分地利用这些宝贵的信息资源。

数据处理的方式可以从两个方面来划分。一方面，从数据处理的地理位置来看，可分成集中处理和分布处理。集中处理是指所有的数据都集中存放在某台主机上，由这台主机来承担主要数据处理工作；分布处理则刚好相反，数据分布存放在若干台主机上，由多台主机一起共同承担数据处理工作。另一方面，从时间的角度看，数据处理可分为实时处理和成批处理。实时处理是指每当原始数据发生时，由该原始数据所引发的一连串其他数据的变化立即由计算机全部更改。成批处理是指不对原始数据立即处理，而规定一个时间间隔（如一天），每到一定时间就对这一间隔内所发生的原始数据进行汇总统计，并对其他数据作必要的修改。

数据处理的基本内容包括数据收集、数据转换、数据筛选、分组和排序、数据的组织、数据的运算、数据存储、数据检索、数据输出等。

进行数据处理时需要考虑以下几个方面的问题：①数据以何种方式存储在计算机中；②采用何种数据结构能有利于数据的存储和取用；③采用何种方法从已组织好的数据中检索数据。

数据处理的中心问题是对数据的管理，即用计算机对数据进行组织、存储、检索和维护等数据管理工作。

计算机发展的初期主要是用来做复杂的科学计算，随着软硬件技术的发展，对字符串处理能力的引入，开始具有了数据处理的能力，使数据库技术成为计算机科学领域的一个主要分支。数据处理是信息系统的核心和基础，其发展促进了计算机应用向各行各业的渗透。目前有关数据处理、数据管理的技术水平越来越重要，其建设规模、信息量大小和使用频度已经成为衡量一个国家信息化程度的重要标志。

二、数据管理技术发展历程

数据管理是指对数据进行分类、组织、编码、存储、检索和维护，是数据处理的中心问题。数据库技术是应数据管理任务的需要而产生的。数据管理技术经历了人工管理、文件系统和数据库系统三个发展阶段：人工管理阶段是在 20 世纪 50 年代中期前；文件系统阶段是在 20 世纪 50 年代后期到 60 年代中期；数据库系统阶段是在 20 世纪 60 年代末以后。

1. 人工管理阶段（20 世纪 50 年代中期前）

这是计算机数据处理的初级阶段（如图 5-1 所示），计算机的软硬件均不完善。对数据的处理是由程序员个人考虑和安排的。程序员在编制程序时，还要考虑数据的逻辑定义和物理组织，以及数据存放的存储设备、存储方式和地址分配。在这一阶段，程序和数据混为一体，两者相互依赖，数据成为程序不可分割的一部分。当程序之间出现重复数据时，这些数据也不能共享，数据是分散的。计算机在数据处理中没有发挥应有的作用，严重地影响了计算机使用效率的发挥和提高。

这一阶段数据处理的特点：数据的物理存储结构和逻辑结构一致，编程者自行设计数据格式，并将数据嵌入程序中；数据与处理它的程序合为一体，多个程序不能共享数据；一批数据在多个对其进行不同处理的程序中重复存储。

2. 文件系统阶段（20 世纪 50 年代后期至 60 年代中期）

随着计算机硬件性能的改进和软件技术的发展，操作系统的出现标志着数据管理进入一个新的阶段（如图 5 - 2 所示）。数据以文件为单位存储在外存，且由操作系统统一管理，操作系统为用户使用文件提供了友好的界面。

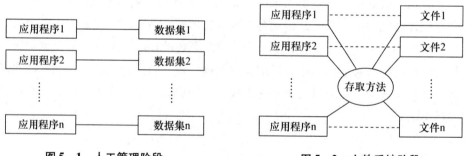

图 5 - 1　人工管理阶段　　　　　图 5 - 2　文件系统阶段

这一阶段的主要特点是计算机中有了专门管理数据的软件（操作系统的文件管理模块）。文件逻辑结构和物理结构脱钩，程序和数据分离，使数据和程序有了一定的独立性。用户的程序和数据可分别存放在外存储器上，各个应用程序可以共享一组数据，实现了以文件为单位的共享。

但由于数据文件是无结构的数据集合，只能反映客观事物的存在，不能反映各个事物间的联系；数据的组织仍然是面向程序的，数据和应用程序互相依赖，数据文件由程序生成，数据存取由程序完成，离开所依靠的程序则失去了意义；服务于不同程序的数据文件相互独立，无法实现数据共享。一个应用程序所对应的数据文件不能为另一个程序使用，数据冗余大；应用程序编制比较繁琐，缺乏对数据正确性、安全性、保密性的有效控制手段。

3. 数据库技术阶段（20 世纪 60 年代末以后）

计算机的软件工作者针对文件管理方式存在的缺点，经过长期不懈的努力，提出了数据库的概念。数据库技术为数据管理提供了一种较完善的高级管理方式。它克服了文件管理方式下分散管理数据的弱点，对所有的数据实行统一、集中的管理，使数据的存储独立于使用它的程序，从而实现了数据共享（如图5－3所示）。从 1968 年到 1970 年发生的三大历史事件标志着 DB 技术的成熟：其一，IBM 公司 1968 年成功研制层次数据管理系统（IMS）；其二，美国 CODASYL（ConferenceOnDataSystemLanguage，数据系统语言协商会）1971 年公布的 DBTG 报告提出网络数据库系统 CODASYL 系统或 DBTG 系统；其三，IBM 公司 E. F. Codd1970 发表一系列论文，奠定了关系数据库系统（RDBMS）理论基础。进入这一阶段后，数据管理进入了一个新的阶段。数据管理技术以数据模型和 DBMS 核心技术为核心，发展出了一门内容丰富、领域宽广的计算机基础学科。因而也形成了一个巨大的软件产业，一些企业研发出来 DMBS 及其相关工具产品，提供成套的数据管理解决方案。

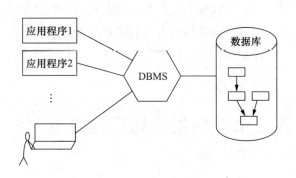

图 5－3　数据库管理阶段

在数据库发展领域，造就了三位图灵奖得主。CharlesW. Bachman（查尔斯巴赫曼），主持设计与开发了最早的网状数据库管理系统 IDS。1964 年推出 IDS 后，它的设计思想和技术直接影响了后来的数据库。EdgarF. Codd（埃德加科德），为数据库系统提出了一种崭新的模型，即关系模型，关系模型一经提出迅速商品化。JamesGray（詹姆斯格雷）是事务处理领域公认的权威，在解决保障数据的完整性、安全性、并行性以及从故障中恢复方面发挥了十分关键的作用。

数据库管理阶段的主要特点：①数据以数据库文件组织形式长期保存，数据库中的数据是有结构的，这种结构由数据模型表现出来。②数据由数据库管理系统统一管理和控制，数据库管理系统负责数据库的建立、使用和维护，并提供数据保护和控制功能。③数据的共享性高，冗余度低。数据库中的数据能够满足多用户多应用的不同需求。数据库中的数据之间是具有联系的，可以大大减少冗余，避免数据之间的不相容性与不一致性。④数据独立性高，在数据库系统中，数据具有较高的逻辑独立性和物理独立性。

从 20 世纪 80 年代中期开始，数据库管理阶段呈现出新的特点。数据库技术以及网络和通信技术的发展使异机、异地间的数据共享成为可能，出现了分布式数据库系统。分布式数据库就是数据库、网络和通信系统的结合体。处理的数据分散在各个节点上，每个节点的数据由本地数据库管理系统（DBMS）管理，各节点间通过网络实现数据共享。

随着计算机向深度计算和普遍化计算两极发展，数据库也将朝着大型的并行数据库系统和小型的嵌入式数据库系统两端发展。高端的超大型数据库系统（VLDB）将用于解决复杂数据类型如视频音频数据、多媒体数据、过程或"行为"数据的处理，满足海量数据的存储和存取，它们将运行在固定的下一代巨型主机服务器上。低端的精小型数据库系统将解决个性化数据的存储和处理要求，它们将嵌入各种电子设备和移动设备中。

第二节　数据的组织与数据文件

一、数据组织

在管理信息系统中，大量数据以一定的形式存放在各种存储介质中，为使数据成为有意义的信息，需要将数据有序地组织起来，才能对数据进行有效的管理。数据的逻辑组织一般由数据项、记录、文件和数据库四个基本的逻辑元素组成，并且组成了以数据库为最高层次的结构。

数据项也称数据元素，是组成数据系统有意义的最小单位，它的作用是描述一个数据处理对象的某些属性。与数据处理的某个对象相关的一组数据项构成该对象的一条记录，标识记录的数据项称为关键字。通常把唯一的标识一条记录的关键字称为主关键字。通过主关键字可以寻找和确定一条唯一的记录。文件则是同类相关记录的集合。文件的建立和维护是 MIS 的重要工作之一。按一定方式组织起来的逻辑相关的数据文件集合形成数据库。

在计算机信息系统中，文件是数据库组织的基础，任何对数据库的操作最终都要转化为对数据文件的操作。因此，数据的逻辑组织方式和物理存储方式将直接影响整个信息系统的效率。因而，设计数据结构是数据处理工作的主要内容之一。

现实世界中的事物成为对象，每个对象有若干属性。例如，企业的员工是现实世界中的对象，具有员工号、姓名、性别、年龄、部门等属性，所以，一个具体的员工就可以用表 5－1 员工信息一览表的形式来描述。

表 5－1　员工信息一览

员工号	姓名	性别	年龄	部门
1	张三	男	21	营销
2	李四	女	22	财务
……	……	……	……	……

二、数据文件

1. 数据文件的概念

在信息系统中，数据组织一般采用文件和数据库组织。文件组织是一种按某种数据结构把数据记录存放在外存设备上的方式，一般适用于数据记录存储得比较简单的场合。在操作系统的管理下，把计算机需要处理的数据组成文件，文件有唯一的文件名，操作系统中的文件管理模块会根据文件名准确地找到该文件的物理存储位置，自动完成转换，使程序员不需要直接与物理设备打交道，即程序员不需要告诉系统该文件的物理存储的具体磁道、具体扇区与任何物理细节。操作系统把文件视为最基本的数据系统，完成文件的逻辑组织到现实组织空间的映射。

随着计算机在信息处理上的应用，出现了文件系统。文件系统是负责存取和管理文件的软件，它利用磁盘、磁带等大容量的外存设备作为存放文件的存储器，用户可以把一批数据定义成一个文件，通过文件系统命名，实现对文件的按名存取。

文件系统是数据处理的主要方式，建造容易、使用灵活、处理速度快，特别适合单项业务系统使用（如财务、库存等管理系统）。尽管现在数据库系统获得了广泛应用，但其基础仍是文件系统，学习文件系统对数据的组织和操作方式对理解信息系统的运行过程是很有意义的。

2. 数据文件的组织方式

文件在外存上主要有顺序文件、索引文件和散列文件三种组织方式，这三种组织方式适合不同的存储器，检索效率也不同。

（1）顺序文件。这是一种常见的数据组织，能使逻辑记录在存储介质中的实际顺序与其进入存储器的顺序一样。顺序文件适合顺序存取和成批处理。顺序文件除了可以用顺序查找法存取之外，还可以用以下两种方法存取：

第一种，分块查找法。将文件的记录按关键字递增排序，每 m 条记录为一块，比如 m = 100。设各块最后一条记录的关键字为 k_{1m}、k_{2m}、$\cdots$、k_{tm}，设所要查找的记录主关键字为 k，依次和各块的最后一个关键字进行比较，当 $k_{im} > k > k_{(i-1)m}$ 时，所要的记录一定在第 i 块上，只要扫描该块就可以了。

第二种，二分查找法。将文件的记录按关键字递增排序，要查找的记录关键字 k 与区域中间的记录关键字 k_m 相比较，若 $k = k_m$，查找成功；否则，若 $k > k_m$，在下一半区域中折半查找；若 $k < k_m$，则在上一半区域中折半查找。如此进行下去，直到找到（查找成功）或区域长度为 0（查找失败）为止。

（2）索引文件。用索引的方法组织文件，还要另外建立索引表，用来给出逻辑记录与物理记录的对应关系。索引表中的项称为索引项，为了加快查找，索引表是有序的，由系统建立，而文件本身可以是无序的。

检索时，首先查找索引表，如表 5 - 3 和表 5 - 4 所示，如要求查找职工号为 0017 的记录，若该记录在表中，则根据索引项指出的物理地址 12100 到外存储器上读取。通常索引表放在内存，查找索引表在内存中进行。因为索引表是有序的，可以使用二分查找法加快查找速度。

表 5 - 2 数据文件

职工号	姓名	电话
23	张三	6258888
17	李四	8649999
02	王五	5577777
09	陈六	5276666
42	赵七	8485555

表 5 - 3 索引表

关键字	物理地址
02	12600
09	12030
17	12100
23	12180
42	13000

如果数据文件较大，索引项很多，往往需要对索引表再建索引表，称为多级索引。

（3）散列文件。散列文件也称为直接存取文件。这种文件的组织方法是，根据记录的关键字，设计一个散列函数，求得记录的物理地址，将记录散列到存储器上。下面简单介绍几种散列函数。

第一种，平方取中法。将记录的关键字平方后，取其中间的几位作为存放记录的物理地址，如表 5 - 4 所示。

表 5 - 4 平方取中法存储地址的取法

关键字	平方	存储地址
		取中间 3 位
212	044944	494
063	214369	436
138	019044	904
524	274576	457

第二种，除余法。用记录的关键字 k 除以一个素数 m，得到的余数作为存储地址。设 H（k）为散列函数，则上述的取余法可描述为 H（k）=kmod m。

其中，k 是记录的关键字；m 是不大于 M 的最大素数（M 是存储空间大小）。

例如，关键字序列（49，10，16），设存储容量为 M = 8，选 m = 7，那么对于关键字序列对应的存储地址分别为 0、3、2。

第三种，随机数法。这种方法是利用随机函数 RND（k）求得关键字为 k 的记录的存储地址：H（k）=RND（k）。

在理想情况下，每个不同的关键字对应不同的散列地址。但到目前为止，还未找到这样理想的数学函数。每个关键字对应多个散列地址的现象称为冲突。解决冲突的方法有开放定址法等。

第三节 数据库技术

一、基本概念

1. 数据库（Data Base，DB）

数据库是长期存储在计算机内，有组织的、大量的、可共享的数据集合。数据库中的数据按一定的数据模型组织、描述和存储，具有较小的冗余度、较高的数据独立性和易扩展性，并可供各种用户共享。

2. 数据库管理系统（Date Base Management System，DBMS）

数据库管理系统是位于用户与操作系统之间的一层数据管理软件，在操作系统支持下工作，是数据库系统的核心组成部分。

数据库管理系统的主要功能如下：

（1）数据定义。定义数据库结构，包括定义表、索引、视图等数据对象。

（2）数据操纵。实现对数据库的查询和更新操作。

（3）数据库的运行管理。数据库在建立、运行和维护时由数据库管理系统统一管理、统一控制，以保证数据的安全性、完整性、多用户对数据的并发使用以及发生故障后的系统恢复。

（4）数据库的建立和维护。包括数据库初始数据的输入和转换，数据库的转储和恢复，数据库的重组织，数据库性能监视和分析等。

3. 数据库系统（Data Base System，DBS）

数据库系统是指在计算机系统中引入数据库后的系统。由数据库、数据库管理系统（及其开发工具）、应用系统和数据库管理员构成。数据库管理员是负责数据库的建立、使用和维护的专门人员。数据库应用系统是利用数据库系统资源，为特定应用环境开发的应用软件。数据库系统各部分之间的关系如图 5 - 4 所示。

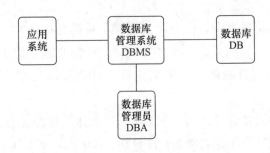

图 5 - 4　数据库系统的构成

人们通常也把数据库系统简称为数据库。

二、概念模型

概念模型以用户可以理解的方式描述一个系统，如显示主要对象类型及其关系的图表等。其表示方法最常用的是实体—联系（Entity - Relationship，E - R）模型。E - R 模型独立于计算机系统，按用户的观点在信息世界对数据建模，强调语义表达能力。在数据设计中完全不涉及数据在计算机系统中的表示方法。

把客观存在的事物以数据的形式存储到计算机中，需要经历从客观事物特性的概念化，再到计算机数据库里具体表示的逐级抽象过程。

1. 基本概念

（1）实体。客观存在并且可以相互区别的事物称为实体。实体可以是实际事物，例如一名职工、一个部门，也可以是抽象事件；又如一次订货、一场比赛。

（2）属性。描述实体特性的项称为属性，如在职工实体中若干个属性（职工号、姓名、性别、出生日期）来描述，属性的具体值称为属性值，用以刻画一个具体的实体，如属性值组合（0001，李某某，男，10/01/51）表示职工中一个具体的人。

（3）主关键字。唯一表示实体的属性集称为主关键字。例如，职工编号可以是职工实体的主关键字。

（4）域。是指某个（某些）属性的取值范围。例如，职工编号为 4 位，而且其域为文本集合。

（5）联系。现实世界中任何一个实体都不是孤立存在的。也就是说，实体与实体之间是存在一定联系的，实体与实体之间的联系必然要在信息世界中加以反映，而且是比较复杂的，但抽象化后，可见实体与实体之间的联系分为三种：

第一种是一对一联系（1:1）。如果有两个实体的集合 A 和 B，A 中的每一个实体最多与 B 中的一个实体有联系；反过来，B 中每一个实体最多与 A 中的一个实体有联系，则称实体集合 A 和 B 之间是"一对一关系"。这是最简单的实体与实体之间的联系。例如，实体集"工程项目"和"项目负责人"之间就是"一对一关系"。

第二种是一对多联系（1:m）。如果有两个实体的集合 A 和 B，A 中每一个实体与 B 中的一个或多个实体有联系；反过来，B 中的一个实体最多与 A 中的一个实体有联系，则称实体集 A 和 B 之间是"一对多关系"。例如，实体集"工程项目"和"工程项目参加者"之间就是"一对多关系"。

第三种是多对多联系（m:n）。如果有两个实体的集合 A 和 B，A 中每一个实体与 B 中的一个或多个实体有联系；反过来，B 中每一个实体与 A 中的一个或多个实体有联系，则称实体集 A 和 B 之间就是"多对多关系"。例如，实体集"图书"和"借阅者"之间、"学生"和"教师"之间就是"多对多关系"。

除了实体之间的联系之外，实体内部也可能存在联系，如组成实体的属性之间的联系，实体内部联系的类型参照实体之间的联系。

2. 实体—联系表示方法

实体—联系是一种高层次的概念模型，它通过 E－R 图直观地表示实体及其联系，在概念上表示数据库的信息组成，这种图能够使设计、开发人员和用户理解设计的数据库将做什么和怎么做，便于使设计者与开发者进行交流。E－R 图有三个基本成分。

（1）实体集。用矩形框表示，框内标有实体名。

（2）联系。用菱形框表示实体之间的联系，框内标有联系名。

（3）属性。用椭圆形框表示属性，框内标有属性名。

每个实体集、联系和属性的命名填写在各个框内，再用线段连接起来，并在实体和联系之间连线的两端注明联系方式。具体表示见图 5－5。

图 5－5　E－R 图的基本符号

如果设计的数据库要求每位学生可以选择多门课程，每门课程可以由多位学生来选，则可以建立 E－R 模型，如图 5－6 所示，图中"学生"与"课程"两实体通过"选课"相互联系。由于一名学生可选多门课程，而一门课程可以由多名学生来选，因此"学生"和"课程"之间表现为"多对多关系"。

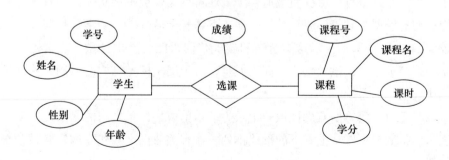

图 5－6　学生选课的 E－R 模型

E－R模型在概念上表示了数据库的组成，通过它转换为数据库管理系统所支持的数据结构模型，可以与用户充分交流、沟通，开发用户所需的数据库系统。

三、数据模型

把数据按一定的结构和形式组织起来，各个数据对象以及它们之间存在的相互关系的描述就是数据模型。数据模型是数据库设计中用于提供信息表示和操作手段的形式构架，是数据库系统实现的基础。数据模型包括数据结构、数据操作和完整性约束三个部分。数据操作是对数据模型中各种对象的操作。数据完整性约束是对数据模型中数据的约束规则。数据结构则是对数据、数据类型、数据之间关系的抽象描述。其中数据结构是刻画数据模型性质最重要的一个方面。

现有的数据库系统都是基于某种数据模型的。实际上，数据库系统是按照数据结构的类型命名数据模型的。目前，主要的数据模型有三种，即层次模型、网状模型和关系模型。不同的数据模型以不同的方式表达客观世界实体的关系。

1. 层次模型

层次模型使用树型结构表示组织数据，实体用记录表示。每个实体由若干数据项组成。例如，学校是一个客观存在的实体，学校的基本信息包括学校编号、学校名称、学校类别、学校地址、邮政编码等数据项。

层次模型中任意两个节点之间不允许有多于一种的联系，每个节点只能有不多于一个的双亲节点。层次模型适合于表现具有比较规范层次关系的系统，例如组织机构的模型。学校的组织结构为学校下属若干学院，一个学院只能属于一个学校，如图5－7所示。对这类清晰的层次结构，使用层次模型比较清楚，查询检索的路径唯一，检索效率比较高。但是，由于层次模型结构的限制，使其难以表达比较复杂的系统。

以一条包含实体所有属性值的记录为基本单位，记录之间的联系以树型结构来表示。将数据项以从上到下的形式排列，在有关数据之间建立逻辑联系，看上去像树。

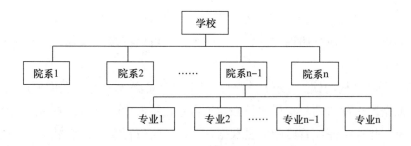

图 5 - 7　层次模型

满足下面两个条件的基本层次联系的集合为层次模型：有且仅有一个节点无父节点，这个节点是树的根；其他节点有且仅有一个父节点。

层次模型特点：节点的双亲是唯一的；只能直接处理一对多（一对一）的实体联系；任何记录值只有按其路径查看时，才能显出它的全部意义；没有一个子女记录值能够脱离双亲记录值而独立存在。

2. 网状模型

网状模型比层次模型要复杂得多，同时所能表示的实体之间的关系也复杂得多。在网状模型中，允许一个节点有多余一个的双亲节点，而且后代节点与双亲节点允许有多于一种的联系。例如，一个学校里有许多老师和许多班级，一个老师要教几个班的课程，一个班级一学期要开几门课程，需要多个老师来进行教学，如图 5 - 8 所示。正因为网状模型比较复杂，使得网状数据库的设计、检索和处理都比较复杂。

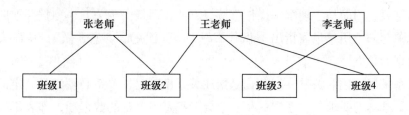

图 5 - 8　网状结构

层次模型与网状模型的主要区别在于层次模型从子节点到父节点的联系是唯一的，而网状模型中这种联系不是唯一的。

（1）网状结构的优点是可以很容易地实现实际生活中经常出现的多对多关系；能够更为直接地描述现实世界，如一个节点可以有多个双亲；具有良好的性能，存取效率较高。

（2）网状结构的缺点是比较复杂，应用程序员必须熟悉数据库的逻辑结构。即在用数据库进行活动时，程序员必须知道它在系值中的位置；重新组织数据库时，如果不是非常谨慎就可能失去数据独立性。所以程序变得更复杂了。而且随着应用环境的扩大，数据库的结构就变得越来越复杂，不利于最终用户掌握实际系统。CullinetSoftwareInc. 公司的 IDMS；Univac 公司的 DMS1100；Honeywell 公司的 IDS/2；HP 公司的 IMAGE 等。

3. 关系模型

目前，主流的数据库系统都是基于关系模型的关系数据库系统。直观地说，关系模型中数据的逻辑结构类似于员工信息一览表所示的结构，这种表结构称为二维表。二维表结构无论是在数据表达上还是在数据检索上，都比层次模型和网状模型相应的处理要简单得多。

二维表的每一行对应一条记录。每条记录可以表示一个实体的信息，也可以反映实体之间的关系。例如，学生信息包括学生姓名、性别、籍贯的数据项，构成一个学生记录。

关系模型的主要优点如下：关系模型建立在数学概念基础上，有坚实的理论支持。关系模型提供单一的数据结构形式，简单、清晰、易于操作和管理。关系模型的逻辑结构和相应的操作完全独立于数据存储方式，具有比较高的数据独立性。用户对数据的检索和操作实际上是从原二维表中得到一个子集。该子集仍是一个二维表，因而易于理解，操作直接、方便，而且由于关系模型把存取路径向用户隐藏起来，用户只需指出"做什么"，而不必关心"怎么做"，从而大大提高了数据的独立性。

关系是规范化的关系，规范化是指在关系模型中，关系必须满足一定的给定条件，最基本的要求是关系中的每一个分量都是不可分的数据项，即表不能多于二维。

早期的商用数据库数据模型主要是层次模型和网状模型，而目前应用最广泛、发展最快的是关系模型。

四、关系数据库

关系数据库理论提出并形成于20世纪60年代末70年代初。自20世纪80年代以来，各计算机厂商推出的数据库管理系统几乎都是基于关系模型的关系数据库。关系模型不同于层次模型和网状模型，它建立在严格数学概念的基础上。同时，它的结构简单，数据操作便于掌握，使关系数据库得到了很大的发展，并得到广泛使用。

关系数据库中数据的基本结构是表，即数据按行、列有规则地排列、组织。数据库中每个表都有一个唯一的表名。

表 5−5　学生信息

学号	姓名	性别	政治面貌	出生日期
0001	张三	女	群众	19900616
0002	李四	男	群众	19911023
......	......	......	......	......
0035	王五	男	团员	19931102

1. 关系数据模型的基本概念

（1）表。一个关系在逻辑上对应一个按行、列排列的表。

（2）字段。表中的一列称为一个属性或称一个字段，表示所描述对象的一个具体特征。

（3）域。域是属性的取值范围。例如，性别属性的取值范围是"男"或"女"。

（4）记录。表中的每一行都是一个元组，又称记录。

（5）主键。在关系模型中，不允许一个表中有两个完全相同的元组，表中能够唯一标识元组的一个属性或属性集合称为主键。例如，学生记录的主键是"学号"，不论是否有重名的学生，"学号"都可以唯一标识（区别）每个学生。

（6）外键。如果一个属性或属性集合不是某个关系的主键，而是另外一个关系的主键，则这个属性或属性集合称为该关系的外键。

（7）关系模式。关系名及关系中的属性集合构成关系模式。一个关系通过属性来描述，对关系的描述称为关系模式，可以用下面的简单形式表示为：关系名（属性名1，属性名2，属性名3，……，属性名n）。例如，学生表的关系模式为学生（学号、姓名、性别、政治面貌、出生日期）。

2. 关系模式数据表的性质

关系模式中的一个表与普通的二维表有着本质上的不同。关系模型中的表具有如下性质：

其一，关系中每一列的所有值具有相同的数据类型，且取自同一个域。

其二，属性必须有不同的名称，但是不同属性的属性值可以出自相同的域，即不同属性的属性值的取值范围可以相同。

其三，任意两行（两条记录）不能完全相同。

其四，列的次序对表达查询要求的查询表达式没有影响。

其五，行的次序对表达查询要求的查询表达式没有影响。

其六，关系中的每个属性都是不可再分的最小数据项，即表中每一列都不可再分。

关系模型的缺点是在执行查询操作时，没有指定检索路径，往往需要执行表的链接、扫描等操作，而这些操作都是相当耗费系统资源的，因此执行时间较长。现在普遍使用的关系数据库系统都在不同程度上采用了查询优化技术，大大提高了关系数据库系统查询操作的效率。

3. 关系的完整性

关系模型的完整性规则是对关系的某种约束条件，以保证数据的正确性、有效性和相容性。关系模型中有三类完整性约束：

（1）实体完整性。实体完整性规则要求关系中的主键不能取空值或取重复的值。所谓空值就是"不知道"或"无意义"的值。

（2）参照完整性。参照完整性规则定义了外键和主键之间的引用规则，即外键取空值，或者等于相应关系中主键的某个值。

（3）用户定义的完整性。实体完整性和参照完整性是关系模型必须满足的完整性约束条件。用户还可以根据某一具体应用所涉及的数据必须满足的语义要求，自定义完整性约束。

4. 关系的专门运算

（1）选择。从一个关系中找出满足条件的记录，是从行的角度进行的运算，结果是原关系的一个子集。

（2）投影。从一个关系中选出若干字段组成新的关系，是从列的角度进行的运算，相当于对关系进行垂直分解。新关系模式所包含的字段个数通常比原关系少或者字段的排列顺序不同。

（3）连接。连接是把两个关系中的记录按一定的条件横向结合，生成一个新的关系。在连接操作中，按照两个关系的字段值对应相等为条件进行的连接称为等值连接。去掉重复字段的等值连接称为自然连接，它利用两个关系中的公共字段（或语义相同的字段），把该字段值相等的记录连接起来。自然连接是最常用的连接运算。

利用关系运算或几个基本关系运算的组合，可以实现对关系数据库的查询，找出用户感兴趣的数据。

五、关系的规范化

对于给定的一组数据，构造一个好的关系模式的问题，即关系数据库的规范化理论。规范化理论研究关系模式中，各属性之间的依赖关系及其对关系模式性能的影响，探讨关系模式应该具备的性质和设计方法。规范化理论提供了判别关系模式优劣的标准，为数据库设计工作提供了严格的理论依据。

规范化理论是关系数据库创始人 E. P. Codd 于 1971 年首先提出的，且在随后一系列的论文中逐步形成一整套数据规范化模式。这些模式已经成为建立关系数据库的基本范式。在数据的规范化表达中，一般将一组相互关联的数据称为一个关系，而在这个关系下的每个数据指标则被称为数据元素。这种关系落实到具体数据库就是基本表，而数据元素就是基本表的一个字段。规范化表达还规定在每个基本表中必须定义一个数据元素为关键字，它可唯一地标识该表中其他相关的数据元素。

在规范化理论中表是二维的。在对表的形式进行规范化定义后，E. P. Codd 还对数据结构进行五种规范化定义，并且定名为规范化模式，称为范式。（Normal Form，NF）范式表示的是关系模式的规范化程度，即满足某种约束条件的关系模式，根据满足的约束条件的不同来确定范式。如满足最低要求，则为第一范式（1NF）。符合 1NF 而又进一步满足一些约束条件的称为第二范式（2NF），等等。在五种范式中，通常只使用前三种。

1. 第一范式（1NF）

第一范式是指在同一表中每一数据项都是不可再分的，即不可表中有表，没有重复项出现，如果有则将重复项去掉。这个去掉重复项的过程称为规范化处理。按规范化建立的指标体系和表的过程，都自动保证所有表都满足 1NF。例如，表 5－6 所示关系不符合第一范式，而表 5－7 则是经过规范化处理，去掉了重复项而符合第一范式的关系。

表 5－6　不符合 1NF

教师代码	姓名	研究课题	
		研究课题号	研究课题名
01	张三	005	管理信息
02	李四	006	金融工程
03	王五	007	电子商务

表 5－7　符合 1NF

教师代码	姓名	研究课题号	研究课题名
01	张三	005	管理信息
02	李四	006	金融工程
03	王五	007	电子商务

2. 第二范式（2NF）

第二范式是指每个表必须有一个（而且仅有一个）数据元素为主关键字，其他数据元素与主关键字一一对应。通常称这种关系为函数依赖关系，即表中其他数据元素都依赖于主关键字，或称该数据元素唯一地被主关键字所标识。这种关系不仅满足第一范式，而且所有非主属性完全依赖于其主码。例如，表 5－7

所示关系虽满足 1NF，但不满足 2NF，因为它的非主属性不完全依赖于有教师代码和课题代码组成的主关键字，其中，姓名只依赖于主关键字的一个分量——教师代码，研究课题只依赖于主关键字的另一个分量——研究课题号。这种关系会引起数据冗余和更新异常，当要插入新的研究课题数据时，往往缺少相应的教师代码，以至于无法插入；当删除某位教师的信息时，常会引起丢失有关研究课题信息。解决的方法是将一个非 2NF 的关系模式分解为多个 2NF 的关系模式。

在本例中，可将表 5 - 7 所示关系分解为如下三个关系：

其一，教师关系（表 5 - 8 教师关系），教师代码、姓名、职称。

表 5 - 8　教师关系

教师代码	姓名
01	张三
02	李四
03	王五

其二，课题关系（表 5 - 9 课题关系），研究课题号、研究课题名。

表 5 - 9　课题关系

研究课题号	研究课题名
005	管理信息
006	金融工程
007	电子商务

其三，教师与课题关系（表 5 - 10 教师课题关系），教师代码、研究课题号。

表 5 - 10　教师课题关系

教师代码	研究课题号
01	005
02	006
03	007

这些关系都符合 2NF 要求。

3. 第三范式（3NF）

第三范式就是指表中的所有数据元素不但要能唯一地被主关键字所标识，而且它们之间还必须相互独立，不存在其他的函数关系。也就是说，对于一个满足 2NF 的数据结构来说，表中有可能存在某些数据元素依赖于其他非关键字数据元素的现象必须消除。如表 5-11 所示产品关系满足第二范式，但不是第三范式。这里，由于生产厂名依赖于产品代码（产品代码唯一确定该产品的生产厂家），生产厂地址又依赖于厂名，因而，生产厂地址传递依赖于产品代码。这样的关系同样存在着高度冗余和更新异常问题。

表 5-11 传递依赖的关系

产品代码	产品名称	生产厂家	生产厂地址

消除传递依赖关系的办法是将原关系分解为如下几个 3NF 关系：

其一，产品关系，产品代码、产品名、生产厂名。

其二，生产厂关系，生产厂名、生产厂地址。

3NF 消除了插入、删除异常及数据冗余、修改复杂等问题，已经是比较规范的关系。

思考练习题

1. 数据库管理系统处于计算机软件的哪个层次？

2. 数据模型有几种？各有什么优缺点？

3. 简述 E-R 图转化为关系数据模型的要点。

4. 关系规范化的第三范式有什么要求？

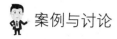 案例与讨论

山东东阿阿胶集团公司与 ERP 选择

东阿阿胶集团有限公司拥有 7 个成员企业，3 个分厂，其核心企业东阿阿胶股份有限公司是全国最大的阿胶生产企业，但随着竞争的激烈，面临严峻的挑战。由于以阿胶为原料的产品技术含量有限，进入壁垒低，大量的企业涌入这一行业。生产阿胶的厂商都在使出浑身解数，提高市场份额。如何保持龙头地位？这是一直困扰东阿阿胶的问题。

东阿阿胶决策者决定采用 ERP 系统是经过深思熟虑的。东阿阿胶主要产品涉及中成药、生物制剂、保健食品、医疗仪器等 6 个门类的产品 40 余种，企业既有流程型，又有离散型的特征，这种类型的企业实施 ERP 成功的概率很小，更何况东阿阿胶信息系统的基础并不好。该公司从实行计算机单机管理，到信息化工作已基本普及质量、人事、财务、生产等环节，初步实现了计算机辅助企业管理，形成了初步的计算机信息系统。但由于受当时技术条件和管理水平的局限，各管理系统相对独立，开发环境和应用平台差异很大，信息代码没有统一的标准，应用水平也参差不齐，结果各子系统形成一个个信息"孤岛"，难以实现企业内部的信息共享，企业的信息资源无法得到合理利用。在这个基础上实施ERP，东阿阿胶免不了遇到挫折。

东阿阿胶的主要领导者决定实施 ERP 系统。但在 ERP 软件的选型上，东阿阿胶经历了不少波折。由于对 ERP 的了解不够深入，企业在 ERP 软件的选型上疏于调查和科学论证，结果草率实施，造成 ERP 项目实施不到两个月即宣告失败，这不仅浪费了东阿阿胶主要业务人员的时间和精力，更重要的是影响了管理和业务人员对以后实施 ERP 系统的信心。

在第二次的 ERP 软件选型时，东阿阿胶及时总结教训，由分管集团信息化建设的副总经理和集团信息中心主任为首，成立了专门的软件选型小组。该小组制定了三项原则：一是严格实行招标制度，邀请有关专家进行多家分析和比较；二是认真考察 ERP 生产厂商；三是确保软件选型避免流于形式，一定要脚踏实地。避免徇私舞弊情况的发生。经过对国内外数家 ERP 软件提供商的考察、分析和比较，东阿阿胶最终选择了和佳公司的 ERP 产品。该产品不仅可以运行在

Windows NT ＋ SQL Server 中型、小型平台上，而且可以运行在 Unix、OS/400 ＋ DB2／UDB、Sybase、Oracle、Informix 等中型、大型平台上。该公司具有成功实施大中型企业用户 ERP 的经验，在业内有着较高的声誉。

东阿阿胶在未来实施 ERP 过程中，可能遇到哪些困难？为什么？

第三部分　信息系统经典开发方法

第六章

管理信息系统的开发方法

📎 学习目标

通过本章的学习，应当掌握管理信息系统的生命周期理论；了解管理信息系统常见开发方法的特点，包括结构化系统开发方法、原型法、面向对象方法以及计算机辅助软件工程法；根据实际情况，正确选择适当的开发策略和开发方式。

第一节　系统的生命周期

开发一套适合企业需要的管理信息系统，需要选择适当的开发策略、开发步骤，这其中涉及的问题很多，例如选择开发方法的选择、开发的组织管理策略等。同其他事物一样，管理信息系统也存在一个从诞生到成熟的生命周期。从提出建立一个管理信息系统的系统规划阶段、系统开发阶段，到系统运行维护阶段，这一过程称为管理信息系统的生命周期。

一、系统规划阶段

系统规划阶段，是管理信息系统的起始阶段。管理信息系统的新建、改建或扩建要服从于组织的整体发展战略。这一阶段的主要任务是根据组织的整体目标和发展战略，确定管理信息系统的发展战略，制订管理信息系统发展的总体规划。

二、系统开发阶段

系统开发阶段一般经过系统分析、系统设计、系统实现三个阶段。

系统分析阶段是具体开发工作的开始。在系统规划的指导下，通过了解用户的需求，对组织原有业务流程、系统的现状进行分析，目的是研究新系统要解决的问题、应具有的功能。

系统设计阶段是根据系统分析的结果，建立能够达到系统功能目标的设计方案，包括系统的结构、各部分功能如何实现的技术细节。

系统实现阶段是根据系统设计阶段提出的具体设计方案，在物理上实现一个新的系统，主要包括硬件安装调试，软件代码编写，软件系统的测试、部署等，交付给用户一套可运行的系统。

三、系统运行维护阶段

系统运行维护阶段，是指系统投入使用后，用户和专家对系统进行日常管理、维护和评价。目的是为了确定系统是否达到了预期目标，为将来进一步改善系统提供依据。

系统经过这样一个生命周期，直到下一个可以替代这个系统的新系统产生，新的系统的生命周期又开始了。

第二节　常用系统开发方法简介

1946 年世界上第一台电子计算机诞生至今，软件开发的需求急剧增加。在计算机发展初期，硬件是主要问题，此时的软件概念等同于程序，软件开发就是手工编程，质量取决于个人技巧。后来软件规模扩大，需要多人合作，软件开发需要多人相互读懂程序，产生了"说明书"，此时软件等同于程序加说明书。随着大型系统的出现，软件的复杂性增加，出现了可靠性与规模成反比的现象。软件开发中的一些错误概念和方法，严重阻碍了计算机软件的发展，产生了所谓的

"软件危机"，成本增加、质量混乱。现在人们把工程学的原理引入软件生产中，产生了"软件工程"的思想。形成了成熟的开发理论和过程。每个阶段都有严格的管理和质量检验，使用专用开发工具，制定开发标准文书，专门的数据结构。此时，软件包括程序、数据和文档。

1968 年，正式提出了"软件工程"概念。使用正确的方法，开发出低成本、高可靠性的软件。软件工程包括三要素：方法、工具、过程。①方法。即"如何做"，是指导软件开发的标准和规范，包括多方面的任务，例如项目计划与估算、系统需求分析、数据结构、系统总体结构的设计、算法设计、编码、测试、维护等。软件工程方法常常采用某种特殊的语言或图形的表达方法以及一套质量保证标准。②工具。是指在软件开发、维护、分析中使用的其他软件，为软件工程方法提供自动的或半自动的软件支撑环境。③过程。将"方法"和"工具"综合起来，定义了方法的使用顺序、要求交付的文档资料、各个阶段的"里程碑"等。

在软件工程领域，人们提出了软件开发的基本过程：①制订计划：包括目标、可行性、资源和成本。②需求分析：获得用户的要求，分析写出《需求说明书》。③软件设计，包括系统总体结构、数据结构等方面内容的设计，编写《设计说明书》。④程序编写，包括源程序编码。⑤软件测试，包括单元测试（各个模块的测试）、集成测试。⑥运行维护是在运行中发现错误并纠正。这一过程与前面提到的管理信息系统的生命周期实质相同。

在 MIS 长期建设中，已形成了多种系统开发方法，在众多的开发方法中有一些方法很具有代表性，其中比较成熟的方法有结构化系统开发方法、原型法、面向对象方法、计算机辅助软件工程法。

一、结构化系统开发方法

结构化开发方法首先出现于 20 世纪 60 年代发展起来的结构化程序设计（Structured Prosramming，SP）。到了 20 世纪 70 年代，约当（E. Your－don）、康斯坦丁（L. L. Constantine）和德马可（T. Demarco）等提出了结构化分析（Structured Analysis，SA）和结构化设计（Structured Design，SD）方法。结构化方法应用得非常广泛，这种方法是以系统生命周期理论为基础，因此又叫结构化生命周期法。

所谓"结构化"是指"严格的、可重复的、可度量的",也就是将复杂的系统开发活动分解成一系列的连续步骤,每一步都建立在上一步的基础上。这种方法从整体出发,遵循"标准化"与"模块化"设计思想,按照面向用户的原则,自上而下分析和设计系统并自下而上实施系统。具体地说,结构化的方法用一系列规范的步骤和工具进行系统开发,按照这种方法将系统开发过程划分成若干个阶段,每个阶段由若干个工作步骤组成,每个步骤都有其明确的任务和目标以及预期要达到的阶段成果,步骤之间的次序不可以打乱。因此,此种方法又称为"瀑布模型"式开发,曾广泛流行。

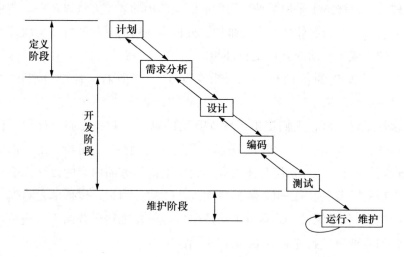

图 6-1　瀑布模型

1. 特点

　　(1) 注重开发过程的整体性和全局性。采用系统观点和系统工程方法,在开发策略上更强调自上而下的原则,逐层向下分解,先从总体上把握系统的目标,确保整体的正确性,然后,考虑系统各组成部分之间的关系,自下而上完成具体的功能,采用这种方法开发出来的系统结构严谨。

　　(2) 强调用户参与原则。在开发过程中充分调动用户的积极性,吸收用户单位的管理人员和业务人员参与到系统的开发过程中。在系统规划阶段,用户参与制订开发方案;在系统分析阶段,用户向开发人员介绍现行系统的情况,提供业务资料,并提出对系统的要求,协助完成新系统的逻辑方案;在系统设计阶段，用户提出对软硬件的要求，评价输入/输出界面设计的合理性；在系统实施阶段，回答程序设计人员的业务问题，参与系统的测试，和开发人员一起完成系统的转换；在系统的日常运行与管理阶段，用户更是成了系统的直接使用者。

（3）强调阶段性。系统开发被分成了若干个阶段，每个阶段又划分为详细的工作步骤，顺序作业。每个阶段都有明确的任务，规定每一阶段交付特定的文档等产品。每一个阶段结束时，要进行评审。评审不通过则需要返工，不能进入下一阶段。评审通过后，进入下一阶段。前一阶段的结果是后一阶段的输入。

按阶段管理系统开发过程更是增加了系统开发的可控性。

（4）设计方法结构化、模块化。结构化就是信息系统结构分解成由许多按层次结构联系起来的功能结构图，即模块结构图。结构化设计方法是一种用于设计模块结构图的方法，还有一组对模块结构进行评价的标准及进行优化的方法。所谓模块化是指将一个复杂的信息系统，按照"自顶向下，逐步求精"的方法，分解为若干个有层次联系、功能相对单一且彼此相对独立的模块。模块化是必然趋势。它可以把复杂问题简单化，把大问题分解为小问题来解决，从而使新系统易于实施及维护。

（5）文档标准化、规范化。每个阶段、每个步骤都有详细的文字资料记载，要把本步骤所考虑的情况、所出现的问题、所取得的成果完整地形成资料。在系统分析过程中，无论调查得到的资料，还是用户交流的情况，或者分析设计的每一步方案都应有明确的记载。记载所用的图形和书写的格式要标准化和规范化，且要经过评审。

2. 缺点

这种开发方法的缺点：缺乏灵活性，当需求不明确、不准确时，开发困难；当需求发生变化时，需要从头返工；开发周期长，工期难以保证；开发成本大。

二、原型法

1. 基本原理

"原型法"（Prototyping Approach）是一种克服结构化方法的弱点而发展起来的开发方法，它抛弃了详尽的系统分析和设计过程。在应用这种方法时，开发人员首先对用户的需求进行总结，初步开发一个功能不一定很完善、试验性的基本原型，它能反映新系统的重要功能和特征，开发好立刻交给用户试用并提出修改意见，根据用户提出的意见进一步细化用户的需求，随之修改原型，交给用户评价，在这个重复的过程中，不断完善系统结构、扩充系统的功能，直到满足用户的需求为止。这种方法并不注重对系统全面的分析和设计，强调开发人员大致了解用户需求，在高效开发工具的支持下，快速开发系统，因此又称"快速原型法"。

原型一般可分为抛弃式原型、演化式原型和增量式原型。

（1）抛弃式原型。原型作为是纯粹的"模型"，不作为实际系统运行，不作为最终产品。建立原型的目的是对系统进行研究，开发者和使用者借助原型进行交流，通过演示原型，促进用户对系统的理解，并启发用户对需求的描述，双方共同确定新系统的需求。经过反复的分析、改进，最终建立起固定的企业需求，这时，原型就可以抛弃。

（2）演化式原型。与抛弃式原型相反，在演化式原型中，按照使用者的基本需求开发出一个原型系统，原型开发完成即可使用，在使用过程中不断地修改、增加新功能，原型逐步演化成为最终系统，如图6-2所示。

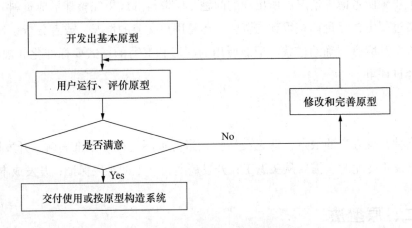

图6-2　演化原型法开发步骤

（3）增量式原型。具体应用这种方法时，在可行性论证，需求分析后，要进行体系结构设计，然后进行模块设计、实现、测试，交付给用户。当一个模块满意后再增加另外一个模块，如图 6 - 3 所示。增量式原型与演化式原型的最大区别：增量式原型是建立在软件总体设计的基础上的，而演化式原型的设计方案是不断发展的。

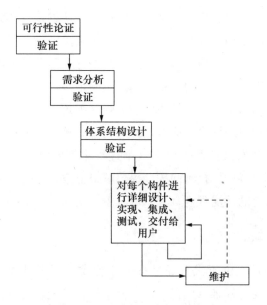

图 6 - 3　增量式原型法开发步骤

2. 原型法的优缺点

（1）开发效率高，开发成本低。采用结构化方法的分析和设计的时间比较长，在这段时间内并没有产生真正的系统，用户并不是专业人员，只能凭自己的认识描述出对系统的需求，想象和现实之间往往有一定的差距，只有系统真正开发出来了，用户才知道自己到底想要什么，这时候再根据用户的意见修改系统还需要重新对系统进行分析和设计，既浪费时间又增加成本。原型法将仿真方法引入系统分析和设计阶段，摆脱了大规模的系统分析与设计，提倡使用先进的开发工具，短时间内提供机器上实际运行的系统模型，这个模型完成系统的框架和主要功能，再逐渐修改细节，并且开发人员可以快速响应用户的修改意见；用户从感官上直接了解系统，将比对文字说明材料的了解更加易于接受，能够尽早暴露系统存在的设计缺陷，减少大规模返工所带来的成本上升，系统的环境适应性增加了。原型法的上述这些特征能大量节约开发时间，尽早证明系统在技术上的可行性，同时用户接触到系统的时间长，更加有利于接受系统功能，方便了系统的交接和运行维护。

（2）提高用户的满意度。原型法向用户展现了可以看得见的原型系统，这比让用户看复杂的书面说明更有意义。有时候，系统的设计错误并不是由于人为疏忽造成的，而是由于用户没有准确地表达需求或是开发人员没有正确理解用户的需求造成的，归根结底是由于双方信息的沟通存在障碍。原型法从需求分析到原型的演示都强调用户参与，原型系统通过不断地与用户交互得到了验证，说明这个系统符合用户的需求，环境的适应能力强，缩短了开发人员与用户之间的距离，系统容易得到用户的认可。原型是经过初步分析构建起来的，需要不断地修正与改进，用户和开发人员都可以在这个过程中不断学习，不苛求一次完成系统，让用户参与开发过程，找到问题，提出解决方案，也能提高用户参与系统开发的积极性和对系统的接受程度。

3. 原型法的缺点

（1）缺乏整体性。由于没有经过系统分析或是分析过程简单，系统开发缺乏整体的概念，开发过程难以监督，逐个屏幕模拟系统，容易造成各子系统接口不清楚。因此，采用这种方法应该注重对开发过程的控制。

（2）要求企业具有高水平的管理。对于管理混乱的企业，开发人员很难准确地总结出其工作流程，构造原型有一定的困难，设计者容易走上机械模仿原来手工系统的道路。

（3）缺乏规范性。采用原型法开发系统，对原型的修改频繁导致前期建立的文档很快地失效，人们索性在系统完全生成后再补充文档，使文档缺乏规范性，给后续的系统维护工作带来困难。

（4）不适用于大型系统。根据目前的支持工具状况，原型法基本上都是在进入设计阶段之后才具有开发基础。这是因为，在分析阶段直接模拟用户业务领域内的活动，从而演绎出需求模型是相当困难的。这就意味着可实现的原型都是经过设计人员加工的，设计人员的误解总是映射到原型中，因此，在对大型系统原型化的过程（原型制作、评审、反馈）中，反复次数多、周期长、成本高的问题很难解决。

三、面向对象方法

1. 基本原理

面向对象（Obect – Oriented，OO）的系统建设方法是近年来兴起的一种方法，OO 方法与原型方法有某种相同之处，同是属于自底向上思想体系的开发方法。其基本思想是：对问题领域进行自然分割，以更接近人类通常思维的方式建立问题领域的模型，以便于对客观的信息实体进行结构模拟和行为模拟，从而使设计出的系统尽可能直接地表现问题求解的过程。

面向对象方法是现实世界和人对现实世界认识的自然映射，具有其不可比拟的优势和发展潜力。但它目前还不成熟，还在发展完善中，还需借鉴和使用结构化生命周期法的许多思路和具体技术方法。所以，至少目前还是在学了结构化生命周期法后再有比较、有借鉴地学习面向对象开发方法为宜。

2. 面向对象方法的优点

（1）面向对象方法对客观世界的模拟能力强，使分析、设计和实现一个系统的方法尽可能接近人们认识系统的过程。面向对象的方法以对象为基础对系统进行分析与设计，用对象模型模拟现实世界中的概念而不强调算法，利用特定的软件工具直接完成了从对象客体的描述到软件结构的转换，解决了传统结构化方法中客观世界描述工具与软件结构的不一致问题，为认识事物提供了一种全新的思路，缩短了开发周期。

（2）采用面向对象方法开发的系统可维护性高。封装性使对象信息隐藏在局部，使用者从外部利用接口与对象进行联系，而不必关心内部的实现细节，修改对象内部不影响对对象的使用。如果对象内部产生错误，仅影响对象内部而不会波及其他对象，方便了软件设计过程中的查错、修改。类机制的独立性好，修改一个类很少会牵扯到其他类，减少了修改操作对软件其他部分的影响，降低了系统开发和维护的难度。

（3）系统具有较强的应变能力，重用性好。面向对象方法中的继承性、封装性、多态性及消息传递机制等，使软件具有可重用性、独立性、一致性、扩充性，也和组织日益增长的分布式处理、网络即时通信等要求相契合，具有广阔的应用前景。

3. 面向对象方法的缺点

（1）面向对象方法需要一定的软件支持环境才能实现。利用对象对现有业务进行分析和设计，缺乏自上而下的系统化的分析，容易造成系统结构不合理，难以对流程进行优化。

（2）对开发人员要求较高。面向对象方法的抽象程度高，要发现应用领域的全部对象，并将这种对象抽象为规范的描述，这对分析设计人员要求较高，系统分析设计人员往往不了解所要研究的问题空间，抽象类时常常难以控制抽象对象的层次、粒度，一个商品可以作为一个对象，摆满商品的货架也可以作为一个对象，究竟应该把什么抽象成对象，要根据所要解决的问题而定。

这种方法主要解决开发过程分析、设计和实现过程，对前期的系统规划环节的支持不足。

四、计算机辅助软件工程法

1. 基本思想

20 世纪 80 年代末期，计算机辅助软件工程（Computer Aided Software Engineering，CASE）方法产生了，它是从计算机辅助编程工具 4GL 及绘图工具发展而来的。CASE 并不是真正意义上的开发方法，而是由各种计算机辅助软件组合而成的综合性开发环境。在高级程序设计语言的基础上，为提高软件开发的质量和效率，利用专门的 CASE 软件工具实现其他开发方法的工作，把原来由手工完成的开发过程变成自动化或半自动化开发过程，例如将 E－R 模型转换成数据库模型。

CASE 的基本思想是系统开发过程中的每一个步骤如果可以在一定程度上形成对应关系，则可以借助专门的软件工具来实现系统开发过程。CASE 功能不尽相同，有的工具辅助系统分析和设计工作，利用这类 CASE 工具能够自动产生系统开发过程中的流程图、组织结构图、实体联系图等多种图表及说明性文档；有的 CASE 工具支持代码生成、测试和维护，将系统的规格说明转换成程序代码，例如文本编辑器、语法测试器、代码生成器、应用程序生成器等工具都属于这类工具；还有些 CASE 工具可以支持系统开发的全过程，更加体现了集成性的特点。CASE 软件很多，在实现过程中必须结合其他的开发方法，比如结构化方法、原型法或面向对象的方法等，CASE 本身只起到辅助的作用，为这些方法提供支持工具。

2. CASE 的特点

（1）CASE 方法解决了从客观对象到软件系统的映射问题，支持系统开发的全过程。CASE 工具为系统分析提供了帮助，CASE 的文本及图形编辑器帮助开发人员形成流程图及数据字典。CASE 工具使系统设计的修改变动实现了自动化，并且提供了原型设计的便利，用户容易理解。CASE 工具能自动生成程序代码，使人们集中精力进行系统分析和设计，提高系统开发的质量。

（2）缩短了系统开发的周期。使用交互式图形技术支持系统开发过程，CASE 工具的可重用技术，提高了设计工作的效率。

（3）快速地生成软件开发过程中的各种文档，减少开发人员编写文档的工作量。重用概念在 CASE 中得到了很好的应用，产生的标准化文档，提高软件各部分的重用性，这将降低重复劳动情况，提高开发效率。

（4）CASE 方法对开发人员要求高，使用 CASE 工具开发系统，开发团队的所有成员都应该遵循统一的标准及开发方法，加强相互间的交流合作，否则会阻碍工具发挥作用，降低开发效率。目前缺乏完善的 CASE 工具。

（5）CASE 仍是一个发展中的概念，CASE 软件很多，没有统一的标准。例如一些研究成果显示，CASE 能够提高开发效率；另一些研究指出，CASE 还未达到预期的效果，对开发效率的提高没有太大的帮助。因此，对于这些模糊的问题还需要不断地研究。

第三节 系统开发策略

一、开发策略

开发信息系统过程中的开发策略划分如下：

1. "自下而上" 的开发策略

"自下而上" 的策略强调从基本业务入手，自下而上逐层建立管理信息系统。从企业日常业务处理出发，先实现基层业务子系统处理功能，再实现上一层系统，这样逐层向上合并，不断增加管理/控制功能，最后将子系统建成完整系统。

"自下而上" 的策略可以很好地避免一开始就研制和建立大系统可能引发的不协调，开发灵活、快速，缺点是没有从整体系统和长远的观点考虑问题，可能导致系统功能不完善、各子系统之间的接口被疏忽，开发过程存在大量的重复工作，易导致数据的冗余和不一致。这种策略主要适合小型信息系统和局部信息系统的开发。

2. "自上而下" 的开发策略

"自上而下" 的策略强调由整体到局部、从上到下开发信息系统。先从整体出发，考虑企业的总目标规划系统，确保全局正确，然后确定完成目标需要实现哪些功能，并在总体规划的指导下将各项具体业务放到整体中考察，自上而下将系统划分成若干子系统，再把各子系统进一步分解成功能模块，这样逐层向下分解系统，最后实现系统开发。

"自上而下" 的策略强调开发过程的整体性，能很好地协调组织内部各种关系，使信息系统更实用。这种策略工作量大，系统开发费用较大，适用于大型管理信息系统的开发。

3. 综合开发的策略

在实际开发过程中，"自上而下" 和 "自下而上" 的策略并不互相排斥，可以将二者综合起来使用。"自上而下" 的策略适用于制订系统开发总体方案，进行系统的规划和分析，"自下而上" 的策略应用于系统的设计和实施，按照自下而上策略完成一个一个小的模块，在将模块连接成大一些的模块，自下而上逐步构成整个系统。综合开发的策略，既保证系统整体性，又可以减少资源的消耗，得到一个比较理想的新系统。

还可以将开发策略按照另一种方式分类，即根据系统的特点和开发工作的难易程度或者风险的大小，将开发策略分为接收式、直接式、迭代式和实验式。

二、系统开发主体的选择

管理信息系统的开发方式有自行开发、委托开发、合作开发、购买商品化软件和应用软件包二次开发五种主要方式。这些方式都有各自的特征，用户需要根据自身的状况，主要是根据项目规模、技术力量和资金情况选择适合的开发方式。

1. 自行开发方式

随着系统开发工具的不断发展及企业中掌握编程语言的人逐渐增多，一些企业开始尝试依靠自身的技术力量自行开发系统。使用这种开发方式的企业通常拥有经验丰富的技术团队，这个团队中既有出色的领导，又有经验丰富的系统分析人员、系统设计人员和程序员，在这种情况下通常考虑自行开发信息系统。

自行开发的主要优点：企业对自身的需求比较了解，避免企业外部人员调查的不全面和误解；由于了解业务情况，量体裁衣，可以将自身的管理思想融合到软件当中去，系统与现有的业务流程匹配度高，开发过程人员沟通方便，因此开发效率高，实施的成功性会更高些；经过完整的系统开发过程，本企业计算机开发应用的队伍得到锻炼；充分了解开发过程，拥有源代码，当系统使用过程中出现问题或扩充系统功能时方便维护；开发费用少。

自行开发的主要缺点：对企业信息技术人员的开发能力要求高；本企业信息技术人员的开发经验与软件公司的专业技术人员相比有一定差距，如果项目开发人员开发经验不全面将会导致系统的不规范，难以摆脱企业长期以来形成的管理方式，不易开发出一个高水平的系统；系统开发完成后，容易造成技术人力资源闲置。

2. 委托开发方式

委托开发方式是现在非常流行的软件外包的内容之一。外包源于 20 世纪 80 年代后期，是企业管理中的一种经营策略和管理手段。外包中的软件开发外包，是目前软件行业的一大流行趋势。管理信息系统的开发是一项实践性非常强的工作，开发经验是重要的开发资源，经验并非一朝一夕就能够获得的，当企业的技术力量薄弱时，通常考虑借助于社会上已有的专业力量，利用专业化资源优势，把管理信息系统的建设委托给其他单位去做。采用外包的方式一般经过下面的过程：确定项目、进行系统规划、制定项目招标书、开发商投标、选择开发商、开发商进行系统开发、验收系统、监测和评估系统。软件外包可以把整个开发工作委托给有开发经验的其他单位，或者将编程、测试等软件开发工作外包出去，有的企业甚至将计算中心的运营及网络的管理也都委托给专门的公司完成。我们这里所指的外包是开发外包，不涉及运营过程中的管理外包。在选择开发单位时，应该考察其是否开发过类似的项目，是否具有相关项目的开发经验。当确定了开发单位，则企业要与开发方签订项目协议，协议中明确系统目标、功能需求、项目时间、费用、安全与保密的需求、验收标准和售后服务等内容，避免供需双方产生纠纷。企业也应该密切配合系统开发工作，派出相关管理人员和业务人员参与开发方案的研究，监督工作进程。

委托开发的主要优点：对企业开发能力要求不高，企业本身可以不必拥有自己的开发队伍；虽然开发过程的一次性投资比较大，但是和成立专门的部门、招聘大量的信息技术专家相比较，成本还是较低的；选择具有丰富开发经验的开发商是系统成功的关键，接受委托的科研单位或软件公司通常具有丰富的项目开发经验，做出的系统规范性较好。

委托开发的主要缺点：开发方需要充分的时间了解企业的情况，即便经过充分调查也存在盲点；由于系统技术完全被开发方所掌握，系统的风险性高，对系统安全性要求高的企业不适合这种方式；在有些情况下，开发方由于不了解系统的结构，系统维护工作困难；当系统需要升级或功能发生变更时对开发方的完全依赖将导致维护成本的升高。

3. 合作开发方式

合作开发方式是指用户和经验丰富的机构或专业人员共同开发系统。通常，当企业有开发系统的能力但是能力较弱，或者缺乏经验丰富的系统分析和设计人员，或者缺少高水平的程序员，在这种情况下，企业希望通过和有经验的开发单位合作开发自己的信息系统，让企业自身的员工也参与到系统的建设中，培养自己的技术骨干。企业选择开发伙伴时，重点考虑技术实力和类似企业的开发经历。

合作开发的主要优点：充分发挥双方的优势，开发方技术力量强，用户对管理业务熟悉，双方合作可以开发出具有较高水平而又适用性强的系统；通过参与系统开发过程提高企业计算机队伍的水平,便于系统维护。

合作开发的主要缺点:在合作开发过程中,双方技术人员容易各自为政,达成共识需要更多的沟通。

4. 购买商品化软件

信息技术的快速发展,现在从事商品化软件开发的企业很多,市场商品化的软件价格在下降的同时功能却更加完善,很多企业选择购买商品化的软件套装。当系统的功能是常见功能时可以考虑购买现成的软件,例如工资系统是每个企业都会用到的,企业所用到的工资系统的基本功能比较相似,这时可以考虑从市场上购买成型的商品化软件。通常企业缺少信息技术人才,往往无法独立完成系统的开发时,可以选择软件外购模式。

购买商品化软件的主要优点:购买商品化软件最大的特点就是节省企业开发信息系统的时间;另外,商品化的软件产品专业化程度高,软件制造商为了提高自身软件在市场上的竞争力,将先进的管理思想作为开发软件的依据;软件产品上市之前经过了专业的测试,性能稳定,安全性好,购买成本相比开发成本较低。

购买商品化软件的主要缺点:商品化软件环境适应性差,难以贴合企业的实际需求。不同企业的业务过程差异大,即使是知名厂商生产的通用软件也并不一定"通用",如果企业选购的软件与本企业的实际相差甚远,容易造成投资失败,因此需要注意选择的软件产品与企业的管理思想和管理流程相契合;同时还会受到供应商企业稳定性的影响,例如供应商经营不善、倒闭将有可能导致难以获得售后服务;系统实施费用较高,系统维护困难,很多商品化软件都不开放源代码,当系统发生问题或修改系统功能时,用户自身并不能完成,只有依靠软件开发商,给系统维护造成困难,也增加了维护的成本。

三、系统开发方法比较选择

1. 各种开发方法的比较

一种好的方法是确立开发过程的有效依据,同时也能帮助企业合理地组织人力、物力和财力资源,给企业带来更多的效益。

（1）开发过程的比较。结构化法、原型法和面向对象方法都有一个分析、设计、实施的过程，只不过在有的方法中这些过程是被固化的，有的方法中是开发人员潜意识完成的。

结构化系统开发方法能够较全面地支持整个系统开发过程。采用"自上而下"的策略规划、分析和设计系统，然后"自下而上"地实现系统。强调开发过程中顺序开发，把系统开发过程划分成阶段，每个阶段有固定的步骤，首先详细调查；其次对现行系统做全方位的分析，找出不足，提出新系统逻辑模型；再次设计物理模型；最后实现系统。能够对组织的基础数据管理状态、原有信息系统、经营管理业务、整体管理水平进行全面系统的分析。

原型法强调在系统开发过程中通过循环和迭代对系统的逐步完善，与传统的结构化方法相比舍弃了大规模的系统调查、分析和设计过程，根据用户提出的要求和开发人员对系统的理解迅速开发一个原型系统，这个系统是不全面的、不完善的，用户运行并评价这个原型，提出意见再修改，反反复复，直到用户满意为止。并不是说原型法没有分析过程、设计过程，开发人员在开发过程中也会有意识地对系统进行分析和设计。原型法既可以作为一种独立开发系统的方法，又可以作为结构化方法的补充，局部被应用。

例如在系统分析结束时，可以建立一个原型系统，确认系统的需求。即用原型法代替结构化方法系统分析阶段。

面向对象的方法与原型方法有共同之处，都属于自下而上的开发方法。面向对象的方法更接近人类的思维方式，以对象为系统基本构成单位，而不是以过程为主线。先调查，然后抽象出对象和类，建立它们之间的联系，最后变成实现系统。但是在建立对象时，考虑系统目标，体现了自上而下的思想。

CASE方法支持除了系统调查之外的开发全过程，高度自动化是其主要特点。严格地讲，CASE是开发环境，需要和其他的方法相结合使用。

（2）开发成本比较。结构化开发方法成本较高，由于结构化的阶段性特征，开发周期长，各阶段工作人员的分工明确，但前阶段工作完成后交接给下一阶段的工作人员，增加了交接成本，出现问题容易互相推诿。

原型法开发时间短，开发过程使用了模拟系统，能够及早发现系统的问题，并解决问题，降低了风险，开发过程灵活，适应性强，因此成本较低。

面向对象方法以对象为基础，解决了从分析和设计到软件模块多次转换的过程，提高开发速度。另外，该方法的提供软件组件复用技术可以有效地降低开发成本、缩短开发周期。

CASE 方法利用交互式开发环境提高系统开发的时效性，解决软件支持问题，加快系统开发速度。由于其不能被称为完整的开发方法，因此无法衡量采用这种方法的开发成本。

2. 选择合适的开发方法

在前面的内容中介绍了多种系统开发方法，没有一种方法是适合所用类型的系统的开发的，因此需要根据企业自身的条件和待开发系统的特点决定采用何种方法。

（1）结构化系统开发方法是理论严谨、成功率较高的一种开发方法。结构化方法是一种经典的开发方法，强调结构化、自上向下地开发系统。特别适合管理基础好、能够较好定义需求的大型系统或复杂系统的开发。如会计系统、银行系统，这些系统的工作流程清楚、有完善的规章制度。

用户对系统需求的描述决定了系统功能，系统功能决定了系统的结构，需求模糊易变将会导致系统功能的变化，功能的变化又会引起系统结构的修改，因此不适合需求不清楚的系统开发。

（2）原型法在提高用户满意程度、提高开发速度方面具有突出的特点。小型系统或局部系统适用使用原型法，如工资系统、人事系统等，这类系统功能比较简单，系统开发人员不多。原型法同样也适用于用户需求不确定的情况，原型法很好地获得用户需求，先建立简单原型，鼓励用户增加更多的需求，对原型的细节提出修改意见，在与用户交互过程中不断完善需求。

由于其采用自下而上的策略，虽然容易被用户接受，但缺乏对系统的整体分析，对于大型系统很难辨别各部分之间的关系。对于大型的系统开发，涉及企业多个层次、多个岗位、多个流程，开发系统时需要权衡各部门的要求，进行整体设计，没有充分的系统需求分析，很难构造出原型，因此大型系统不适合这种开发方法；另外，对于存在大量运算和逻辑性很强的模块也需要详细的设计，因为这些问题不是很容易说清楚，同时人机交互较少。对于批处理系统，因其大部分是内部处理过程，也不适合原型法。如果企业原来管理基础薄弱，用户容易按照原有的工作习惯对原型提出局部、细节的修改意见，容易使开发人员走上机械模拟原手工系统的道路。

（3）面向对象方法近些年越来越多地被人们使用。面向对象方法与其他开发方法的显著区别是思维方式的不同，即从系统的基本构成入手，将现实世界中的事物抽象成对象，对象包含了数据和操作，识别对象及其联系是系统开发的基础。目前，完全使用面向对象方法实现起来有一些困难，可以把它作为系统局部功能设计的方法。

面向对象方法对开发人员的要求较高，当前在面向对象的程序方面已经有了长足的进步，难点仍然是面向对象的分析和设计。在没有进行全面系统性调查分析之前，把握这个系统的结构有困难。面向对象方法适用于各类信息系统开发，但不能涉足系统分析以前的开发环节。

（4）CASE 从严格意义上讲，只是一种自动化的开发技术，还需要和其他方法配合使用。在开发系统的过程中各种方法不是互相排斥的，在建设一个系统时，结合组织的实际情况，灵活地将上述的方法相结合，例如当系统规模较大时，可以把结构化法与原型法结合起来使用，以结构化方法为主，原型法作为补充，综合性的系统开发既可以发挥结构化法严格控制开发过程的特点，又能通过原型法"快"的特征加快系统开发速度。如果开发人员熟练掌握了某种面向对象的开发软件，则可以利用结构化方法分析和设计系统，用面向对象的方法实现系统，缩短开发周期。

思考练习题

1. 简述管理信息系统的生命周期。
2. 不同开发方法有什么优缺点？分析并比较。
3. 为什么结构化生命周期法仍具有生命力？
4. 如何看结构化方法的局限性？

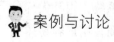案例与讨论

移动互联网时代 10 万人海尔的信息系统建设

海尔集团是全球大型家电知名企业。根据世界权威市场调查机构欧睿国际

（Euromonitor）发布的 2015 年全球大型家用电器品牌零售量数据显示，海尔大型家电品牌零售量第七次蝉联全球第一，同时，冰箱、洗衣机、酒柜、冷柜也分别以大幅度领先第二名的品牌零售量继续蝉联全球第一。海尔在全球有 5 大研发中心、21 个工业园、66 个贸易公司、143330 个销售网点，用户遍布全球 100 多个国家和地区。

从 1984 年创立开始，海尔集团经过了名牌战略、多元化战略、国际化战略、全球化品牌战略四个发展阶段，2012 年 12 月，海尔集团宣布进入第五个发展阶段：网络化战略阶段。

互联网时代的到来颠覆了传统经济的发展模式，而新模式和运行则体现在网络化上，市场和企业更多地呈现出网络化特征。在海尔看来，网络化企业发展战略的实施路径主要体现在三个方面：企业无边界、管理无领导、供应链无尺度，即大规模定制、按需设计、按需制造、按需配送。

站在互联网时代的风口浪尖，拥有 10 万员工的海尔集团在管理转型中也碰到了很多问题：

第一，组织架构庞大，如何找到关键人？海尔拥有 10 万级的用户群，人员的管理和快速找人困难，工作效率也在大大地降低。人数多，如何提升沟通效率？

第二，人数多，如何提升沟通效率？人员流动性大，员工多，员工层次参差不齐，流动性很大，员工之间没有统一的交互平台，阻碍性较大。

第三，公司政策下达难。公司定期会发布行文、通知，无法及时准确传达至一线服务人员，只能靠关键人口头转述到各个员工，信息到人机制匮乏。

第四，没有统一的平台管理移动应用。海尔内部各个业务节点及关键部门都存在自己的移动端 APP，领域不同，数目很多，缺少统一的管理；开发维护多个 APP 难度大、成本高，需要快速推出小、美、快的轻应用。

第五，没有专属的移动社交分享平台。海尔 10 万名员工，需要一个社交化的平台来构建人与人之间强的连接，形成全员分享的氛围，让各种知识、经验在公司内快速传播，帮助凝聚全员共识，激活组织文化。

为解决上述问题，海尔考虑联合金蝶软件进行云端布局，将现有的互联网资源进行整合，建成移动工作门户系统。

针对上述问题，请试着分析海尔的移动工作门户系统的开发应当考虑哪些问题？该系统应当具备哪些功能？设计哪些栏目？

第七章
信息系统战略规划

📡 学习目标

通过本章学习，要掌握信息系统战略规划的概念、内涵；理解关键成功因素和企业规划法的基本原理，掌握其中的关键技术；掌握业务流程重组的概念、要点和作用，了解其工作步骤。

第一节　信息系统战略规划概论

一、信息系统规划内涵

规划通常是指关于一个组织发展方向、环境条件、长期目标、重大政策与策略等方面的长远计划。

信息系统战略规划是基于企业发展目标与经营战略制定的，面向组织信息化发展远景的，关于企业信息系统的整个建设计划，既包含战略计划，也包括信息需求分析和资源分配。信息系统战略规划可帮助组织充分利用信息系统及其潜能来规范组织内部管理，提高组织工作效率和顾客满意度，为组织获取竞争优势，实现组织的宗旨、目标和战略。

信息系统规划包含了以下内容：其一，MIS 的目标、约束及总体结构；其二，组织的现状；其三，业务流程现状、存在的问题、流程重组；其四，对影响规划的 IT 发展预测。

二、信息系统规划模型

当前使用比较多的信息系统规划模型有诺兰的阶段模型和三阶段模型。

1. 诺兰阶段模型

1973 年美国哈佛大学教授诺兰（R. Nolan）根据大量资料和对实际发展状况的研究，提出了在一个地区、一个行业乃至一个国家中计算机应用发展的客观规律，即诺兰模型。首次提出的信息系统发展阶段理论确定了信息系统成长的四个不同阶段，到 1980 年，诺兰又把该模型扩展成六个阶段。如图 7 - 1 所示。

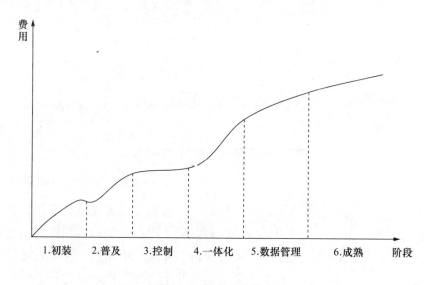

图 7 - 1　诺兰阶段模型

诺兰的阶段模型既可以用于诊断当前所处在哪个成长阶段、向什么方向前进、怎样管理对开发最有效，也可以用于对各种变动的安排，进而以一种可行方式转至下一生长阶段。虽然系统成长现象是连续的，但各阶段则是离散的。在制定规划过程中，根据各阶段之间的转换和随之而来的各种特性的逐渐出现，运用诺兰的阶段模型辅助规划的制定，将它作为信息系统规划指南是十分有益的。

2. 三阶段模型

B. Bowman, G. B. Davis 等提出的信息系统规划三阶段模型对规划过程和方法论进行分类研究，是具有普遍意义的模型。这个模型将信息系统规划活动按活动的顺序分为战略计划、组织的信息需求分析和资源分配三个部分，其相应的任务及有关方法论的分类描述如图 7 - 2 所示。

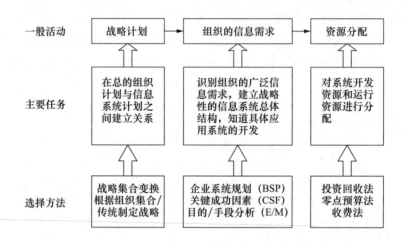

图 7 - 2　信息系统规划三阶段模型

第一阶段，制定信息系统的发展战略。信息系统服务于企业管理，其发展战略必须与整个企业的战略目标协调一致。第二阶段，要对组织中的信息需求进行分析，这一阶段进行的工作有：确定目前和规划中的组织在决策支持和事务处理方面的信息需求，以便为整个组织或其主要部门提出管理信息系统的总体结构方案。第三阶段，进行资源分配，制订主发展计划，即根据发展战略和系统总体结构，确定系统和应用项目的开发次序和时间安排。制订为实现主开发计划而需要的软硬件资源、数据通信设备、人员、技术、服务、资金等计划，提出整个系统建设的概算。预测未来发展，提供系统今后的发展、研究方向和准则。

第二节 信息系统战略规划方法与内容

信息系统规划的方法很多，常用方法有关键成功因素法、企业系统规划法、战略目标集转换法、战略数据规划法、组织计划引出法、战略方格法、目的手段分析法、投资回收法等。下面介绍两种主要的方法。

一、关键成功因素法（CSF）

1970 年哈佛大学教授 William Zani 在 MIS 模型中用了关键成功变量，这些变量是确定 MIS 成败的因素。在每一个企业中都存在着对该企业成功起关键性作用的因素，称为关键成功因素（Critical Success Factor，CSF）。关键成功因素是与那些能确保企业具有竞争能力的方面相关的因素。在不同类型的业务活动中，关键成功因素会有很大的不同；即使在同一类型的业务活动中，在不同时间内，其关键成功因素也会不同。在多数企业中，通常有 3 ~ 6 个决定企业成功与否的因素。关键成功因素法在确定企业关键成功因素和信息系统关键成功因素方面都收到了较好效果。

在 William Zani 之后，John Rockart 把 CSF 提升为 MIS 规划战略，关键成功因素法通常包含以下步骤：

第一步，了解企业（或信息系统）的战略目标。

第二步，识别所有成功因素。可采用树枝图，画出影响战略目标的各种因素以及影响这些因素的子因素。

第三步，确定关键成功因素。不同企业的关键成功因素不甚相同，James Martin 曾给出汽车工业和软件公司两类企业的关键成功因素示例。例如，汽车工业关键成功因素如下：燃料的节约措施；汽车的式样；高效供货组织；生产成本的严格控制。软件公司：产品的革新；销售和用户资料的质量；国际市场和服务；产品的易用性。

第四步，识别性能指标与标准。给出每个关键成功因素的性能指标与测试标准。例如，某企业有一个目标是提高产品竞争力，可以用树枝图画出影响它的各种因素以及影响这些因素的子因素。如图 7 – 3 所示。

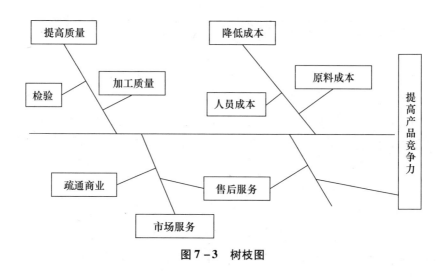

图 7 – 3　树枝图

二、企业系统规划法（BSP）

20 世纪 60 年代末，美国的 IBM 公司提出了旨在帮助企业制定信息系统规划，以满足企业近期和长期的信息需求方法——企业系统规划法。这里所说的"企业"，也可以是非营利性的单位或部门。BSP 方法主要基于用信息支持企业运行的思想，是把企业目标转化为信息系统战略的全过程。BSP 方法所支持的目标是企业各层次的目标，实现这种支持需要许多子系统。企业系统规划法包含了以下步骤：

1. 总体规划的准备工作

该阶段的主要工作包含以下几个方面：①确定总体规划的范围，一般要延伸到高层管理；②成立总体规划小组；收集数据（企业的一般情况、现行信息系统的情况）；③制订计划，画出总体规划工作的 PERT 图或甘特图，准备好各种调查表和调查提纲；④召开动员会。

2. 组织机构调查

该阶段的主要任务是要明确组织机构内的各种联系（如资料传递关系、资金流动关系、物资流动关系等)、组织职能、组织主要活动和存在的问题。

3. 定义管理目标

该阶段的主要任务是采访各级管理部门,帮助他们提炼、归纳、汇总目标,绘制出目标树。

4. 定义业务过程

业务过程是指企业管理中必要的、逻辑上相关的、为了完成某种管理功能的一组活动。定义业务过程是企业系统规划法(BSP)的核心。该阶段的主要任务是找出哪些过程是低效的,需要运用信息系统的辅助优化处理的;哪些过程是不适合计算机信息处理的,应当取消的或进行重组的。

对业务过程的定义要识别业务过程的三个主要来源:计划/控制、产品/服务和支持资源。定义业务过程的步骤如图7-4所示。

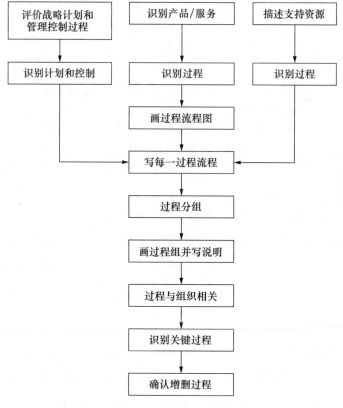

图7-4 定义业务过程

5. 定义数据类

数据类是指支持业务过程所必需的逻辑上相关的数据。该阶段分别从各项业务过程的角度将与该业务过程有关的输入数据及输出数据按逻辑相关性整理出来归纳成数据类。

（1）定义数据类的基本方法有实体法和功能法。

其一，实体法。与企业有关的可以独立考虑的事物都可定义为实体，如客户、产品等。每个实体可用四种类型的数据来描述，即文档型、事务型、计划型、统计（汇总）型。把实体和数据类放在一张表上，得到实体/数据类矩阵，如表7-1所示。

表7-1 实体/数据类矩阵

实体数据类	产品	客户	设备	材料	资金	人员
计划	产品计划	市场计划	设备计划	材料需求	预算	人员计划
统计	产品需求	销售历史	利用率	需求历史	财务统计	人员统计
文档	产品规范	客户	工作负荷	原材料组成表	财务会计	职工档案
事务	订货	发送记录	进出记录	采购记录	应收业务	人事调动

其二，功能法。每个功能都有相应的输入和输出的数据类型。对每个功能标出其输入、输出数据类，与第一种方法得到的数据类比较并进行调整，最后归纳出系统的数据类。如图7-5所示。

（2）功能/数据类矩阵（U/C矩阵）。对数据类进行定义之后，需要描述数据与业务过程之间的关系，具体用功能/数据类矩阵（U/C矩阵）来表示。行表示数据类，列表示业务过程，并用U（user）和C（create）来表示过程对数据类的使用和产生。图7-6为企业内各项管理功能组与数据类之间的U/C矩阵。

6. 定义信息结构

首先，调整U/C矩阵，使"功能"这一列按功能组排列，每一功能组中按资源生命周期的四个阶段排列。其次，排列"数据类"这一行，使矩阵中C最靠近主对角线。因为功能的分组并不绝对，在不破坏功能成组的逻辑性基础上，

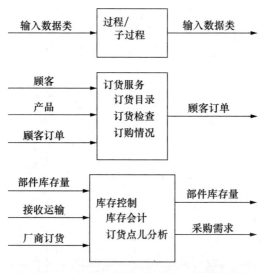

图7-5 订货服务过程与库存控制过程数据类

数据类\功能	客户	订货	产品	加工路线	材料表	成本	零件规格	原材料库存	成品库存	职工	销售区域	财务	计划	设备负荷	材料供应	工作令
经营计划						U						U	C			
财务规划						U				U		U	C			
产品预测	U		U								U		U			
产品设计开发	U		C			U	C									
产品工艺			U			C	U	U								
库存控制								C	C						U	U
调度			U											U		C
生产能力计划				U											C	U
材料需求			U			U									C	
作业流程				C										U	U	U

图7-6 企业内各项管理功能组与数据类之间的U/C矩阵

功能\数据类	客户	订货	产品	加工路线	材料表	成本	零件规格	原材料库存	成品库存	职工	销售区域	财务	计划	设备负荷	材料供应	工作令
销售区域管理	C	U														
销售	U	U	U													
订货服务	U	C	U								C					
发运		U	U						U							
会计	U		U							U						
成本会计		U				C										
人员计划										C						
人员招聘考核										U						

图 7-6　企业内各项管理功能组与数据类之间的 U/C 矩阵（续）

可以适当调配功能分组，使 U 尽可能靠近主对角线。再次，画出功能组对应的方框，并命名，这就是子系统，见图 7-7。最后，确定子系统实施顺序。由于资源的限制，系统的开发总有个先后次序，而不可能全面开发。划分子系统之后，根据企业目标和技术约束确定子系统实现的优先顺序。一般来讲，对企业贡献大的、需求迫切的、容易开发的优先开发。

7. 计算机逻辑配置方案

总体规划的后期，要考虑计算机逻辑配置方案。这是从系统需求的角度提出对计算机配置的基本要求，而不涉及具体硬件型号。计算机逻辑配置方案设计从以下几个方面考虑：

（1）客观条件约束。包括资金、原有计算机系统、技术力量（开发和维护）。

（2）处理方式。应确定为实现系统要求，采取实时处理还是批处理。

（3）联机存储量。包括应用软件、系统软件体积，信息系统联机存储数据量。一般应在估算上加 50% ~100% 作为联机存储量。

	功能	计划	财务	产品	零件规格	材料表	原材料库存	成品库存	工作令	设备负荷	材料供应	加工路线	客户	销售区域	订货	成本	职工
经营计划	经营计划	C	U													U	
	财务计划	C	U													U	U
技术准备	产品预测	U		U									U	U			
	产品设计开发			C	C	U							U				
	产品工艺			U	U	C	U										
生产制造	库存控制						C	C	U		U						
	调度			U					C	U							
	生产能力计划									C	U	U					
	材料需求			U	U						C						
	作业流程								U	U	U	C					
销售	销售区域管理			U									C	U			
	销售			U									U	C	U		
	订货服务			U									U		C		
	发运			U				U							U		
财会	会计			U									U				
	成本会计														U	C	
人事	人员计划																C
	人员招聘考核																U

图 7-7　调整后的 U/C 矩阵

（4）设备。包括终端类型及数量、打印机类型及数量、绘图设备等。

（5）软件。包括操作系统、数据库管理系统、高级程序语言、软件包、汉字处理系统等。

第三节　企业业务流程重组

一、业务流程重组概述

在对业务流程进行描述之前，首先要明确一个基本概念——活动，活动是流程的组成单元，具有边界清晰、自封闭、可执行的特点。流程的组成要素有活动、活动之间的连接方式、活动承担者和完成活动的方式等。

在价值流的思想下，将一组共同为客户创造价值而相互关联、具有逻辑性、变动性、时序性的活动称为业务流程。如仓库收货的业务流程：保管员验收货物并作记录、通知采购员、签收货物发运单、填写入库单并入库、分发入库单、填写送验单等。

企业流程重组（Business Process Reengineering，BPR）是 20 世纪 90 年代初由美国学者哈默（Michael Hammer）和钱皮（James Champy）等提出的一种观念。BPR 的思想一经提出，立即引起美国舆论的广泛注意，成为管理学界的一个重大成就。

哈默和钱皮对企业流程重组的定义：对企业过程进行根本的再思考和彻底的再设计，以求企业当代关键的性能指标（成本、质量、服务和速度）获得巨大的提高。这里描绘 BPR 用了三个关键词：根本的、彻底的和巨大的。

"根本的"是指不是枝节的，不是表面的，而是本质的，也就是说它是革命性的，是对现存系统进行彻底的怀疑。认为"现存的均是不合理的"。按照美国的说法是：在管理科学家的眼里，美国现在所有政府和企业的管理均是"一无是处"。所有这些均是强调要用敏锐的眼光看出企业的问题。只有看出问题，看透问题，才能更好地解决问题。

"彻底的"是指要动大手术，是要大破大立，不是一般性的修补。正像我国政府改革那样，先转变职能，再精简组织，只有这样才能彻底。

"巨大的"是指成十倍、成百倍的提高，而不是改组了很长时间，才提高 20% ~ 30% 。例如有的企业人员减到只剩 10%，产量提高 10 倍，总体效益就提高了百倍。有的企业在 2～3 年内营业额由上亿元猛增到百亿元。这种巨大的增长是在原来线性增长的基础上的一个非线性跳跃,是量变基础上的质变。抓住跃变点对 BPR 是十分关键的。

在传统的劳动分工下,企业业务流程被分割为一段段的环节,每一环节仅关心该环节的单个任务或工作,而不是整个系统的全局最优;在管理信息系统的建设过程中,如果单纯用计算机系统去模拟原手工管理系统,无法从根本上改变企业的管理现状,更无法提高企业的竞争能力。重组企业流程,一方面通过应用信息技术,改变原有的信息采集、加工和使用方式,从而达到改变信息质量,信息获取途径和传递手段;另一方面,按信息处理的特点,发现现有流程中存在的问题,重组流程,从而可以有效提高企业运作效率。

因此,企业流程再造通过两种手段实现:一是信息技术;二是组织变革。

二、业务流程重组步骤及原则

1. 业务流程重组步骤

业务流程重组须建立一个企业职能运作的过程模型,分析各业务部门之间的相互关系,减少冗余过程,使业务部门更高效率地运作。流程重组的专家们归纳出企业过程再造的五个主要步骤:

(1)建立企业目标。高层管理者要树立明确的实施业务流程重组的战略目标(如降低成本、加速新产品开发、使企业成为行业巨头)。

(2)找出需要重新设计的过程。企业应找出几个最有可能产生极大回报的核心业务过程进行重新设计。低效的过程一般具有如下特征:过多的数据冗余和信息重复输入;处理例外和特殊情况需花费较多时间或大量时间用于纠错和重新工作上。分析人员应找出哪些组织职能和部门与该业务过程有关以及该过程需如何变革。

(3)了解并衡量现有过程的绩效。例如我们假设重新设计的过程目的是减少新产品开发或填写一份订单所需的时间和成本,那么组织就需要测出原有过程所花费的时间和成本。可以采用列表方式进行业务流程重组工程的量化分析。

(4)确定应用信息技术的机遇。设计系统常规的方法是先确定业务职能或过程的信息需求,然后确定如何通过信息技术来支持这些需求。信息技术能够创造出新的设计，即帮助组织进行流程重组，它能够应付那些束缚企业实现其长期目标的工作所提出的挑战。业务流程重组从开始就应该允许信息技术对企业过程设计产生影响。

（5）建立一个新过程的原型。组织应在实验的基础上设计这个新过程，在重新设计的过程获得批准之前，还要进行一系列的修订和改进。

2. 企业流程重组原则

其一，以过程管理代替职能管理，取消不增值的管理环节。
其二，以事前管理代替事后监督，减少不必要的审核、检查和控制活动。
其三，取消不必要的信息处理环节，消除冗余信息集。
其四，以计算机协同处理为基础的并行过程取代串行和反馈控制管理过程。
其五，用信息技术实现过程自动化，尽可能抛弃手工管理过程。

三、业务流程重组要点

1. 面向作业流程

作业流程是指进行一系列活动，即进行一项或多项投入，以创造出顾客所认同的有价值的产品。在传统劳动分工的影响下，作业流程被分隔成各种简单的任务；经理们将精力集中于个别任务效率的提高上，而忽略了最终目标，即满足顾客的需求。而实施企业流程重建，就是要有全局的思想，从总体上确认企业的作业流程，追求全局最优，而不是个别最优。企业的作业流程可分为核心作业流程和支持作业流程。

2. 面向顾客

企业流程重建诞生在美国是有其必然性的。长期以来，美国企业以技术为主，忽视了顾客的核心地位，故难以适应瞬息万变的市场环境。回顾历史，战后美国在世界经济格局中举足轻重，长期缺乏竞争对手，便将精力大量投入到学院式基础研究中，走上了一条技术推动型道路。而日本则相反，它以科研为生产服务，因此到了20世纪80年代，日本的竞争力已经大大加强，并在机械、钢铁、汽车、化工等美国传统优势行业显示出明显的优势。正如前文所说，顾客的选择范围扩大、期望值提高，如何满足客户需求、解决"个性化提高"和"交货期缩短"之间的矛盾，已成为困扰企业发展的主要问题。实施企业流程重建如同"白纸上作画"，这张白纸仍是为顾客准备的，首先应当由顾客根据自己的意思填满，其中包括产品的品种、质量、款式、交货期、价格、办事程序、售后服务等，然后企业围绕顾客的意愿，开展重建工作。这是成功的关键，因此必须投入大量的精力。例如有的企业为了能充分了解顾客和市场，甚至在企业流程重建小组中吸纳几名顾客来开展工作。通过这些顾客的反馈信息，企业可以及时调整重建方向，以避免企业流程重建的结果与其意愿相违背。

3. 结合信息技术

企业流程重建是一种思想，而信息技术是一种技术；企业流程重建可以独立于信息技术而存在，这种独立是相对的，在企业流程重建由思想到现实的转变过程中，信息技术起了一种良好的催化剂作用。

IBM 信贷公司是为 IBM 公司的计算机、软件销售和服务提供金融支持的企业，其传统的作业流程如下：销售人员通过电话请求资金支持，电话由专人记录，并交至信用评级部，再转给营业部修改贷款协议，然后由信贷员确定利率，最后由工作组制定报价单，之后再交给销售员，整个流程要花费 7 天。对这种作业流程有两种改造方案：一种方案是运用计算机技术，将有关信贷申请的 5 个相关部门联网，而原流程不变，这种改革将减少 10% 的文件传递时间；另一种方案是取消专职办事员，而由通职办事员对整个过程负责，这样根本无须信息传递。该公司最后采用了第二种方案，运作效率得到很大提高，处理时间由 7 天减少到 4 小时。

由这个例子不难看出，实施企业流程重建不是单纯的技术问题，而是一种思维方式的转变。但多数企业却将信息技术镶嵌于现有的经营过程中，他们想的是"如何运用信息技术来改善现有流程"，却没有从根本上考虑"我们要不要沿用现有的流程"。其实，后者才是企业流程重建的观点，它不是单纯地搞自动化，不是单纯地用技术来解决问题，而是一种管理创新。

那么，有没有不需要信息技术的企业流程重建项目呢？理论上应该是有的。但从全球范围来看，随着国际互联网（Internet）、企业内部网（Intranet）和电子商务（Electronic Business）的飞速发展，信息技术正广泛而深入地介入我们的生活，改变着我们的生活方式和思维模式，在这种情形下，想脱离信息技术而完成企业流程重建几乎是不可能的。若把企业流程重建比作一种化学反应，那么信息技术就是催化剂，离开了它，反应虽可进行，但却难以达到理想的效果。

正因为如此，合理利用信息技术已成为企业流程重建的难点和要点所在。

四、业务流程重组的阶段

William J. Kettinger、Subashlsh Guha、James T. C. Teng 等利用生命周期法进行了美国箭牌公司的业务流程重组，并取得了比较好的效果。依据这次业务流程重组的经验以及众多企业和咨询公司所采用的 BPR 方法，将流程重组的阶段进行归纳和总结，概括为下面七个阶段的工作。

1. 远景构思

企业高层主管应当从企业战略的高度来考虑 BPR。在项目启动第一阶段，高层主管就应该考虑 BPR 的必要性：过去的流程是否需要做根本性的改变？是否能发现业务创新的机会？项目需要达到怎样的目标？只有对这些问题有了清晰的认识，才能推动后续的流程改造有条不紊地进行。

2. 项目启动

在此阶段需要完成将企业流程再造的决定通知股东、成立 BPR 项目领导小组并制订详细的项目规划、制订项目实施计划和预算等前期工作。

3. 流程诊断

对现有流程和子流程进行建模和分析，诊断现有流程，发现流程中的"瓶颈"，为流程再造定义基准。尽管一些专家认为 BPR 不应当拘泥于当前流程，但在实际工作中，忠实地描述现有流程，在此基础上寻找流程再造的突破口还是最直接的方法。

4. 设计新流程

在分析原有流程的基础上，设计新的流程原型并设计支持新流程的 IT 架构。此阶段的主要任务包括：定义新流程的概念模型、设计新流程原型和细节、设计与新流程配套的人力资源结构、分析和设计新的信息系统。

5. 实施新流程

在此阶段，新旧系统要进行切换、要对员工进行新系统应用的培训、新的企业运作机制也在这一阶段逐步形成；另外，新流程是否可靠、方便、完善，还有待于这一阶段的检验。在 BPR 实践中得到的经验：在此阶段，工作方式的变革容易产生一些困惑，需要通过管理层、项目组和员工之间的广泛沟通来消除矛盾。

6. 流程评估

业务流程再造结束后，就可以根据项目开始时设定的目标对当前流程进行评估，看新的流程是否达到了预期目标。

7. 持续改善

一次 BPR 项目的实施并不代表公司改革的任务完成，整个企业的绩效需要持续改善才能实现。这种持续的改善实际上就是不断对流程的分析和改变。

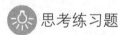 思考练习题

1. 如何进行系统结构的划分？
2. 系统战略规划方法有哪些？如何应用？
3. 如何调整 U/C 矩阵？
4. 如何进行业务流程重组，主要步骤包含哪些？
5. 在业务流程重组的七个阶段中，分别完成什么任务？

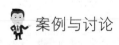 案例与讨论

福特汽车财会部的付款业务流程重组

北美福特汽车公司财会部如何再造其应付账款业务流程以减少其管理费用，

是 BPR 最经典的案例之一。福特汽车公司是美国三大汽车巨头之一，但是到了 20 世纪 80 年代初，福特像许多美国大企业一样面临着日本竞争对手的挑战，正想方设法削减管理费和各种行政开支。

北美福特汽车公司 2/3 的汽车部件需要从外部供应商购进，为此需要有相当多的雇员从事应付账款管理工作，当时，公司财会部有 500 多名员工，负责审核并签发供应商供货账单的应付款项。按照传统观念，这么大一家汽车公司，业务量如此之大，有 500 多名员工处理应付账款是合情合理的。

促使福特公司认真考虑"应付账款"工作的是日本马自达汽车公司。这是一家福特公司占股 22% 的参股公司，有 5 位职员负责应付账款工作。尽管两个公司在规模上存在一定差距，但按公司规模进行数据调整后，福特公司仍多雇用了 5 倍的员工，5∶500 这个比例让福特公司的经理再也无法泰然处之了。福特公司决定对与应付账款相关的整个业务流程进行彻底重组。进行业务重组之前，管理人员计划通过业务流程重组和应用计算机系统，将员工裁减到最多不超过 400人，实现裁员 20% 的目标。

福特汽车公司原付款流程：财会部门接受采购部门送来的采购订单副本、仓库的验货单和供应商的发票，然后将三张票据在一起进行核对，查看其中的 14 项数据是否相符，核对相符后，财会部门才予以付款。财会部门要花费大量的时间核对三张单据上 14 项数据是否相符。

分析福特公司原来的业务流程，并绘制业务流程图。思考福特公司为解决现有流程问题，如何进行业务流程改造？

第八章
系统分析

学习目标

本章要求了解系统分析的任务和目的；掌握系统分析的步骤和每一步应产生的成果；能分析并画出具体的组织结构图、管理功能图；能分析并画出具体的业务流程图、数据流程图；了解数据字典和复杂处理逻辑的描述方法；了解新逻辑方案和系统分析报告的主要作用和内容。

第一节　系统分析概述

一、系统分析的任务和目的

系统规划阶段已对现行系统进行了宏观的调查，还不能作为系统设计阶段的设计依据。系统分析是在系统规划的指导下，对系统进行深入详细的调查研究，确定出新系统的功能方案，为系统设计阶段提供具体的设计依据。

系统分析的主要任务是在充分认识原有手工系统或信息系统的基础上，通过问题识别、可行性分析、详细调查、确定新系统的管理模式和管理模型，最后完成新系统的逻辑方案设计，或称逻辑模型设计。逻辑方案不同于其后系统设计阶段的物理方案，系统分析的任务是解决"做什么"的问题，它侧重于从业务全过程的角度进行分析；而系统设计的任务是解决具体"怎样做"的问题。

系统分析的目的是将用户的需求及其解决方法和内容分析清楚并确定下来。这些需要确定的内容如下：开发人员对现有组织管理状况的了解；用户对信息系统功能的需求；业务和数据的流程是否通畅，是否合理；管理功能和管理数据之间的关系和指标体系；老系统管理模式改革和新系统管理方法的实现是否具有可行性等。系统分析确定的内容是今后系统设计、系统实施的基础。

二、系统分析的主要步骤和内容

系统分析阶段的主要步骤有系统初步调查、可行性分析、管理业务调查、数据流程分析和系统逻辑方案的提出。每一步骤的目标、关键问题及主要成果如表8-1所示。表中各步骤的主要成果是系统设计的重要文件，特别是可行性分析报告和系统分析说明书更为重要。可行性分析报告是系统任务可否下达的决策依据。系统分析说明书既是整个系统分析阶段的分析总结，也是系统分析人员和用户交流的重要手段，更是系统设计阶段的重要依据。

表 8-1　系统分析的主要步骤和内容

步骤	内容	成果
(1) 初步调查	现行系统的调查 是否开发新系统？了解资源约束情况	系统开发建议书
(2) 可行性分析	系统开发的管理可行性、经济可行性及技术可行性研究，制定系统开发初步方案与开发计划	可行性分析报告、系统设计任务书（或签合同书）
(3) 管理业务调查	组织结构调查 管理功能调查 业务流程调查与分析	组织结构图 管理功能图 业务流程图
(4) 数据流程分析	数据的详细分析，现有系统的功能、业务流程和数据流程要做哪些改变	数据流程图 数据字典
(5) 新系统逻辑模型的建立	对业务流程和数据流程优化，形成面向计算机的功能流程图和数据流程图	优化后的系统流程图和数据流程图
(6) 系统分析报告	撰写系统分析报告	系统分析报告书

上述各步骤完成之后都有相应的决策活动，即评审工作，如果通过评审则可以进入下一步骤。

三、业务调查的方法

调查的方法多种多样，经常使用的有以下几种：

1. 发放问卷调查

发放问卷调查法可以用来调查系统普遍性的问题。由初步调查结果可得到组织的基本情况。

2. 召开调查会

这是一种集中调查的方法，适合于了解宏观情况。

3. 参加业务实践并收集原始单证和数据

开发人员亲自参加业务实践，不仅可以获得第一手资料，而且便于开发人员和业务人员的交流，使系统的开发工作接近用户，用户更了解新系统。对于复杂的计算过程如能亲自动手算一算，对以后设计和编写程序设计说明书都是很有益的一步。一个好办法是在这个阶段收集出一套将来可供程序调试用的原始单证、实际数据和输入输出表格等，并加以分类、标记说明，这对系统设计的具体设计和实施阶段的编写程序、考核程序的正确性很有用处。

4. 查阅组织内外部的有关资料

可从不同角度调查组织所在领域的规则、职责、组织的经营情况等。

5. 特殊问题的专题调查

对于某些特殊问题或细节的调查，可对有关的业务人员作专题访问，仔细了解每一步骤、方法等细节。

6. 不同用户和管理人员向开发人员介绍情况

对于有些开发人员没有考虑到的，又对系统研发有影响的问题，也要及时提醒用户和管理者主动向开发人员介绍情况，避免遗漏。

第二节　初步调查和可行性分析

一、初步调查

由于开发管理信息系统的需求一般是由用户提出的，通常用户缺乏对管理信息系统的全面认识，而且他们不能提出定量的目标。因此，为了避免开发工作的盲目性和风险性，必须首先对组织进行初步调查、问题识别、确定系统目标，并作可行性分析。此时，还没有进入全面的开发工作，所做的调查只是为了作可行性分析之用，因此，调查工作不需要过于详尽，只要粗略地对组织的概况做些调查就够了。可见，初步调查阶段的主要任务就是要明确系统开发需要解决的主要问题和目标，论证系统开发的必要性和可能性（从系统分析人员和管理人员的角度看新系统有无必要和可能性）。

调查内容包括组织全貌和信息需求情况两个方面：

1. 组织全貌

组织全貌包括概况、组织目标、现行系统情况、简单历史、人员基本情况、面临的问题、中长期计划及主要困难等。如果是企业，还可调查了解产品、产值、利税、体制及改革情况等。

2. 信息需求情况

信息需求情况是指组织的各职能部门需要管理的数据、各部门产生的数据及频度等。另外，还要调查了解组织内外部环境的信息及信息源。

调查方法可采用询问、开调查会、实习和查阅有关资料等。

二、可行性分析

开发新系统的要求往往来自于对原系统的不满，原系统可能是手工系统，也可能是正在运行的信息系统。由于存在的问题可能涉及各个方面，内容分散，甚至含混不清，这就要求系统分析人员针对用户提出的各种问题和初始要求，对问题进行识别，通过可行性分析确定开发新系统的必要性。

1. 可行性分析的任务和内容

可行性分析的任务是明确开发应用项目的必要性和可行性。必要性来自实现开发任务的迫切性，例如，企业如能尽快开发信息系统将给企业带来较大的经济效益或提高产品质量等。而可行性则取决于企业是否具备开发信息系统的资源和条件。这项工作需建立在初步调查的基础上。如果领导或管理人员对信息系统的需求不迫切，或者条件尚不具备，就是不可行，不能盲目开发新系统。

可行性分析包括以下内容：

（1）管理上的可行性。指管理人员对开发应用项目的态度和管理方面的条件。通常，新项目的研发必须得到主管领导的支持，因为信息系统的研发涉及企业的人、财、物等各种资源，没有主管领导的支持是不能进行的（为此，俗称"一把手"工程）。如果高中层管理人员的抵触情绪很大，也有必要等一等，积极引导，找出问题，创造条件。管理方面的条件主要指管理方法是否科学，相应管理制度改革的时机是否成熟，规章制度是否齐全以及原始数据是否完备等。

（2）技术上的可行性。指应分析当前的软件、硬件和通信技术能否满足对系统提出的要求，如增加存储能力、实现通信功能、提高处理速度等。此外，还要考虑开发人员的水平，因信息系统属于知识密集型的系统，对技术要求较高，如果缺乏足够的技术力量和研发经验，或者内外部技术人员配合不当，则难以成功。

（3）经济上的可行性。指预估费用支出和对项目的经济效益进行评价。在预估费用支出时，不仅要考虑计算机和通信设备费用，而且要考虑外围设备费用、软件开发费用、人员培训费用和将来系统投入运行后的日常费用，如管理、维护、通信费用和备品费用。经济效益应从两方面综合考虑：一方面是可以用钱衡量的显性效益，如加快流动资金周转，减少资金积压等；另一方面是难以用钱表示的隐性效益，如提供更多的更高质量的信息，提高取得信息的速度、提高组织的信誉等。

除以上三方面外，也可根据预开发系统的特点进行社会可行性、环境可行性等方面的分析。

2. 可行性分析的报告

可行性分析的结果要用可行性分析报告的形式编写出来，包括内容如下：系统简述；项目的目标；所需资源、预算和期望效益；对项目可行性的结论。

可行性分析结论应明确指出以下内容之一：可行，立即开发；条件暂不成熟，推迟开发；现行系统仍能满足要求，没有必要开发新系统；不能成功，不可行。

可行性分析报告要尽量取得有关管理人员的一致认识，并在主管部门批准之后方可实施，进入对系统进行详细调查的阶段。

第三节 管理业务调查

管理信息系统的本质是基于现代信息技术的信息处理系统，是提高管理水平的一种手段和工具。要达到提高管理水平的目的，开发人员还必须对现行管理业务的组织结构、管理功能和管理业务流程等展开详细调查。另外，管理信息系统的运行离不开环境的影响，所谓环境，指不包括在本系统之中但又对本系统产生较大影响的因素的集合。管理系统是信息系统的环境，所以，管理信息系统的运行环境也必须在调查之列。这里的环境可包括组织结构、规章制度以及管理人员的素质等。

一、组织结构调查

组织结构指的是一个组织（部门、企业、学校等）的组成以及这些组成部分之间的隶属关系，可用"组织结构图"来描述。通过了解组织结构可掌握各平行部门之间、各上下级部门之间的业务关系和信息流关系，也可初步了解哪些部门需要信息系统的技术支持。如图 8 – 1 所示。

二、管理功能调查

组织结构图虽然表示出了组织内部上下级关系，但对组织内部不同部分的联系情况、具体业务职能以及所承担的工作无法清晰地描述。这会对后续的业务流程以及数据流程分析带来困难。在这样的情况下，组织/业务关系的分析（组织/业务关系图）可以具体反映组织内各部分在承担业务时之间的联系。

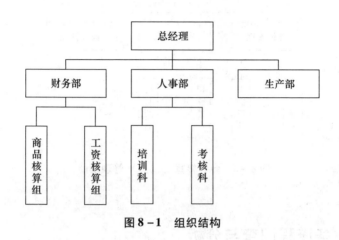

图 8-1 组织结构

在组织/业务关系图中，行表示组织名称，列表示业务过程名，中间具体填写不同组织的业务过程中的作用，如表 8-2 所示。

表 8-2 组织/业务关系

功能	序号	联系的程度业务	计划科	质量科	设计科	工艺科	机动科	总工室	研究所	生产科	供应科	人事科	总务科	教育科	销售科	仓库	……
功能与业务	1	计划	*					√							×	×	
	2	销售		√											*	×	
	3	供应	√							×	*					√	
	4	人事										*	√	√			
	5	生产	√	×	×	×		*							√	√	
	6	设备更新				*	√	√	√	×							
	7	……															
……	……																

注：*表示该业务是对应组织的主要业务（即主持工作的单位）；×表示该单位是参加协调该业务的辅助单位；√表示该单位是该业务的相关单位（即有关单位）；空格表示该单位与对应业务没有关系。

通常使用管理功能图来表示组织中的管理功能和层次关系，如图 8-2 所示。

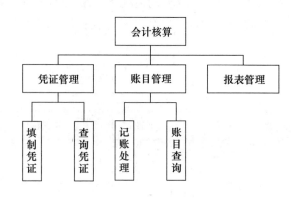

图 8-2　会计核算（部分）管理功能

三、业务流程调查与分析

业务流程分析的主要任务是调查系统中各环节的管理业务活动，掌握管理业务的内容、作用及信息的输入、输出、数据存储和信息处理方法及过程等，为建立 MIS 数据模型和逻辑模型打下基础。在此基础上，用尽量标准的符号描述出来，绘制成现行系统业务流程图（Transition Flow Diagram，TFD）。

业务流程图描述了管理系统内各单位、人员之间的业务关系，作业顺序和管理信息流向的图表。它用一些规定的符号及连线表示某个具体业务的处理过程，帮助分析人员找出业务流程中的不合理流向，反映现行系统各机构的业务处理过程和它们之间的业务分工与联系，以及连接各机构的物流、信息流的传递和流动关系，体现现行系统的界限、环境、输入、输出、处理和数据存储等内容。

有关业务流程图的画法，目前尚不太统一。但仔细分析后会发现这些图大同小异，只是在一些具体的规定和所有的基本符号上不太一致，而在反映业务流程方面是一致的。

业务流程图的基本符号有六个，有关解释可以直接用文字标于图内。基本符号如图 8-3 所示。

如会计核算系统的业务流程如图 8-4 所示。

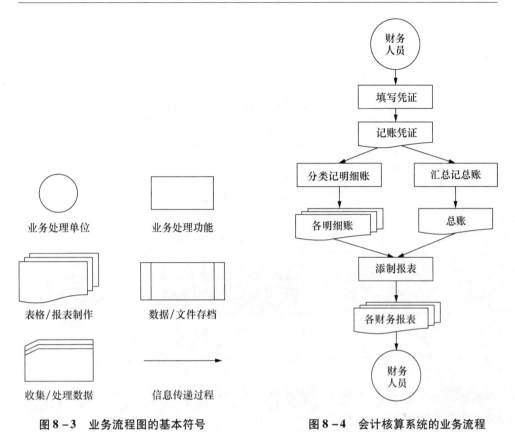

图 8 - 3　业务流程图的基本符号　　　　图 8 - 4　会计核算系统的业务流程

高校的教学及招生管理业务流程图，学生入学前高校各系部专业教研室要制订教学计划，教学计划由各系部讨论，主任审核后上报教务处，由教务处组织进行全校讨论，协调各专业的教学计划，最后形成综合教学计划下达各系部。各系部根据教学计划选购教材，根据教学计划排课，课表最后下发至教师及学生手中。学生入学后登记他们的基本情况报各系部，然后再上报至教务科，教务科将这些报表与招生办公室的名单情况进行核对，无误后存档以备使用。期末考试结束后，教师将学生成绩单录入，各系部将学生成绩归档并进行学籍处理。然后将成绩及处理结果报教务科审批，对学生成绩进行统一后，打印出异动情况：缓考及补考名单，下至各系部。学生毕业时，根据学籍情况打印出每个学生的毕业生登记表，下达至用人单位、教委和校长。业务流程如图8 - 5所示。

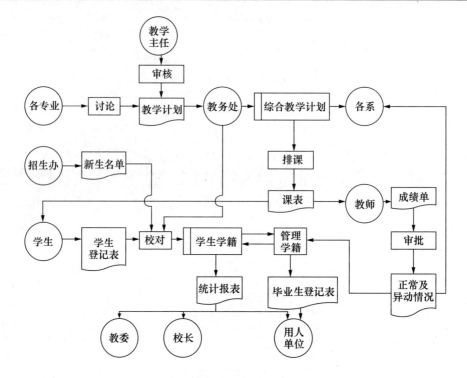

图 8-5 高校的教学及招生管理业务流程

第四节 数据流程调查分析

一、数据流程

数据流程分析是把组织内部手工或原信息系统中数据的流动情况抽象地独立出来，舍去具体组织机构、信息载体、处理工具、物资、材料等，单从数据流动过程来考察实际业务的数据处理模式。数据流程分析主要包括对信息的流动传递、处理、存储等分析。数据流程分析的目的是发现和解决数据流程中的问题。这些问题可能使数据流程不通畅，前后数据不匹配，数据处理过程不合理等。一个畅通的数据流程是新系统未来用以实现这个业务处理过程的基础。

数据流程分析方法（Data Flow Diagram Analysia，DFDA）源于结构化分析，是一种以数据流程图技术为基础的、自上向下、逐步求精的系统分析方法。

数据流程分析的核心特征是"分解"和"抽象"。所谓分解，是指将一个复杂的问题按照内在的逻辑，划分为若干个相对独立的子问题，从而简化复杂问题的处理。所谓抽象，是指将若干具有某些相似性质的事物的公共之处概括出来，暂时忽略其不同之处，或者说，抽象是抽象出事物的本质特征而暂时不考虑它们的细节。

例如，S 被分解为 S1、S2、S3 三个子系统，S1、S2、S3 又被分解为 S11、S12、S13、S21、S22、S31、S32……如果子系统仍然比较复杂，还可以再进一步分解。如此下去，直到每个子系统足够简单、能清楚地被理解和表达为止。

二、数据流程图

1. 数据流程图介绍

数据流程分析是通过分层的数据流程图或称为数据流图来实现的。数据流程图就是用图示的方法说明系统由哪些处理部分组成，以及各处理部分之间的联系、数据来源及去向。它描述了一个系统与具体实现无关的整体框架，是理解和表述系统的关键工具。数据流程图将数据从数据流程中抽象出来，通过图形方式描述信息的来龙去脉和实际流程。数据流程图描述了系统的本质、数据内容及处理功能，但并不关心功能如何实现，所以称为逻辑模型或概念模型。

数据流程图（Data Flow Diagram，DFD）作为一个主要工具，是表明系统的数据输入、处理、输出和储存情况的图表，能全面地描述信息系统逻辑模型，用少数几种符号综合地反映出信息在系统中的流动、处理和存储情况，具有一定的抽象性和概括性。数据流程图用到四个基本符号，即外部实体、处理过程、数据流和数据存储。基本符号如图 8-6 所示。

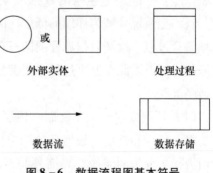

图 8-6 数据流程图基本符号

外部实体是指本系统之外的人或部门及其他子系统，它们与本系统有信息传递关系，即向本系统发送数据或从本系统接收数据。在方框内要标注外部实体的名称。为了避免在一张数据流程图中线条的交叉，同一外部实体可以出现若干次。

数据流即数据传输方向。数据流表示数据的流动情况，它既可以是一项数据，也可以是一组数据（如订货单、往来账款等）。数据流实际意味着各种各样的信息传输，如数据的传递、抽取、存入等。通常在数据流符号的上方标明数据流的名称。

处理过程是一个对输入数据流进行加工、交换和输出数据流的逻辑处理过程。如果将数据流比喻成工厂中的零部件传送带，数据储存是零部件的储存仓库，那么每一个加工工序就相当于数据流程图中的处理过程（功能）。一般用一个长方形来表示处理逻辑，图形下部填写处理的名称（如开发票、出库处理等），上部填写唯一标识该处理的标志。

数据存储是指对数据记录文件的读写处理，同时标明存储数据的地方（如数据文件、文件夹、账本等）。通常用右边开口的长方形条表示，右部填写存储的数据和数据集的名字，左边填入该数据存储的标志。同外部实体一样，为了避免在一张数据流程图中出现线条交叉，同一个数据存储可以出现若干次。

2. 数据流程图绘制方法

根据数据流程的分析方法，数据流程图的绘制应按照"自上向下，逐层求精"的方法进行。也就是将整个系统当作一个处理功能，画出它和周围实体的数据联系过程，即一个粗略的数据流程图（顶层数据流程图），然后逐层向下分析，直到把系统分解为详细的低层次的数据流程图。数据流程图的绘制遵照业务处理的全过程。绘制数据流程图的过程，也是和相应的调查记录、数据记录反复对照的过程，因此在这个过程中能够发现处理过程不合理、数据不匹配、数据流不通畅等问题。

（1）顶层数据流程图绘制。顶层数据流程图只有一张，它说明系统总的处理功能、输入和输出。根据系统的范围、目标和用户的需求，划定系统的界面。界面内作为分析的系统，界面外与系统有数据联系的部门或事物则认为是外部实体。

（2）绘制低层次数据流程图。对顶层数据流程图中的过程进行逐步分解，可得到不同层次的数据流程图。数据流程图分多少层次，每个层次中一个功能分解为多少个低层次的功能要根据情况而定，一般原则是将功能分解到便于技术人员和业务人员理解、交流，又便于后面的系统设计为止。通常，系统越复杂、包含范围越大，划分的层次就越多。

　　将高校的教学及招生管理业务流程图展开成数据流程图。

　　首先，将整个系统看成一个功能，搞清输入、输出和主要处理功能，将教学及招生管理的0层数据流程图画出。0层图概述了系统的基本轮廓和范围，标出主要外部实体和数据流，随着数据流程图的展开，具体的功能及数据流等信息将依次描述出来。

　　其次，0层图画出后，对其展开，画出一层图。

　　最后，对一层图展开，画二层图及三层图。依据要求对其中的某个功能进行具体描述。数据流程图如图8-7所示。

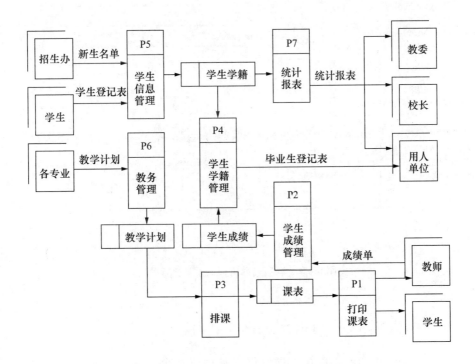

图8-7　高校教学及招生管理系统一层数据流程

　　一层数据流程图完成后，对其中的某些处理进行进一步分析，绘制二层数据流程图，以P2为例，说明二层"学生成绩管理"的分解思路：教师登录系统后，将成绩单输入并分析，同时输入、分析补考学生的成绩，根据成绩确定学生奖励、留级、退学情况。

如果图 8 – 8 学生成绩管理二层数据流程图中的某一处理需要进一步扩展，沿以上思路，分析该处理中的具体业务，扩展成三层数据流程图，以下略。

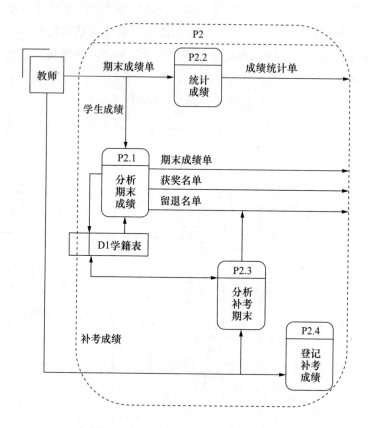

图 8 – 8　学生成绩管理二层数据流程

3. 数据流程图的正确性和易读性

（1）数据流程图的正确性。通常可以从以下几个方面检查数据流程图的正确性：

其一，数据守恒。数据守恒亦即输入数据与输出数据的匹配问题。数据不守恒有两种情况：一种是某个处理过程用以产生输出的数据没有输入给这个处理过程，这肯定是遗漏了某些数据流；另一种是某些输入在处理过程中没有使用，这不一定是一个错误，但要考虑为什么会产生这种情况，是否可以简化。

其二，应注意处理框与数据存储之间数据流的方向。处理过程要读文件，数据流的箭头应指向处理框，若是写文件则箭头指向数据存储。修改文件要先读后写，但本质上是写，箭头也指向数据存储。若除修改之外，因为其他目的还要读文件，此时箭头画成双向的。

数据流程中的任何一个数据存储，必定有流入的数据流和流出的数据流，即写文件和读文件，缺少任何一种都意味着遗漏某些处理。

其三，任何一个数据流至少有一端是处理框。即数据流不能从外部实体直接到数据存储，也不能从数据存储到外部实体。

其四，上层图与下层图的平衡。上层图中某一处理框的输入、输出数据流必须出现在相应的下层图中，否则就会出现上层图与下层图的不平衡，这是一种常见的错误，而不平衡的分层使人无法理解。因此，特别应注意检索上层图与下层图的平衡，尤其是对下层进行某些修改之后。上层图的某框扩展时，在下层图中用虚线框表示，有利于这种检查。

（2）数据流程图的易读性。可以从以下几个方面提高数据流程图的易理解性：

其一，简化处理框间的联系。结构化分析的基本手段是"分解"，其目的是控制复杂性。合理分解是将一个复杂的问题分成相对独立的几个部分，每个部分可单独理解。在数据流程图中，处理框间的数据流越少，各个处理就越独立，所以应尽量减少处理框间输入、输出数据流的数目。

其二，处理框的命名应能准确地表达出其功能，理想的命名由一个具体的动词加一个具体的名词组成，在底层尤其应该如此。

其三，数据流、数据存储也应适当命名，尽量避免产生错觉，减少设计和编程等阶段的错误。

三、数据字典

为了对数据流程图中的各个元素作出详细的说明，有必要建立数据字典（Data Dictionnary，DD）。数据字典的内容主要是对数据流程图中的数据项、数据结构、数据流、处理逻辑、数据存储和外部实体六个方面进行具体的定义。它详细地定义和解释了数据流程图上未能表达的内容，并以字典式顺序将它们组织起来，使得用户和分析员对所有的输入、输出、存储成分和中间计算有共同的理解。数据流程图配以完整的数据字典，就可以从图形和文字两个方面对系统的逻辑模型进行完整的描述。

1. 数据项

数据项（数据元素）。数据项是系统中数据的最小单位。

【例】数据项描述

数据项名称：凭证。

编号：0001~9999。

简述：每月从0001重新开始编号，编号必须连续。

别名：凭证号。

长度：4位数字。

取值含义：体现该凭证每月发生的时序关系。

2. 数据结构

数据结构描述了某些数据项之间的关系。一个数据结构既可以由若干个数据项组成，也可以由若干个数据结构组成；还可以由若干个数据项和数据结构组成。

【例】数据结构描述

数据结构名称：记账凭证。

简述：依据企业发生的单据填写并作为记账依据。

组成：记账凭证。

凭证编号。

摘要。

借方科目、子目。

贷方科目、子目。

发生额。

制单人。

3. 数据流

【例】数据流描述

数据流名称：单据。

简述：企业内外部发生的借款单、发票等。

数据流来源："会计员"外部实体。

数据流去向："凭证处理"处理逻辑。

数据流组成：凭证编号＋摘要＋借方科目、子目＋贷方科目、子目＋发生额＋制单人。

流通量：200份／天，月末高峰时，400份／天。

4. 处理逻辑

（1）描述内容

【例】处理逻辑描述

处理逻辑名称：记总账。

编号：1.2。

简述：每次记总账时先自动按科目分类汇总后再记入相应总账科目中。

输入：由记账凭证提取的按科目分类汇总后的数据。

处理：①由记账凭证中提取还没有记过总账的新数据，避免重复记账；②按科目分类汇总，求出每个发生科目的金额总和；③记入总账相应科目发生额；④求出本期余额；⑤将本次已记过总账的数据加上记账标记。

输出：处理结果存入总账数据存储。

（2）描述方法或工具。数据流程图中比较简单的计算性的处理逻辑可以在数据字典中作出定义，但是还有逻辑上的比较复杂的处理，有必要运用一些描述处理逻辑的工具来加以说明。下面介绍常用描述逻辑判断功能的几种工具和方法。

第一种，判断树。判断树是用来表达加工逻辑的一种工具。图8-9即为用于根据用户欠款时间长短和现有库存量情况处理用户订货方案的判断树。判断树比较直观，容易理解，但当条件多时，不容易清楚地表达出整个判断过程。

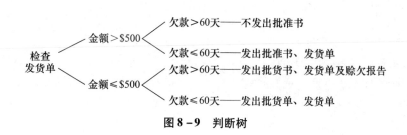

图8-9　判断树

第二种，判定表。判断表是采用表格方式来描述处理逻辑的一种工具，这里仍以"检查发货单"的例子来说明。在表8-3检查发货单的判断表中，条件项是针对各种条件给出的多组条件取值的组合，操作项列出了可能采取的一个或多个动作。采用判断表可清晰地表示复杂的条件组合与应做动作之间的对应关系，容易被管理人员和系统分析人员所接受。

第三种，结构英语表示法。这是一种模仿计算机语言的处理逻辑描述方法。它使用了由"IF""THEN""ELSE"等词组成的规范化语言，更利于直接转化为某种计算机编程语言。下面是商店业务处理系统中"检查发货单"的处理逻辑的结构英语表示方法。为了理解方便，这里将条件和应采取的动作用中文表示：

表8-3 检查发货单的判断

		1	2	3	4
条件	发货单金额	> \$ 500	> \$ 500	≤ \$ 500	≤ \$ 500
	赊欠情况	>60	≤60	>60	≤60
操作项	不发出批准书	√			
	发出批准书		√	√	√
	发出发货单		√	√	√
	发出赊欠报告			√	

【例】IF 发货单金额超过 \$ 500 THEN

IF 欠款超过 60 天 THEN

在偿还欠款前不予批准

ELSE（欠款未超期）

发批准书及发货单

END IF

ELSE（发货单金额未超过 \$ 500）

IF 欠款超过 60 天 THEN

发批准书、发货单及催款通知

ELSE（欠款未超期）

发批准书及发货单

END IF

END IF

处理逻辑说明是结构化分析方法的一个组成部分，对每一个复杂的处理逻辑都要加以说明。使用的手段应当以结构化语言为主，对存在判断问题的处理逻辑可辅之以判断树和判断表。

5. 数据存储

【例】数据存储描述

数据存储名称：凭证明细。

简述：存放每次录入的记账凭证。

流入的数据流：依单据而录入的记账凭证数据。

流出的数据流：供明细账和总账的记账数据。

数据存储的组成：凭证编号＋摘要＋借方科目、子目＋贷方科目、子目＋发生额＋制单人。

6. 外部实体

【例】外部实体描述

外部实体名称：会计员。

简述：负责制凭证的会计或出纳员。

从外部实体输入的数据流：企业内外部发生的单据。

数据字典的编写是系统开发中很重要的一项基础工作，从系统分析一直到系统设计和系统实施都要使用它。在数据字典的建立、修改和补充过程中，始终要注意保证数据的一致性和完整性。

数据字典有两种存储形式：一种是人工方式，它是把有关内容记录在纸介质上；另一种是存储在计算机中，通过一个数据字典软件来管理。

第五节　新系统逻辑方案的确定

逻辑处理方案是系统分析阶段的最终成果，也是今后进行系统设计和实施的依据。新系统的逻辑方案主要包括以下内容：对系统业务流程分析整理的结果；对数据及数据流程分析整理的结果；子系统划分的结果；各个具体的业务处理过程以及根据实际情况应建立的管理模型和管理方法。新系统的逻辑方案是系统开发者和用户共同确认的新系统处理模式以及共同努力的方向。

在本章前面各节中已经对原有系统进行了大量的分析和优化，这个分析和优化的结果就是新系统拟采用的逻辑处理方案。它包括以下几部分。

一、确定合理的业务处理流程

其一，删去或合并了哪些多余的或重复处理的过程？

其二，对哪些业务处理过程进行了优化和改动？改动的原因是什么？改动（包括增补）后将带来哪些好处？

其三，给出最后确定的业务流程图。

其四，指出在业务流程图中哪些部分由新系统（主要指计算机软件系统）完成，哪些部分需要用户完成（或者需要用户配合新系统来完成）？

二、确定合理的数据和数据流程

其一，请用户确认最终的数据指标体系和数据字典。确认的内容主要是指标体系是否全面合理？数据精度是否满足要求并可以统计达到这个精度等。

其二，对哪些数据处理过程进行了优化和改动？改动的原因是什么？改动（包括增补）后将带来哪些好处？

其三，给出最后确定（即优化后）的数据流程图。

其四，指出在数据流程图中的人—机界面。

三、确定新系统的逻辑结构和数据分布

其一，确定新系统逻辑划分方案（即子系统的划分）。

其二，确定新系统数据资源的分布方案，如哪些在本系统设备内部？哪些在网络服务器或主机上？

四、新系统逻辑模型的运行环境

经过前面对现行系统的调查、分析和优化，提出了新的管理信息系统逻辑模型，即新信息系统将是什么、做什么和如何做。如同现行系统一样，新系统需要一定的运行环境，在系统逻辑模型中，应对新系统的运行环境提出要求或设想。

新的管理信息系统运行环境包括以下几部分：

其一，硬件设备和布局，包括系统总体结构；单机用户/网络系统；网络拓扑结构，用星形还是其他拓扑结构。

其二，软件系统，包括操作系统；数据库管理系统；程序设计语言和应用/工具软件系统。

其三，机构调整和人员调整设想。

其四，规章制度和岗位职责。

第六节　编写系统分析报告书

系统分析报告是分析任务的最终产物，通过建立完整的信息描述、详细的功能和行为描述、性能需求和设计约束的说明、合适的验收标准，给出对目标软件的各种需求。系统分析报告又称系统报告说明书，是系统分析阶段的成果和重要文档。它反映了这一阶段调查分析的全部情况，是下一步设计与实现系统的纲领性文件。用户可通过系统分析报告来验证和认可新系统的开发策略和开发方案，而系统设计师则可用它来指导系统设计工作和作为以后的系统设计标准。此外，系统分析报告还可以作为评价项目成功与否的标准。

一份合格的系统分析报告不但要充分展示前段调查的结果，而且还要反映系统分析结果——新系统逻辑方案。系统分析报告应达到的基本要求是全面、系统、准确、翔实、清晰地反映系统开发的目标、任务和系统功能。

系统分析报告的主要内容如下：

一、系统开发项目概述

这部分主要是对分析对象的基本情况作概括性的描述，简要说明新系统的名称、主要目标及功能、新系统开发的有关背景以及新系统与现行系统的主要差别。

二、现行系统概况

使用组织结构图、管理功能图、业务流程图、数据流程图、数据字典等，详细描述现行组织的目标，现行组织中信息系统的目标，系统的主要功能、组织结构、业务流程等。此外，还有对个别环节的业务处理量、总的数据储存量、处理速度要求、处理方式和现有的技术手段等扼要的说明。

三、系统需求说明

在掌握现行系统真实情况的基础上，针对系统存在的问题，全面了解组织中各种层次用户就新系统对信息的各种需求。

四、新系统的逻辑方案

新系统的逻辑方案是系统分析报告的主体部分。这部分主要反映分析的结果和对构筑新系统的设想，应根据原有系统存在的问题，明确提出新系统更加具体的目标，确定新系统的主要功能、各个层次数据流程图、数据字典等。主要说明的目标有：组织结构图、重建或改造的业务流程图及其说明、重建或改建的信息流程（包括数据流图、数据字典、数据存储分析、查询分析、数据处理分析）。

五、系统实施计划

系统实施计划主要包括：对于工作任务分解，即对开发中完成的各种工作，按子系统（或系统功能）划分，指定专人分工负责；进度安排，即给出各项工作的开始日期和结束日期，规定任务完成的先后顺序；预算，即逐项列出本项目需要的劳务及经费的预算，包括各项工作所需人力及办公费。

思考练习题

1. 系统分析的任务和目的是什么？

2. 信息系统研制前为什么要做可行性分析？解释管理、技术、经济方面可行性的含义？

3. 初步调查与详细调查有何不同？试述详细调查主要步骤和每一步成果。

4. 试述用组织结构图、管理功能图、业务流程图、数据流程图和数据字典分别描述组织的哪些内容？

5. 试画出你熟悉的一个单位（如你所在的学院）的组织结构图和某部门管理功能图。

6. 试画出你熟悉的某项业务（如学生入学报到）的业务流程图和数据流程图。

7. 某商店商品入出库管理业务流程：仓库保管员按采购部送来的入库单登记库存台账。发货时，发货员根据销售部送来的发货单将商品出库，并发货，同时填写三份出库单，其中一份交给仓库保管员，由他按此出库单登记库存台账，出库单的另外两联分别送销售部和会计部。试按以上业务流程画出业务流程图和数据流程图。

8. 某单位员工工资和奖金每月统计发放流程：考勤员每月根据员工出勤计算出"考勤表"；部门主管每月根据员工业绩计算出"业绩表"；员工每月工资和奖金分别从这两个表中取数据计算形成"工资和奖金台账"，再由此台账取数据生成员工工资发放条，发放到员工手中。请画出该业务的数据流程图。

9. 某银行发放贷款原则：对于贷款未超过限额的客户，允许立即贷款；对于贷款已超过限额的客户，若过去还款记录好且本次贷款额在 2 万元以下，可作出贷款安排，否则拒绝贷款。

请用结构化语言、判断表来描述该原则。

10. 绘制供应科到货处理的数据流程图。供应商送来发货单及货物，供应科作如下处理：审核发货单，经核对合同，将不合格的发货单退回供应商；处理到货，对货物做质量检查，将质检不合格的发货单及货物退回供应商；质检合格的开入库单，将入库单及货物送仓库，向财务科发出付款通知，发货单存档。

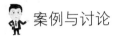 案例与讨论

企业利用信息技术的风险（一）

福克斯·梅亚公司曾经是美国最大的药品分销商之一，年营业收入超过 50 亿美元。为了改进竞争地位，保持快速增长，这家公司决定采用国际上非常流行的企业资源计划（ERP）系统。其实，简单地说，这一系统就是将公司内外根本没有联系的职能部门用计算机软件组合在一起以便使产品的装配和输送更加高效。

由于坚信 ERP 系统的潜在利益，在一家享有盛誉的系统集成商的帮助下，梅亚公司成了早期的 ERP 系统应用者。然而，到了 1997 年，在投入了两年半的时间和 1 亿美元之后，这家公司所达到的效果非常不理想，仅仅能够处理 2.4% 的当天订单，而这一目标即使使用远古时期的方法也能达到，况且，就是这点儿业务也常常遭遇到信息处理上的问题。最终，梅亚公司宣告破产，仅以八千万美元被收购。它的托管方至今仍在控告那家 ERP 系统供应商，将公司破产的原因归结为采用了 ERP 系统。

福克斯·梅亚公司为什么会失败？是 ERP 系统的原因吗？如果是由于 ERP 导致福克斯·梅亚公司的破产，为什么有很多国际大型企业通过 ERP 实现了新生？

第九章
系统设计

学习目标

本章介绍系统设计的内容、目的，要理解总体设计的工作内容，掌握代码设计的原则、方法，掌握数据库设计的方法，重点掌握 E－R 图的设计及其与关系数据库的转换方法，对于输入/输出设计和处理流程设计要求了解设计原则。

第一节　系统设计概述

一、系统设计的任务和原则

结合用户的实际情况，在系统分析提出的逻辑模型的基础上，系统设计要科学合理地进行物理模型的设计，主要是解决"怎样做"的问题。确定系统平台、各功能模块在计算机内由哪些程序组成、连接方式等；另外，考虑实现系统功能的需要，还要进行代码设计、数据库的详细设计以及输入/输出设计等。

系统设计的优劣直接影响新系统的质量及经济效益。系统设计应在保证实现逻辑模型的基础上，尽可能地提高系统的各项性能。系统设计应按以下几项原则进行：

1. 系统的效率性原则

系统的效率是指系统的处理能力、处理速度、响应时间等与时间有关的指标。对于不同处理方式的系统，其工作效率有不同的含义。如联机实时处理系统的工作效率为响应时间（从发出处理要求至得到应答信号的时间），批处理系统的工作效率为处理速度（处理单个业务的平均时间）。对于一个实时录入、成批处理的事务处理系统，用常用处理能力（标准时间周期内处理的业务个数）来表示系统的工作效率。

一般来说，以下因素影响效率性：系统中硬件及其组织结构；人机接口是否合理；计算机处理过程的设计质量（如中间文件的数量、文件的存取方式、子程序的安排及软件的编制质量）等。

2. 系统的可靠性原则

系统的可靠性指系统在运行过程中抗干扰（包括人为的和机器的故障）和保证正常工作的能力。这种能力，体现在工作的连续性和工作的正确性中。系统的可靠性包括，检错、纠错能力，在错误干扰下不会发生崩溃性瘫痪，重新恢复及重新启动的能力，硬件、软件的可靠性及存储数据的精度等。系统的平均无故障时间是衡量可靠性的一个指标。

提高系统可靠性主要有以下途径：选取可靠性较高的主机和外部设备；硬件结构的冗余设计，即在高可靠性的应用场合，应采用双机或双工的结构方案；对故障的检测、处理和系统安全方面的措施，如对输入数据进行校验，建立运行记录和监督跟踪，规定用户的文件使用级别，对重要文件进行拷贝等。

3. 系统的准确性原则

系统的准确性是指系统所能提供信息的准确程度。系统的准确性与系统硬件、软件的功能直接有关。此外，也与编程质量、人工处理质量和效率等有关。

4. 系统的可维护性原则

系统的可维护性是指系统易于理解、易于修改和扩充。由于系统环境的不断变化，系统本身也需要不断修改和完善。一个可维护性好的系统，各部分独立性强，容易进行变动，从而提高系统的性能，不断满足对系统目标的变化要求。此外,如果一个信息系统容易被修改以适应其他类似组织的需要,无疑地,这将比重新开发一个新系统成本要低得多。要提高系统的可维护性,在系统分析和设计的过程中,可采用结构化、模块化的方法。

5. 系统的经济性原则

系统的经济性是指系统的收益应大于系统支出的总费用。系统支出费用包括系统开发所需投资和系统运行、维护的费用之和,系统收益除有货币指标外,还有非货币指标。在系统设计时,系统经济性常是确定设计方案的一个重要因素。

上述五个原则,在一定程度上既是互相矛盾又是相辅相成的。例如,为了提高可靠性而采取各种校验和控制措施,则会延长机器工作时间,降低工作效率或提高成本。从系统开发和维护的角度考虑,系统的可维护性是最重要的指标,只有可维护性好,才能使系统容易被革修以满足对其他指标的要求,从而使系统始终具有较强的生命力。对于不同的系统,由于功能及系统目标的不同,对上述各项原则的要求会有所侧重。如对联机情报检索系统,响应时间是最重要的指标;而对银行系统,可靠性与安全性则是首要考虑的因素。

二、系统设计主要内容

1. 系统总体结构设计

系统总体结构设计包括系统网络结构设计和系统模块化结构设计。系统分析阶段对新系统计算机资源配置已作了分析,但太笼统,不够清晰。系统网络设计是在此基础上做进一步的详细设计,设计出计算机网络的拓扑结构和计算机资源配置图。系统化分为若干个子系统的工作,在系统分析阶段已经基本完成,但不够详细。系统模块化结构设计工作是在系统分析阶段对子系统划分的基础上,再进一步地换分,将它逐层地分解成多个功能单一、具有一定独立性的模块,以便程序设计工作的进行。

2. 系统详细结构设计

系统详细结构设计包括如下内容:

(1)代码设计。通过设计合适的代码形式,使其作为数据的一个组成部分,用以代表客观存在的实体、实物和属性，以保证它的唯一性便于计算机处理。

（2）数据库设计。根据系统分析得到的数据关系集和数据字典，再结合系统处理流程图，就可以确定出数据文件的结构和进行数据库设计。

（3）输入/输出设计。输入/输出设计主要是对以记录为单位的各种输入/输出报表格式的描述，另外，对人机对话格式的设计和输入/输出装置的考虑也在这一步完成。

（4）处理流程设计。处理流程设计是通过系统处理流程图的形式，将系统对数据处理过程和数据在系统存储介质间的转换情况详细地描述出来。

（5）系统设计报告书。系统设计报告书是系统设计阶段的成果，它从系统设计的主要方面说明系统设计的指导思想、采用的技术方法和设计结果，是新系统的物理模型，也是系统实施阶段工作的主要依据。

另外，为了保证系统安全可靠运行，还要对数据进行保密设计，对系统进行可靠性设计。

第二节　系统总体设计

系统总体设计根据系统分析的要求和组织的实际情况对新系统的总体结构形式和可利用的资源进行大致设计，它是一种宏观、总体上的设计和规划。系统总体设计的主要内容包括系统功能结构（或称功能模块）设计、系统计算模式设计、系统硬软件及网络配置方案设计、处理流程设计。

一、系统功能结构设计

1. 系统功能结构设计的原则

系统功能结构设计的主要任务就是应用结构化设计方法，将整个系统合理地划分成多个功能模块，正确地处理模块之间和模块内部的联系以及它们之间的调用关系和数据联系，定义各模块的内部结构等。

系统功能结构设计的原则有以下几点：

（1）分解—协调原则。整个系统是一个整体，具有整体目标和功能。但这些目标和功能的实现又是由相互联系的各个组成部分共同工作的结果。解决复杂问题的一个很重要的原则，就是把它分解成多个易于解决、易于理解的小问题分别处理。在处理过程中根据系统总体要求协调各部分的关系。协调是分解过程的逆过程，它将分解的模块组织起来，考察它能否达到系统总的目标，使其发挥总体作用。在实际系统中，这种分解和协调都有一定的要求和依据。分解的依据主要有以下几个：

其一，按系统的功能进行分解，系统有多个功能，将每个功能分解成不同的模块。

其二，按管理活动和信息运动的客观规律进行分解，将不同的管理活动分解成不同模块，或者按信息处理的前后分解成不同的模块。

其三，按信息处理的方式和手段进行分解，当对不同的数据采用不同的处理方式时，可以将其分解成不同的模块。

其四，按系统的工作规程进行分解，当系统的工作规程不同时，将其分解成不同的模块。

其五，按用户工作的特殊需要进行分解（如有保密和其他要求），当用户的工作有不同的要求时，将其分解成不同的模块。

其六，按开发、维护和修改的方便性进行分解，按开发前后不同分解成不同的模块，或者说按维护的不同性质分解成不同的模块。

总之，分解的目的是使模块的功能单一化、简单化，从而使整个系统的问题处理起来更容易。

（2）信息隐蔽、抽象的原则。上一阶段只负责为下一阶段的工作提供原则和依据，并不规定下一阶段或下一步工作中要负责决策的问题，即上层模块只规定下层模块做什么和所属模块间的协调关系，不规定怎么做，以保证各模块的相对独立性和内部结构的合理性。使模块与模块之间层次分明，易于理解、易于实施、易于维护。

（3）自上而下的原则。首先抓住总的功能目标，然后逐层分解，即先确定上层模块的功能，再确定下层模块的功能。

（4）一致性原则。要保证整个系统设计过程中具有统一规范、统一标准、统一文件模式等。

（5）面向用户的原则。每个模块必须功能明确，接口明确，用户易于理解，坚决消除多重功能和无用接口。

2. 结构化、模块化设计思想

结构化设计思想是一个发展的概念。最开始被提出是受结构化程序设计的启发，经过众多管理信息系统学者的不断实践和归纳，现渐渐明确。结构化方法提出了一种用于编制模块结构图、评价模块结构图设计优劣的标准及设计出良好系统结构的方法。

结构化设计方法是从数据流图出发，逐步产生系统的总体结构。它将系统看成一个模块，然后按任务和功能逐步将其分解成更具体的模块，直到模块足够简单、明确，使编程人员能按照模块的处理过程描述进行编程时为止。用结构化设计方法设计的系统结构清晰、具有层次关系。

管理信息系统的各子系统可以看作是系统目标下层的功能。对其中每项功能还可以继续分解为第三层、第四层……甚至更多的层次。从概念上讲，上层功能包括（或控制）下层功能，越上层功能越笼统，越下层功能越具体。功能分解的过程就是一个由抽象到具体、由复杂到简单的过程。所谓功能结构图就是按功能从属关系画成的图表，图中每一个框称为一个功能模块。功能模块可以根据具体情况分得大一点或小一点。分解得到的最小的功能模块可以是一个程序中的一个处理过程，而较大的功能模块则可能是完成某一任务的一组程序。

结构化设计思想主要有以下三个要点：

其一，系统性。就是在功能结构设计时，全面考虑各方面情况。不仅考虑重要的部分，也要兼顾考虑次重要的部分；不仅考虑当前亟待开发的部分，也要兼顾考虑今后扩展的部分。

其二，自上而下的分解步骤。将系统分解为子系统，各子系统功能总和为上层系统的总功能，再将子系统分解为功能模块，下层功能模块实现上层的模块功能。这种从上往下进行功能分层的过程就是由抽象到具体、由复杂到简单的过程。这种步骤从上层来看，容易把握整个系统的功能，不会遗漏，也不会冗余，从下层来看各功能容易实现。

其三，层次性。上面的分解是按层分解的，同一个层次的抽象度是一致的，各层具有可比性。如果某个层次各部分的抽象程度相差太大，那极可能是划分不合理造成的。

一个管理信息系统要完成多项功能，工作往往是很复杂的，为使问题简化，首先要进行子系统的划分。目前最常用的是按功能划分子系统。如工厂的管理信息系统可以划分为生产管理子系统、质量管理子系统、销售管理子系统、财务管理子系统等。一般来讲，一个独立的业务部门对应着一个子系统，如人事处对应人事管理子系统。

把一个管理信息系统的子系统设计成若干个功能模块的方法称为模块化。其基本思想是将系统设计成由相对独立、单一功能的模块组成的结构，从而简化研制工作，防止错误蔓延，提高系统的可靠性。一方面，模块有其独立性；另一方面，模块与模块之间也有一定的关系。

3. 模块的层次分解

模块的层次分解图（Hierarchy Input – Process – Output，HIPO）是 IBM 公司于 20 世纪 70 年代中期在控制结构图的基础上推出的一种描述系统结构和模块内部处理功能的工具。

IPO（Input – Process – Output）是对模块内部处理功能详细描述的工具，它描述了系统的输入、处理变换和输出。总体 IPO 图是对总体进行功能描述，并为其提供输入、处理和输出。

通过逐层分解总体 IPO 图，得到 HIPO 图。

由于 HIPO 图仅仅表示了一个系统功能模块的层次分解关系，没有充分说明各模块间的调用关系、模块间的数据流和信息流的关系。因此，对某些较低层次上的重要工作模块，还必须根据数据字典和 HIPO 图，绘制其 IPO 图。IPO 图用来表示模块的输入、处理和输出细节以及与其他模块间的调用与被调用关系。

例如，根据订单处理流程，对销售系统中的订单处理功能进行层次功能分解。订单处理的输入是订单，输出是备货单，根据缺货文件、库存文件、可供货单来进行订货的处理。根据订单流程，绘制总体 IPO 图。

首先，绘制总体 IPO 图，如图 9 – 1 所示。

图 9 – 1 订单处理总体 IPO

其次，绘制 HIPO 图，如图 9 - 2 所示。

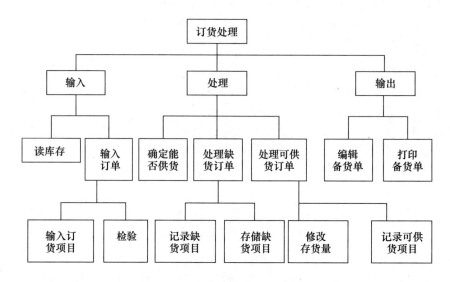

图 9 - 2　订单处理的系统功能结构

最后，绘制低层次主要模块详细 IPO 图。依据 HIPO 图和数据字典，绘制低层主要模块的 IPO 图，如图 9 - 3 所示。

模块名称：确定能否供货		
上层调用模块："处理"模块		可调用下层模块：无
输入（I）：	处理描述（P）：	输出（O）：

图 9 - 3　低层模块的 IPO

二、系统平台体系结构的选择

根据信息系统的规模大小、信息量的多少、安全性的要求等多方面因素，可为系统选择不同的计算模式。随着信息技术的发展，信息系统的计算模式也在不断地演变和发展。目前信息系统可采用的计算模式可划分为单机模式、主机/终端模式、文件服务器/工作站模式、客户机/服务器模式和浏览器/服务器模式等多种。

1. 单机

这是早期电子数据处理阶段采用的计算模式。在这种模式下，各部门分别将自己的应用软件和数据存储在各自计算机中，计算机之间不能直接进行通讯和数据共享，不同机器之间的数据传递主要依靠磁盘的复制和备份。但该模式具有天然的数据安全性和易操作性。

单机模式往往是一些单位信息化初始阶段的首选模式。大多数单位的信息系统都是从使用单机模式的会计信息系统开始的。目前一些单位仍在使用这种模式进行单项的数据处理，如工资核算、销售统计等。

2. 主机/终端

主机/终端（host/terminal）模式由一台大型计算机和多个终端组成。终端没有数据处理和存储能力，它只是起到数据的输入、输出作用，用户通过终端访问主机，将要处理的数据传给主机，主机安装有分时多用户操作系统，对各终端传来的数据进行分时处理，并将处理结果返回给终端显示，主机放置的地点通常称为"计算中心"。主机/终端系统如图9-4所示。

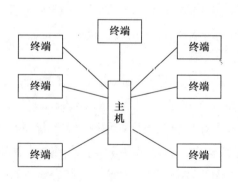

图9-4 主机/终端模式

主机/终端模式采用数据集中处理和存储方式，具有较高处理效率和好的数据一致性；终端方面不需要复杂的设置，系统的费用较低，且易于管理控制；另外，它还有稳定性较好，不用担心从终端传入病毒等优点。但终端用户的处理完全依赖于主机，一旦主机出现故障，整个系统就会陷入瘫痪；而且，终端的显示界面太单调，无法满足日益增长的多媒体信息需求。

这种模式比单机模式有了很大进步，它可以对一些相关的业务进行综合处理。如财务管理、库存管理等。目前，该模式还在一些业务处理比较单一，需要多点实时处理、本地不保存数据的系统中使用。如银行存储系统、客运订售票系统、商场收费系统。

3. 文件服务器/工作站

当计算机网络出现以后，信息系统的计算模式得以迅速发展，20 世纪 80 年代以后，文件服务器/工作站结构的微机网络开始流行起来。

这是由一个文件服务器和若干网络工作站构成的分散的、共享文件的微机网络系统模式。以具有独立功能的 PC 机作为工作站，各工作站上均安装有相应的应用程序，负责数据的处理；以高性能的 PC 机或小型机作服务器，服务器上安装数据管理系统，负责文件的管理并提供数据的共享访问以及共享打印服务。

由于该模式中的文件服务器没有协同处理能力，所有的处理均要到工作站上进行，因此，网络的负担较重，严重时会造成"传输瓶颈"。例如，工作站 A 要在文件服务器上的 10000 条记录中查询 2 条符合条件的记录，文件服务器会通过网络将 10000 条记录都传输到工作站 A，再由工作站 A 来完成查询 2 条符合条件的记录。显然，网络的传输负担较重。

4. 客户机/服务器

到了 20 世纪 80 年代末，计算技术最引人注目的进展之一就是应用计算环境从集中走向分布，其中，客户机/服务器（client/server，C/S）计算技术成为分布式计算的主流技术，并在信息系统计算环境中得到广泛应用。

在客户机/服务器结构中，数据库服务器取代了文件服务器/工作站结构中的文件服务器。并把数据库管理系统（DBMS）安装在数据库服务器上；数据处理可以从应用程序中分离出来，形成前后台任务，客户机运行应用程序，完成输入、输出等前台任务；服务器则运行数据库管理系统，完成大量的数据处理及存储管理等后台任务。由于共享能力和前台的自治能力，后台处理的数据不需要在前后台间频繁传输，从而有效解决了文件服务器/工作站模式下的"传输瓶颈"问题。

客户机/服务器模式的优点是：系统的整体性能高；系统开放性好；系统可重用性好。

C/S 模式有两层结构和多层结构。典型的两层结构，客户机直接访问数据库服务器，数据库服务器对客户端请求直接作出应答。当对于某些需要进行较为复杂处理的服务请求，另设具有专门应用软件的应用服务器进行数据处理时，系统的结构就变成三层或多层了。三层结构 C/S 模式，客户不能直接访问数据库服务器，而只能访问中间的应用服务器，应用服务器根据客户机的服务请求，访问数据库服务器获取必要的数据，进行相应的数据处理后，对客户机作出应答。

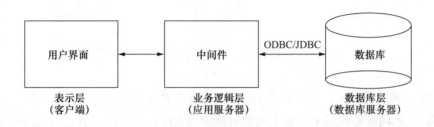

图 9 - 5　三层 C/S 结构

　　采用了先进的多层体系结构，客户端只需注重人机界面的设计，不必关心业务逻辑和数据库的访问，可以实现"瘦客户"。中间层的采用使客户端不能直接访问数据库，使数据库的安全问题得到控制。并且业务逻辑改变时客户端界面可不改变，因此，软件的易用性和可维护性得到了大大提高。在业务逻辑中，采用面向对象的组件模式，每种服务由许多可重用的组件构成，增加了系统的可重用性。因此，多层结构在管理信息系统中被普遍采用。

　　5. 浏览器/服务器

　　浏览器/服务器（browser/server，B/S）模式是一种以 Web 技术为基础的新型的管理信息系统平台模式。它是在 C/S 模式基础上发展起来的。通常，该模式是一个由客户端（装有 Web 浏览器）、Web 服务器和数据库服务器组成的三层体系结构。在客户端装有 Web 浏览器（如 Netscape Navigator、微软的 IE 等），客户使用 Web 浏览器访问 Web 服务器；Web 服务器上装有 IIS（Internet information server）和应用程序，可以启动相应的进程响应客户的请求，并动态生成一串 HTML 代码，其中嵌入处理结果，返回给客户机的浏览器；如果客户机提交的请求包括数据的存储，Web 服务器还需要通过 ODBC 与数据库服务器中的数据库连接，数据库服务器的任务类似于 C/S 模式，负责协调不同的 Web 服务器发出的

SQ 请求，负责存储、管理数据，还可用一些存储过程、触发器保证数据的完整性、一致性。

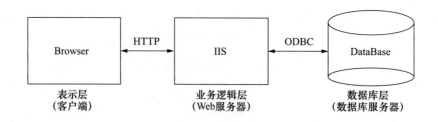

图 9 - 6   三层 B/S 结构

与 C/S 模式相比，B/S 模式具有更多的优点：简化了客户端，无须像 C/S 模式那样，不同的客户机上安装不同的客户应用程序，而只需安装通用的浏览器软件。简化了系统的开发和维护，无须再为不同的用户设计开发不同的客户应用程序了，只需把所有的功能都实现在 Web 服务器上，用户通过 HTTP 请求在权限范围内调用 Web 服务器上不同处理程序；它使客户的操作变得更简单。对于 C/S 模式，客户应用程序有自己特定的规格，使用者需要接受专门培训。而采用 B/S 模式时，客户端只是一个简单易用的浏览器软件。无论是决策层还是操作层的人员都无须培训，就可以直接使用。

虽然 B/S 模式有自身独到的优点，但是与 C/S 模式相比也还存在一些不足，例如，B/S 模式的交互能力较弱；B/S 模式采用点对多点、多点对多点这种开放的结构模式，并采用 TCP/IP 这一类运用于 Internet 的开放性协议，导致其安全性较差；对于相同的任务，B/S 完成的速度比 C/S 要慢，使 B/S 模式不利于处理大量数据。

三、系统配置方案设计

1. 系统硬件平台的配置

硬件的选择取决于数据的处理方式和运行的软件。管理业务对计算机的基本要求是速度快、容量大、通道能力强、操作灵活方便，但计算机的性能越高，其价格也就越昂贵，因此，在硬件的选择上应全面考虑。一般来说，如果数据处理是集中式的，系统应用的目的是利用计算机的强大计算能力，则可以采用主机/终端系统，以大型机或中小型机作为主机，可以使系统具有较好的性能。若在企业管理等方面应用，其应用本身就是分布式的，使用大型主机主要是为了利用其多用户能力，则不如微机网络更灵活、更经济。

确定了数据的处理方式以后，在计算机机型的选择上则主要考虑应用软件对计算机处理能力的需求，包括：计算机内存；CPU 速度和性能；输入、输出和通信的通道数目；显示方式；外接存储设备及其类型。

由于微机在性能上已经有了很大提高，甚至超过了早期大型机的水平，而价格又相对较低，一般企事业单位选择微机作为硬件支撑环境较为适宜。

2. 系统网络平台的配置

信息系统可能采用主机/终端或微机网络式结构。对微机网络而言，由于存在多个商家的多种产品，也面临网络的选型问题。

（1）网络拓扑结构。网络拓扑结构一般有总线型、星型、环形等。在网络选择上应根据应用系统的地域分布、信息流量进行综合考虑。通常，应尽量使信息流量最大的应用放在同一网段上。

（2）网络的逻辑设计。通常首先按软件将系统从逻辑上分为若干子系统，然后按需要配备设备，如主服务器、主交换机、分系统交换机、子系统集线器（HUB）、通信服务器、路由器和调制解调器等，并考虑各设备之间的连接结构。

3. 系统软件平台的配置

计算机软件总体上划分成两类：系统软件和应用软件。前者是用于管理与支持计算机系统资源及操作的程序；后者是处理特定应用的程序。

在系统开发过程中，软件工具的选择对系统开发是否顺利至关重要，软件平台主要包括以下几种：

（1）操作系统选择。操作系统有很多，如 UNIX 及其变种、Windows 系列、Linux 等，其中代表主流发展方向的有 Windows 系列、UNIX。

（2）数据库系统选择。数据库系统选择要和硬件选型、操作系统选择、网络环境建立同时进行。目前市场上品种较多，如 Oracle、Sybase、SQL Server、Informix、FoxPro、Access 等，Oracle、Sybase、SQL Server 均是开发大型 MIS 的首选，FoxPro、Access 在小型 MIS 中最流行，而 Informix 则适用于中型 MIS 的开发。

（3）编程设计语言选择。常用的编程设计语言有 C、Pascal、BASIC、FORTRAN、COBOL 等。若系统采用面向对象方法进行分析与设计，最好选用 OOPL 来编程，如 C＋＋、JAVA。如果系统采用 B/S 架构，可以考虑 ASP、JSP、C#。若开发的是 DSS，则可以选择 PROLOG、LISP 等。

（4）辅助工具。选择合适的辅助工具十分重要。如集成开发环境（IDE）提供了多种工具帮助程序员进行编程，如灵巧的编辑器、上下文相关帮助和调试工具。VisualStudio、JBuilder、PowerBuilder 都是良好的 IDE。对开发人员来说，CASE 工具能帮助生成重要的系统模型，自动检查模型的完整性，能根据模型生成程序代码，如 RationalRose 就是支持 UML 建模的工具。

（5）其他必要软件。根据具体需要可选用一些必要软件，如用于界面设计的 DreamWaver、FrontPage 等。

第三节　详细设计

一、代码设计

在现实世界中有很多东西如果不加标识是无法区分的，这时机器处理就十分困难。所以能否将原来不能确定的东西，唯一地加以标识是编制代码的首要任务。最简单、最常见的例子就是职工编号。在人事档案管理中不难发现，人的姓名在很小的单位里都很难避免重名，不能用姓名来唯一地标识职工。为了避免二义性，唯一地标识每一个人，可以使用职工代码。

在唯一化的前提下还要强调编码的规范化。例如，财政部关于会计科目编码的规定，以"1"开头的表示资产类科目；以"2"开头的表示负债类科目；以"3"开头的表示权益类科目；以"4"开头的表示成本类科目等。规范化的代码便于计算机处理。

系统所用代码应尽量标准化。在实际工作中，一般企业所用大部分编码都有国家标准或行业标准。如果企业需要自行编码，例如，商品编码、部门编码、零部件码等，就应该参照其他标准化分类和编码的形式来进行。

代码设计是一个科学管理的问题。设计出一个好的代码方案对于系统的开发工作极为重要。它可以使很多机器处理（如某些分类统计、校对查询等）变得十分方便，另外还能将一些现阶段计算机很难处理的工作变成很简单的处理。

1. 代码的设计原则

一个良好的设计既要保证处理问题的需要，又要保证科学管理的需要。在实际分类时必须遵循以下几点原则：

（1）必须保证有足够的容量，要足以包括规定范围内的所有对象。如果容量不够，不便于今后变化和扩充，随着环境的变化这种分类很快就会失去生命力。

（2）按属性系统化。分类不能是无原则的，必须遵循一定的规律。根据实际情况并结合具体管理的要求来划分是分类的基本方法。分类应按照处理对象的各种具体属性系统地进行。如在线分类方法中，哪一层次是按照什么属性来分类，哪一层次是标识一个什么类型的对象集合等都必须系统地进行，只有这样的分类才比较容易建立，比较容易为别人所接受。

（3）分类要有一定的柔性，不至于在出现变更时破坏分类的结构。所谓柔性是指在一定情况下分类结构对于增设或变更处理对象的可容纳程度。一般情况下，在柔性好的系统中增加分类不会破坏其结构。但是柔性往往还会带来别的一些问题，如冗余度大等，这都是设计分类时必须要考虑的问题。

（4）注意本分类系统与外系统、已有系统的协调。任何一项工作都是从原有工作的基础上发展起来的，因此分类时一定要注意新老分类的协调性，以便于系统的连接、移植、协作以及新老系统的平稳过渡。

2. 代码的设计方法

最常用的分类方法概括起来有两种：一种是线分类方法；另一种是面分类方法，它们在实际应用中各有其不同的用途。

（1）线分类方法。线分类方法是用得最多的一种方法，尤其是在手工处理方式下它几乎成了唯一的方法。线分类方法的主要出发点：首先给定母项，母项下分若干子项，由对象的母项分大集合，由大集合确定小集合……最后落实到具体对象。分类的结果形成了一层套一层的线性关系，如图 9 - 7 所示。

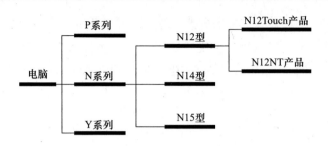

图9-7 产品应用线分类方法

线分类划分时要掌握两个原则：唯一性和不交叉性。线分类方法的优点是：结构清晰，容易识别和记忆，容易进行有规律的查找；与传统方法相似，对手工系统有较好的适应性。主要缺点是结构不灵活、柔性较差。

（2）面分类方法。与线分类方法不同，面分类方法有以下几个特点：柔性好，面的增加、删除、修改都很容易；可实现按任意组配面的信息检索，对机器处理有较好的适应性；缺点是不易直观识别，不便于记忆。

例如在表9-1面分类方法示意中，编码212表示铜质圆形镀铬的材料。

面分类中的属性不具有层次性，都是独立的。而线分类中的各属性具有层次性，不是独立的。这是面分类与线分类最明显的区别。

表9-1 面分类方法示意

材料	形状	工艺
1-钢	1-圆形	1-上漆
2-铜	2-方形	2-镀铬
	3-椭圆	3-未处理

3. 代码的种类

代码种类是指分类问题的一种形式化描述。如果分类问题解决得较好，代码问题就变成了一个简单的字符表示问题。常用的代码归纳起来有以下几种形式：

（1）顺序码。顺序码以某种顺序形式编码。例如，各种票据的编号都是顺序码。但在信息系统的设计工作中，纯粹的顺序码是很少使用的，它总是与其他形式结合使用。

（2）数字码。数字码即以纯数字符号形式编码。数字码是在各类管理中最常用的一类编码形式。根据数据在编码中的排列关系，或代表对象的属性不同，可分为区间码和层次码。①区间码，将顺序码分成若干区段，每一区段代表部分编码对象。②层次码，在代码结构中，为实体的每个属性确定一位或几位编码，并排成一定的层次关系。例如，我国目前使用的居民身份证就是采用一个 18 位的数字码，前 6 位表示地区编码，中间 8 位表示出生年月日，最后 4 位表示顺序号和其他状态（性别等）。这种数字码属于层次码。层次的优点是易于校对，易于处理，缺点是不便记忆。

（3）字符码。字符码即以纯字符形式编码（英文、汉语拼音等）。这类编码常用于程序设计中的字段名、变量名或数据库中的表名编码。例如，在开发一个财务管理信息系统时，在数据库设计中，所有的表名均以 T_ 开始，视图名以 V_ 开始。在产生各种账目和视图时，明细账用 T_ MXZ 表示，关于明细账的视图用 V_ MXZ 表示。这就是一个典型的纯字符码。它的优点是可辅助记忆，缺点是不易校对，不易反映分类的结构。

（4）混合码。混合码即以数字和字符混合形式编码。混合码是在各类管理中最常用的另一类编码形式。这种编码的优点是易于识别，易于表现对象的系列性，缺点是不易校对。例如，GBxxxx 表示国家标准的某类编码，IEEE 802. X 表示某类网络协议标准名称的编码，所有的汽车牌照编号都是混合码。

4. 代码的校验

由于代码非常重要，因此不能出错。为了保证输入代码的正确性，最好能对代码进行校验。代码的校验就是人为地按某种规律添加少量的位数，通过核对可以确保代码正确性的措施。

录入代码时可能出现的错误，例如，由于人的眼睛识别容易产生的错误，也可能由于操作失误产生错误。

识别错误：1/7，0/O，Z/2，D/O，S/5……

易位错误：12345/13245……

双易位错误：12345/13254……

为了保证正确输入，在原有代码的基础上，另加一个校验位，作为代码的一个组成部分。校验位通过事先规定的数学方法计算出来。代码一旦输入，计算机会用同样的数学运算方法按输入的代码数字计算出校验位，并将它与输入的校验位进行比较，以证实输入是否有错。确定校验位值的方法如下：

（1）算术级数法。

原代码：1、2、3、4、5。

各乘以权：6、5、4、3、2。

乘积之和：$1 \times 6 + 2 \times 5 + 3 \times 4 + 4 \times 3 + 5 \times 2 = 50$。

以 11 为模去除乘积之和（若余数是 10，则按 0 处理），把得出的余数作为校验码：$50/11 = 4 \cdots 6$，因此代码为 1、2、3、4、5、6。

（2）几何级数法。

原理同上，但把所乘权数改为 32、16、8、4、2 等。

（3）质数法。

原理同上，但把所乘权数改为质数系列，如 17、13、7、5、3 等。

二、数据库设计

数据库设计是在选定的数据库管理系统基础上建立数据库的过程。数据库设计除用户需求分析外，还包括概念结构设计、逻辑结构设计和物理结构设计三个阶段。由于数据库系统已形成了一门独立的学科，所以，把数据库设计原理应用到 MIS 开发中时，数据库设计的几个步骤就与系统开发的各个阶段相对应，且融为一体，它们的对应关系如图 9-8 所示。

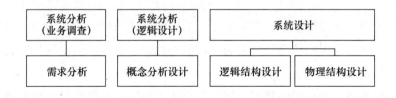

图 9-8　数据库设计与系统开发步骤的关系

1. 数据库的概念结构设计

概念结构设计应在系统分析阶段进行。任务是根据用户需求设计数据库的概念数据模型（以下简称概念模型）。概念模型是从用户角度看到的数据库，一般用 E-R 模型表示（见图 9-9）。

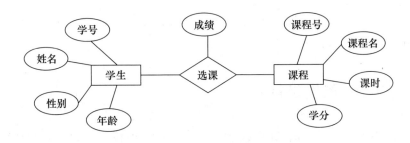

图 9-9　学生选课的 E-R 模型

2. 数据库的逻辑结构设计

逻辑结构设计是将概念结构设计阶段完成的概念模型转换成能被选定的数据库管理系统（DBMS）支持的数据模型。数据模型可以由 E-R 模型转换而来。

E-R 模型转换为关系数据模型的规则如下：

（1）每一实体集对应一个关系模式，实体名作为关系名，实体的属性作为对应关系的属性。

（2）实体间的联系如为一对一或一对多联系，通常可把联系并入多端对应的关系中，而不单独设立关系；如为多对多关系，则单独设立一个对应关系，联系名作为对应的关系名；如联系本身也带有属性，通常也需单独设立一个对应关系。

（3）实体和联系中关键字对应的属性在关系模式中仍作为关键字。

逻辑结构设计阶段提出的关系数据模型应符合第三范式（3NF）的要求。如果选用的 DBMS 是支持层次、网络模型的 DBMS，则还需完成从关系模型向层次或网络模型转换的工作。

据此，将图 9-9 学生选课的 E-R 模型转化为：学生（学号，姓名，性别，年龄）、选课（学号，课程号，成绩）和课程（课程号，课程名，课时，学分），注意选课表中除了选课本身的属性"成绩"以外，还要增加学生表的主键"学号"和课程的主键"课程号"。

3. 数据库的物理结构设计

物理结构设计是为数据模型在设备上选定合适的存储结构和存取方法，以获得数据库的最佳存取效率，包括：①存储介质的分配。例如，将易变的、存取频繁的数据存放在高速存储器上；稳定的、存取频度小的数据存放在低速存储器上。②存取路径的选择等。

三、输入/输出设计

MIS 的输入/输出设计，在系统设计中占据重要地位。因为输入和输出是用户与系统的界面，是用户与系统关系最密切的两部分，是两个主要接口，也是一项工作量大、手工作业多的操作，所以，对输入/输出的设计要给予充分重视。尽管输入/输出设计对于 MIS 的本身并不十分重要，但对用户来说是很重要的，一个好的输入/输出系统，将会大大增加用户对系统的信心，也给用户带来良好的工作环境。

1. 输入设计

输入设计对系统的质量有着决定性的重要影响。输出数据的正确性直接决定处理结果的正确性，如果输入数据有误，即使计算和处理十分正确，也无法获得可靠的输出信息。同时，输入设计是信息系统与用户之间交互的纽带，决定人—机交互的效率。

（1）数据输入方式设计。输入设计的任务就是设计出一个人—机界面良好的接口，并采取一些必要的技术措施以保证数据输入的正确性、完整性。输入方式主要包含键盘输入、模/数输入、网络数据传送、磁/光盘读入等。

（2）人—机对话方式设计。人—机对话方式包括菜单法、表格法、应答式、代码式等几种方式。

对话设计原则：对话要清楚、简单，不能具有二义性；对话要适合操作人员的水平，要能鼓励用户使用，并且容易学习掌握；对话本身应具有指导用户怎样操作和回答总是的一定能力；对话应能反映用户的观点、业务和习惯等；必须很快地反馈用户的输入状态（尤其是出错的情况），不能使用户犹豫或等待；要把错误信息的细节显示出来，并指导用户如何改正错误；对话应适合于用户的环境和具体的情况，允许具有不同能力和经验的用户在不同的速度下进行操作。

（3）输入界面设计。输入界面设计遵循以下原则：对话框要清楚、简单，对话框中用词要符合用户观点和习惯；对话框要适应不同操作水平的用户，便于维护和修改；错误信息设计要有建设性；关键操作要强调和警告。

（4）数据校验设计。数据输入常用的校对方式有以下三种：人工校对，即录入数据后再显示或打印出来，由人来进行校对；二次键入校对，二次键入是指同一批数据两次键入系统的方法；根据输入数据之间的逻辑关系校对，利用恒等式，对输入的凭证进行检验。

2. 输出设计

管理信息系统只有通过输出才能为用户提供服务。信息系统能否为用户提供准确、及时、适用的信息是评价信息系统优劣的标准之一。

输出设计包括以下方面的内容：

（1）输出形式设计。输出形式设计相对输入设计而言要简单，它主要是根据系统配置设计所选择 MIS 的要求确定输出形式。输出形式主要有以下几种：

其一，外部输出。这是 MIS 向系统之外环境的输出，如向用户或其他系统输出的信息、报表等。

其二，内部输出。这是 MIS 内部一个子系统向另一个子系统或一个处理过程向另外一个处理过程的输出。

其三，中间输出。这是 MIS 计算机处理过程中的中间输出结果，这种输出形式常用来向别的系统传递信息，做进一步处理使用，一般以数据文件形式存在。

（2）输出内容设计。输出形式确定后就要对每一输出进行内容设计，输出内容设计要首先明确用户对 MIS 输出信息的要求，如使用者、使用目的、使用频率、安全保密要求、份数等，在此基础上还要设计信息的输出方式（表格、文字、图形）、输出内容的项目及数据结构、类型、长度、精度、取值范围等。

（3）输出格式设计。MIS 对输出信息格式要求较多的是打印机输出和屏幕输出。

其一，打印机输出。打印机输出可分为报表打印、票据打印、查询打印、随意打印几种情况。

报表打印是打印机经常要执行的任务，一般报表格式都是由单位或行业确定的，不能随意改变，在打印时要严格按照原格式，且字体、大小均要一致。如果某些报表的格式可以改变，要和用户一起进行研讨解决，不要自行决定。根据用户情况，既可使用普通打印纸打印，也可使用已印制上表格线的空报表打印，前者因为要打印表格线，速度慢，后者不需要打印表格线，速度快。任何报表都在不断变化，设计也要考虑到变化。

票据打印主要是打印一些尺寸较小，一次几联的单据，一般采用复写打印纸的办法实现，有条件的可以用专门票据打印机，这样工作时速度快，但要在单据定位上多考虑一些，以免格式对不准，影响使用。

查询打印是指用户希望了解某些情况时，能得到它的永久拷贝形式，一般这类打印无太多的格式要求，只要把信息清晰明了地排列整齐即可。在设计时，可事先设计好几种格式，用户满意后再与内容匹配。

随意打印是指临时的需要，这些打印有的仅仅是要求信息内容，有的则与另一些格式相同，通过借鉴现有表格形式，经过临时更改即可实现。

其二，屏幕输出。屏幕输出是一种临时性的输出，它把系统输出的信息显示在显示器屏幕上，输出内容只能阅读不能保存，这种输出在用户的原系统（人工系统、现行系统）中没有格式要求。由于屏幕输出在用户需求中不易找到需求根据，只能具体考虑。

一类屏幕输出是打印机报表输出、单据输出、查询输出的屏幕显示，对这一类只要按打印机输出格式的要求进行处理即可，但往往会遇到屏幕太小问题，解决的办法是增加移动功能，使屏幕像一个窗口一样在表格的上、下、左、右进行移动。

另一类屏幕输出是纯粹的屏幕输出，与打印机输出毫无关系，这往往是一些查询，对这类输出其格式要求简洁明了、美观大方、信息量足够多、符合用户工作习惯及审美习惯。

无论是哪种屏幕输出，完成设计后，都要征得用户的同意。

四、处理流程设计

系统设计中最细致的工作就是处理流程的设计，由于这部分设计内容与具体编程实现关系密切，本书把它归入系统实施部分。

应该了解的是，总体设计决定了整个系统的框架，代码设计和数据库设计是系统处理的基础设计，输入/输出设计为界面设计，而将这些设计组成一个完整的系统就需要处理流程设计。一方面，处理流程设计是模块级的设计，它需要在总体设计的指导下，应用代码设计、数据库设计和输入/输出设计的成果来实现。另一方面，处理流程设计的任务是设计出所有模块和它们之间的相互关系（即联结方式），并具体地设计出每个模块内部的功能和处理过程，为程序员提供详细的技术资料。具体的设计工具可采用传统的 IPO（1nput – Process – Output）图、控制（程序）流程图、问题分析图等结构化设计方法。

五、编写系统设计报告书

系统设计报告书是系统设计阶段的成果，它从系统设计的主要方面说明系统设计的指导思想、采用的技术方法和设计结果，是新系统的物理模型，也是系统实施阶段工作的主要依据。一般可包含如下内容：

1. 概述

系统的功能、设计目标及设计策略、项目开发者、用户、系统与其他系统或机构的联系、系统的安全和保密限制等内容。

2. 系统设计规范

程序名、文件名及变量名的规范化说明、数据字典的说明。

3. 系统结构

系统的功能结构（模块）图、各个模块的输入处理输出图（IPO 图）。

4. 系统平台体系结构及网络拓扑图

要说明系统平台体系结构，目前多采用 B/S 结构，特殊情况下也可采用 C/S 结构。还有服务器与各节点的网络分布关系，用网络拓扑图表示。

5. 计算机系统的配置

（1）硬件配置。主机、外存、终端与外设、其他辅助设备。
（2）软件配置。操作系统、数据库管理系统、编程语言、软件工具、实用程序。
（3）网络配置。路由器、交换机、网卡、网线等网络设备。

6. 代码设计

各类代码的类型、名称、功能、使用范式及要求等。

7. 文件（数据库）设计

（1）数据库总体结构。各个文件数据的逻辑关系，通信要求。
（2）文件结构设计。各类文件的数据项名称、类型及长度等。
（3）文件存储要求。访问方法及保密处理。

8. 输入/输出设计

各种数据输入方式的选择、输入数据的格式设计、输入数据的校验方法。输出介质、输出内容及格式。

9. 系统安全保密性设计

关于系统安全保密性设计的相关说明。

10. 系统实施方案及说明

实施方案、进度计划、经费预算等。

 思考练习题

1. 系统设计包括哪些主要步骤及每步骤包括哪些主要内容？
2. 试述我国身份证中代码的意义，它属于哪种代码？有何优点？
3. 什么是数据模型？常用的数据模型有哪些？
4. 系统设计各阶段的主要任务有哪些？
5. 数据规范化不同范式需要满足什么条件？不满足情况下如何修订？
6. 数据库设计有哪些阶段？如何进行不同阶段间模型的转换？
7. 输入设计方式有哪些？如何进行校验？
8. 图书馆数据库中对每个借阅者保存的记录包括：读者号、姓名、性别、年龄、地址、单位；对每本书保存有书号、书名、作者、出版社；对每次借书保存有读者号、书号、借出日期和应还日期。要求画出该图书馆数据库的 E－R 图。
9. 找一个你熟悉或感兴趣的企业进行调研，按本章教材规范为该企业完成一份系统设计报告书的主要内容。

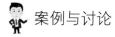案例与讨论

企业利用信息技术的风险（二）

福克斯·梅亚公司的例子告诉我们企业应用信息技术实际上也蕴含着巨大的风险。特别是随着 IT 应用日益广泛和深入，系统日趋复杂，实施周期长，还涉及组织变革等方面，整个过程充满不确定性因素。国内外的调查研究表明，企业利用信息技术的风险主要表现在以下几个方面：

1. 企业在 IT 系统设计和实施时，往往"脚踩西瓜皮、溜哪儿算哪"，没有合理规划系统建设，所实施的信息系统不能支持组织战略，导致 TI 投资失败。

2. IT 系统的应用仅仅模仿手工业务流程，并没有进行业务流程的优化和重组，出现"汽车跑牛路"——新技术迎合旧流程的现象，把任务牢固地锁定在系统流程里，造成"高速混乱"。

3. 在选用应用软件时，往往关心某个单一的核心应用，没有考虑不同的应用系统之间的关系，项目实施也各自为政，导致"信息孤岛"的产生。

4. 更为常见的是，随着信息化建设深入，形成纷繁复杂的应用环境——互不兼容的系统、各式各样的设备，导致维护成本居高不下，而且，复杂的应用环境与多种应用系统之间的冲突正形成一个新的"IT 黑洞"，出现新的"数据处理危机问题"，造成 IT 投入和回报呈现递减效应。

💬💬 企业利用信息技术的风险还有哪些？

第四部分　面向对象开发方法

第❿章
面向对象的开发原理

📎 学习目标

通过本章的学习，了解面向对象的编程思想原理；掌握面向对象的几个关键概念；认识面向对象编程的优点；理解面向对象开发方法的关键特征。

第一节　面向对象综述

一、面向对象的基本思想

从本质上来说，面向对象是一种看待问题的世界方法。以面向过程的观点看待世界，则世界是一个大的系统，这个大的系统由许多小的系统组成，小的系统由更小的系统组成，系统之间有着密切的联系；每个系统都有其产生和结束的生命周期，系统的开始和结束之间有着因果关系，环环相扣、井井有条。如果将系统中的每一个系统和影响这个系统的因素都分析出来，就能完全描述这个大系统的行为特征。所以以面向过程的观点，用计算机来模拟问题世界，首要的工作就是将这个系统的构成描绘出来，把构成大系统的各个子系统的因果关系都定义出来；然后通过所谓"结构化"的设计方法，将每个系统的运行过程描绘出来，形成可以控制的、范围较小的子系统；如此层层分解下去。通常，面向过程的分析方法，要求找到整个过程的起点，然后按照设计好的系统运行路线，分析构成系统的每一个子系统，再分析子系统的起点和终点，直至达到整个过程的终点。这个解决问题的过程中的每一部分都是整个过程链上不可分割的一环。"结构化"的方法，强调的是程序的模块化、结构化；反映了软件系统的确定性和按顺序执行的风格。对于重复使用的程序，可以通过子程序调用的方法实现。另外，这种编程方法对于数据的使用是通过程序调用数据文件的方式实现的，也就是说，程序和数据是分开的。这种编程方法相对于早期的编程方法来说有了很大的进步，使系统的可读性、易维护性大大提高。

图 10−1 展示了面向过程的模块化设计。假设整个系统由模块 1 和模块 2 构成，这两个模块又可以细分，细分的模块又可以细分。另外图 10−1 中还展现了结构化设计的三种基本流程。

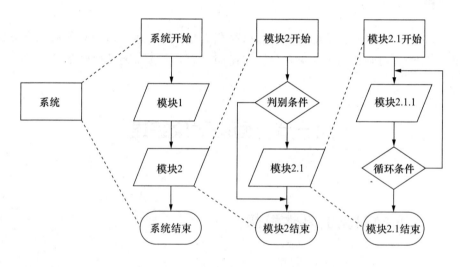

图 10−1　面向过程的模块化设计

接下来我们再看看面向对象的方法。

面向对象技术将问题世界看成是众多"对象"组成的，每个对象都有自己的特点和功能。也就是说，每个对象都有自己的数据和程序；对象之间是相互独立的，不具有直接的因果关系；对象通过自己的行为向外界其他对象传递"消息"，对象也接收其他对象传来的"消息"；对象之间通过这种的消息传递机制相互联系。对象接受什么样的消息、进而产生什么样的行为、再次向外界传递什么样的消息，完全由它自己的属性特点决定的。对象之间的这种相互联系和影响，构成了一个整体的问题世界。而在没有外力的时候，对象则保持着"静止"

状态。以面向对象的观点来分析模拟问题世界，开发者不必找到所有事件的起点，也不必设计整个系统变化发展的每一个细节。因此，这种方法需要做的是找到构成问题的一个个"对象"，认清每个对象的特点，在接到外部"消息"的时候能够做什么动作。这就是面向对象的观点。

　　显然，面向对象不是看待世界的唯一正确的观点，但它确实是一种较为自然的、易于理解的一种世界观；尤其面对复杂问题它更是一种有效的方法。后面我们还会说明面向对象开发方法有许多优点。因而当 SmallTalk、C＋＋、JAVA 等面向对象的程序设计语言出现的时候，便受到了普遍的欢迎，得到了广泛的应用。

　　图 10－2 面向对象的世界中，每个对象都是独立的，它们之间通过一定的机制联系起来，构成一个完整的有机系统。

图 10－2　面向对象的世界

　　再进一步理解面向对象方法的关键是对"对象"的理解。对象（Object）可以理解成一个实体、一种关系，通俗来说就是某种"东西"。一张票据、一台电脑可以看成是"对象"；一个页面按钮、按钮上的文字都是"对象"。

　　从外界看待这些对象，这些独立的对象有着一系列奇妙的特性。例如，"对象"有着坚硬的外壳，从外部看来，它就像一个黑匣子，除了作为用来与外界交互的消息通道之外，外界不需要了解对象的内部构造。又如，对象可以和其他对象结合在一起形成新的对象，结合后的对象具有前两者特性的总和；可以从一个对象"产生"一系列新的对象，这些新的对象将拥有其父辈对象的特征，也就是所谓的继承，但这些新的对象也可以拥有其父辈不曾有的新特性；对象可能拥有的行为都是定义好的，但是同一个定义的行为面对不同的"消息"会作出不同的动作……

　　从对象看待外界，对象不需知道它身处的整个世界是怎么回事，也不知道它的行为是如何贡献给这个世界的。它只知道与它有着联系的身边的邻居们（这称为依赖），并与它们保持信息交流关系。同时对象之间即便在消息伙伴之间，每个对象也仍然顽固地保护着自己的内部秘密，只允许其对象通过消息传递机制和方法的调用进行交流。

　　这些看起来更像乌合之众的所谓"对象"拼合在一起，怎么就形成这个规律的、分工明确的世界呢？想想我们身处的真实的世界，就能更加理解由"对象"构成的世界了。每一个人甚至一草一木都有着自己独特的特征和能力，谁也不关心世界的起源和末日，然而正是无数依据自己天性存在的个体，构成了这个精彩无比的世界。对象也是这样，一旦我们确定了一系列特征和规则，把符合规则要求的对象组织起来形成特定的结构，它们就能拥有某些特定的能力；给这个结构一个推动力，它们就能做出规则要求的行为。

面向对象技术的普及从根本上改变了人们对信息的看法，也改变了开发信息系统的方法。面向对象技术在当今的软件领域无所不在，越来越多的系统开发人员使用面向对象程序设计方法编写软件，使用面向对象数据库管理系统生成数据库，使用面向对象分析和设计技术设计新的系统。

二、面向对象的关键概念

1. "对象"的概念、特点

对象可以是有形的也可以是抽象的事物，例如，你在看一本书，那么这本书就是一个对象；放下这本书和同学们开会讨论这本书，那么这个会议也是一个对象。对象是抽象的、摸不到的，但是实际存在的一件事情。众多简单的对象可以组成一个复杂的对象，众多复杂的对象又组成更为复杂的对象，就这样层层组合，构成一个大的系统。一本书是一个对象，它是由各章组成的，而众多的书又组成了一个新的对象——书架，如图10-3所示。

在一个应用程序中，对象在哪里呢？就像现实世界中对象无处不在一样，在面向对象的程序中对象也是无处不在的。一个输入界面就是一个对象，一个按钮也是一个对象。在系统中，对象是用来描述客观事物的一个实体，具有静态特征和动态的行为，是构成整个系统的基本单位。

（1）属性（attribute）。每一个对象都有自己的属性。这些属性也可以理解成对象拥有的数据、对象的参数。比如一个按钮，它是一个对象，它必然拥有一些数据，来说明它的位置坐标、大小、颜色等，这些数据就是按钮的属性，说明了按钮的状态。当然，这些数据可以在编程的时候确定，也可以在程序执行的过程中确定或改变，也就是说对象的状态是可以改变的。

（2）行为（behavior）。每一个对象都有自己的功能，称为行为、操作、方法或服务。行为对对象的数据产生影响，可以改变对象的状态，如单击某个按钮，可以保存数据。对象在不同的状态下可以产生不同的行为。

通过上面的描述，为对象下定义：对象是封装了状态和行为的、有明确边界和标识的实体。状态用属性和关系表示，行为用操作、方法和状态表示，标识是指对象在其存在期间内拥有的唯一名称。

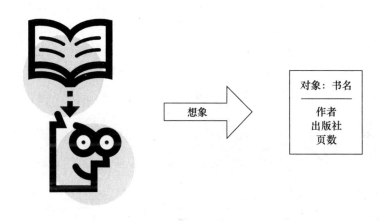

图 10 – 3　一本书可以看成是一个对象

2. "类" 的概念、特点

一些对象具有相同或相似的属性和行为，我们把这些共性抽象出来，提出类（Class）的概念。可以把类看成是一个模板，由这个模板可以产生许多对象，这些对象具有模板描述的共同特点，当然具体的对象也可以在模板给定的属性和行为的基础上进行变动，具有自己独特的属性和行为。

类的出现使得面向对象编程更具有乐趣、更加方便。编程时不必为每个对象编写代码，只须找到一个相关的类，声明这个对象是类的实例。

类具有层次性。一个类可以派生出许多其他的类，这时我们把这个类称为父类，这些派生出来的类称为子类。子类仍然可以继续派生出他自己的子类。父类拥有的属性和方法可以被子类继承下来，子类也可以扩展自己的属性和方法。如图 10 – 4 所示，"汽车"类有自己的属性特征，例如，有轮子、有方向盘等，"轿车""客车"和"卡车"都属于汽车类，都有汽车的属性，有车轮、有方向盘等，但是轿车的车轮可能不同于客车的车轮，也不同于卡车的车轮。这三种车在其他方面还有很多不同，但是它们都具有汽车的共同特征。在这个关系中，"汽车"类是"父类"或称"基类"，"轿车""客车"和"卡车"是"子类"或称"派生类"。进一步，如果另外还有一个称为"交通工具"的类，那么"交通工具"就是"汽车"的父类，这时"汽车"就是"交通工具"的子类了。这些关系体现了类的层次性。"火车"是一个概念，或者说是一个类，具有一定的特征，例如，要在铁轨上跑、有多节车厢等，具体细分，火车又分为"客车""货车"和"罐车"，这也体现了类的层次性。"火车"的概念相对于"客车""货车"和"罐车"更为抽象，抽象出了各种火车具有的共同的性质；"客车""货车"和"罐车"相对"火车"更为具体。这种抽象与具体的关系，称为"泛化"（Generalization）关系，也称"继承"（Inheritance）关系。当然，类之间还有其他的关系。

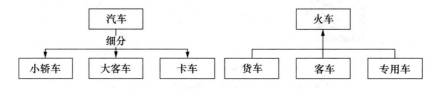

图 10-4　概念之间的层次细分关系（左）与规范的继承表达（右）

类的这种层次性带来了很多方便。例如，在 JAVA 语言中，许多基础的类不必我们编写，JAVA 实现给定了一些基础的类，通过这些类，我们可以构造出一些新的类。在微软的 NET 框架下编程，很多基础的类以及类中的函数都是现成的，微软公司已经开发好了，开发人员所要做的就是查阅相关的使用手册，对已有的类直接使用或改造后使用，构成自己的程序系统。另外程序员也可以直接使用其他人或他自己已经编写的类，在新的系统开发项目中使用。

除非为了练习，否则在系统开发时不要试图从头编写最基础的代码，要充分利用已有的代码。有句话叫作"不要试图发明轮子"说的就是这个意思，程序开发人员要把精力放在创造新的事物方面，轮子是早已经被前人发明并且广泛使用的了，在轮子上面过多地投入时间和精力是没必要的。我们在已有的类的基础上，编写出新的类，这些新的类又可以被他人利用构造更新的类，以此类推。因此，我们现在明白了，有了类的概念，面向对象编程的程序代码的可重用性大大提高了。以面向对象的方法开发系统，开发的效率和质量相应地也大大地提高了。

3. "消息"

众多的对象构成了一个对象的世界，对象之间有一些联系，如前面说的泛化关系，还有聚合关系和关联关系等。这体现了对象之间概念上的联系。但这些联系是静态的，没有反映"动态"的东西，作为一个要运转的"系统"来说，这是不够的。需要有推动整个系统动起来的机制，也就是说要有一些"事件"发生，对某些对象产生影响，改变对象的属性（或者说状态、数据），其中有的对象还可能产生某些"动作"，而这些"动作"又作为新的"事件"，对系统中的其他对象产生影响。整个系统就"动"了起来。需要说明的是，这些"事件"可能是来源于系统之外的，也可能是系统内某个对象发生的。所以说"事件"推动了系统。

当一个事件发生时，它对其他对象的影响是通过"消息"实现的。如果没有沟通，任何组织系统都不能有效地工作。在面向对象技术中，对象组成了系统，对象之间也要彼此通信。这就是面向对象的消息（Message）传递机制。对象之间只能通过消息进行通信，而不允许在对象之外直接地存取对象内部的属性。这也是由于面向对象的封装性引起的，它使消息称为对象之间唯一的动态联系方式。消息传递是对象之间通信的手段，一个对象向另一个对象发送消息，用来改变接收方的属性或者告所接收方进行一定的行动。显而易见，一个消息应当包含接收方的对象名、调用的操作和相应的参数。消息只告诉对方进行什么操作，但并不指出如何操作，如图 10－5 所示。

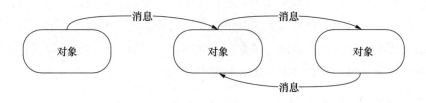

图 10－5 对象之间通过"消息"传递来相互联系

对象之间的消息传递机制，大大减少了数据的复制，还能保证对象封装的数据结构和程序的改变不会影响到系统其他部分。面向对象中常用函数调用体现消息传递，有时发出消息的对象会要求接收方在接到消息后返回数据，有时不要求返回数据。

总之，在面向对象中，众多对象组成了整个系统，对象之间的消息传递机制使对象之间保持联系，改变对象的属性状态，整个系统因此而运转起来。

第二节 面向对象技术的优势

一、传统开发方法存在的问题

1. 从系统开发的角度看

传统的软件开发方法把数据和过程分隔开来，看作是相互独立的部分。数据用来表达实际问题中的信息；过程是程序执行代码，用来处理这些数据。程序员在开发系统时要考虑数据的结构和类型的一致性。当数据的结构和类型发生改变的时候，其对应的处理程序也要改变。对于一个复杂庞大的系统来说，开发的工作量巨大，程序中可以重用的成分很少。面向对象通过父类和子类的继承关系，可以方便地构造具有相似功能的对象，使程序开发的工作量减少。

传统开发方法强调的是区分和分解系统的功能。由此产生的软件系统可维护性差，如果需求发生了变化，整个系统就要有很大的变动，甚至重新设计。面向对象的方法是基于稳定的对象和类。它首先强调区分来自应用领域的对象，然后进行软件设计。由于这种开发方法是建立在应用领域自身基础之上的，所以能够更好地支持需求的变化。即使需求发生了变化，大多数对象类也可以保持基本不变，如果修改，也可以通过继承性方便地实现。

2. 从系统稳定性的角度看

当把数据和过程分离时，经常存在使用错误的数据和错误的模块的可能。对于一个复杂的大型系统，维护数据和程序的一致性，成为成本较大的一项工作。另外，程序的维护难度大。当一处发生变动时，相关的数据、其他部分的程序都要变动，存在潜在的隐患。

面向对象把数据和过程封装在对象中，当一个对象的数据发生变化时，不会对整个系统产生影响。这种封装性保证了数据与过程的一致性，从而保证了系统的稳定性。

二、面向对象开发方法的特征和优势

1. 封装性

面向对象的一个主要特点是数据和过程的整合。在一个对象里面既有数据也有行为。这些细节对外是隐藏的，这就是面向对象的另一个重要原则——封装（encapsulation）。封装又称为信息隐藏，因为它向用户隐藏了细枝末节，反映了事物的独立性，使对象对外形成一道屏障，只保留有限的对外接口与外界发生联系。当我们站在对象外的角度观察对象时，只需注意它对外呈现的行为，而不必关心它内部的细节。这样，当对象的方法改变时，只要接口不变，客户在访问方法时不会有任何危险。对象的隐藏或封装部分是它们的私有的实现部分；可见的属性和方法是公共接口。封装性只暴露对象的行为的客户角度的视图，保护对象免于受到外部的干扰。它减少了程序代码的相互依赖性，有利于程序设计的灵活性和可重用性。

2. 继承性

父类的特性可以被了类继承（Inheritance），继承是面向对象技术的一个重要概念。父类也称基类或超类，子类是父类派生出来的，也称为派生类。这意味着父类包含子类共有的特性，更具有通用性；子类继承了父类的通用性，同时可以通过扩展或重写父类的特性而具有自己的特性，子类更具有特殊性。子类继承了它的父类特性，也继承了父类的父类的特性，这样层层继承下去。利用继承，我们只要在原有的类的基础上进行修改增补，就可以得到新的类，这大大减少了系统开发的工作量。继承是实现软件重用或泛化的重要手段。例如，在图形用户界面中，系统向用户提出不同类型的问题，我们不必为每一个问题从头编制程序，只需编制一个 Question 类，每一个问题是一个 Question 的特例，通过调用一个来实现。

继承可分为单一继承和多重继承。单一继承是指一个子类只有一个父类；多重继承是指一个子类有多于一个的父类。继承又可分为实现性继承和接口性继承。实现性继承是指被派生的类继承其父类的属性和行为，接口性继承是指被派生的类仅仅实现其父类的接口方法。

3. 多态性

子类从父类继承了属性和操作，但是这种继承不一定是原封不动的继承，一些子类可以将继承来的操作改变。多态性（polymorphism）是指同一个操作作用于不同的对象可以有不同的解释，并产生不同的结果。也就是说消息发送给不同的对象时，接收的对象将根据它所属类中定义的操作去执行，因而产生不同的结果。多态性体现了面向对象技术的灵活性。

4. 易维护性

在面向对象的观点看来，系统是由众多对象组成的，对象之间的相互作用和影响使得系统才能运转起来。而每一个对象都是封装了数据和操作的实例，这种封装性，增加了整个系统的稳定性，当少数对象发生变动时，对于整个系统的影响不是很大，维护起来比较容易。另外，当系统需要增加新的对象类的时候，一般不需要从头编写类的代码，只需要找到已有的相关类，进行继承即可，而只需对于部分代码进行修改。这样编写代码的工作量大大减少，这就是所谓的可重用性，这就是继承性、多态性带来的好处。显而易见，面向对象技术相对于传统的面向过程的结构化开发方法来说，维护起来更加容易。

5. 更符合人类对客观世界的认知模式

面向对象，从计算机系统开发的角度来看是一种方法论，从更广义的角度来看，是一种看待客观世界的认知模式。从本质上说，面向过程和面向对象是一个古已有之的认识论的问题。我们可以把世界看成是由一系列事件过程组成的，然而当我们面对的世界的宽度和广度足够大的时候，要想把这些事件过程一丝不差地刻画出来就成了一件不容易的事情。从另一个角度，以对象的观点看待世界，即认为世界的本质是由对象组成，平时看上去互相无关的独立的对象在不同的驱动力和规则下产生运动，然后这些过程便展现出了我们这个生动的世界。在面向过程的观点中，世界的一切都不是孤立的，它们相互紧密联系在一起、缺一不可、相互影响、相互作用，并形成一个个具有严格因果律的系统；而更多的系统组成了更大的系统，所有系统之间的联系也是紧密和不可分割的。

前面提到了面向对象具有的封装性、继承性、多态性和容易维护性等特点，然而，这些并不是面向对象的技术得到重视的主要目的。传统的面向过程的开发方法以及 DFT（数据流图）、ERT（实体关系图）、UC 矩阵等在软件开发方法中也曾有着巨大影响，以致今日在许多开发项目中仍然使用。然而，软件系统越来越复杂、庞大，系统复杂程度达到一定极限，人们用传统的方法处理系统、维护系统就显得力不从心了。有了对象的概念，人们可以通过提升抽象级别来构建更大的、更复杂的系统。这种应对复杂系统的能力，才是面向对象流行的真正理由。面向对象方法之所以会兴起，是因为这种认识论能够帮助我们构造更复杂的系统来解释越来越复杂的现实世界。认识到这一点，我们应该知道比掌握具体的技术更重要的是掌握认识论所采用的方法和分析过程。只有掌握了方法才能自如地使用工具。

 思考练习题

1. 面向对象方法中几个关键概念是什么？
2. 怎样理解对象的概念？对象有哪些特点？
3. 面向对象的方法相对于面向过程的开发方法有什么优势？
4. 常用的面向对象的编程语言有哪些？

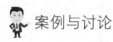 案例与讨论

软件业如何看待世界

人们在早期的软件开发活动中，计算机软件的需求和应用范围都不大，主要用于科学计算，另外由于受到硬件条件的制约，软件的规模较小。这个时期不太讲究开发方法，一般的程序由一两个编程人员就可以完成。程序代码和数据常混合在一起。这个时期软件开发强调编程的高效性，也就是尽可能用较少的代码实现复杂的功能，目的是充分考虑当时硬件的存储限制和中央处理器的处理能力。

后来计算机的应用扩展到商业和日常管理中，软件规模扩大了，软件需要多

人甚至团队开发，并且往往需要多次修改。这时候硬件也得到了发展，内存、外存以及中央处理器的处理能力都得到了很大提高，使大规模编程成为可能。对软件的要求不再是高效率，而是强调规范化、容易让他人看懂、容易修改。因此业界提出了所谓"结构化""模块化"的编程方法，也就是面向过程的开发方法。

站在面向过程的角度，这个世界是怎样一种结构？与面向对象的视角有何不同？

第十一章
建模工具和面向对象编程语言

📡 学习目标

　　通过本章的学习，要求理解 UML 的作用；理解 UML 建模机制中的若干主要图的作用，并掌握类图、对象图、用例图的严格表达方法；掌握顺序图、协作图、状态图和包图等的基本表达方法。对于面向对象的编程语言有所了解，重点了解 Java 和 C# 的特点。

第一节　建模工具
——UML 概述

　　用面向对象的方法来看，当对象们被按规则组合起来以后，就能表达预期的功能。其实世界就是这样组成的。例如，组装一台 PC 机，买来键盘、主机、显示器，这时看上去每个"对象"都互无关系，然而当它们按规则组织起来之后，按下一个键，显示器上便会有所反应。

　　利用一些零件能够组装出满足人们一定需要的结构，但是，此时我们不知道零件是怎么来的，难道零件是突然出现的吗？符合规则的标准零件是如何设计和制造出来的？通过这样的组装，可以实现这个结构、可以完成特定的功能，但是，如果用另外的一些零件，换另一个组装规则，能不能完成这个特定的功能？例如，不是买来主机，而是买来机箱、主板、CPU、内存等组成主机，不是也可以吗？

　　零件是标准的，组装规则是可以变化的，这意味着可以任意改变规则来组合它们。显然，即使是任意组装，它们也必然表达了某一种特定的功能。那么随意组装出来的结构表达了什么功能呢？上述疑问实质上体现了现实世界和对象世界的差距，即使面对简单的传统商业模式，仍有如下困惑：

对象是怎么被抽象出来的？现实世界和对象世界看上去差别是那么大，为什么要这么抽象而不是那么抽象呢？对象世界由于其灵活性，可以任意组合，可是我们怎么知道某个组合就正好满足了现实世界的需求呢？什么样的组合是好的，什么样的组合是差的呢？抛开现实世界，对象世界是如此难以理解。如果只有一个对象组合，怎么才能理解它表达了怎样的含义呢？

把世界看作是由许多对象组成，但是现实世界和"对象"世界之间存在着一道鸿沟，这道鸿沟的名字就叫作抽象。抽象是面向对象的精髓所在，同时也是面向对象的困难所在。实际上，要想跨越这道鸿沟，需要一种把现实世界映射到对象世界的方法、一种从对象世界描述现实世界的方法、一种验证对象世界行为是否正确反映了现实世界的方法。

UML，准确地说是 UML 背后所代表的面向对象分析设计方法，正好架起了跨越这道鸿沟的桥梁。然而 UML 不是一开始就出现，之前出现过一些建模语言或方法。

面向对象建模语言最早出现在 20 世纪 70 年代中期，在这期间，面向对象建模语言从几种迅速增加到 50 多种，这一段时期被称为面向对象技术的方法大战时期。从 20 世纪 90 年代中期开始，一些比较成熟的方法受到学术界与工业界的首肯和推崇。Booch 1993、OTM－2、OOSE 等是其中影响最大的几种方法。

Grady Booch 是面向对象方法最早的倡导者之一，*Objet－Oriented Design* 一书是其关于面向对象设计的重要论著。他对面向对象方法的主要贡献是对类及其继承机制的研究。于 1993 年提出的 Booch 1993 主要是用于系统设计和构造的方法。

James Rlombaugh 等在面向对象技术方面的主要贡献是面向对象的建模技术 OMT。该技术采用面向对象的概念并引入了不依赖于编程语言的独立符号。OMT 通过用对象模型、动态模型、功能模型和用例模型共同来完成对整个系统的建模。其中 1995 年提出的 OMT－2 主要适用于分析和描述面向数据的信息管理系统。

Ivar Jacobson 于 1994 年提出了面向对象软件工程（OOSE）的方法，其主要贡献是面向用例，并在用例的描述中引入了外部角色的概念，使用例成为精确描述需求的重要武器。OOSE 通常适合支持商务工程和需求分析。

Coad/Yourdon 提出的 OOA/OOD 方法，也是最早提出的面向对象的分析和设计方法之一。该方法有简单、易学等特点，但由于在处理能力方面的不足，目前已很少使用。

尽管出现了许多各有优势的面向对象方法，但不同程度的用户无法鉴别这些语言的长处和适用方面，也不利于不同用户之间的沟通和不同系统之间的交互和成果共享，因此，业内研究人员和众多厂商都开始意识到非常有必要对这些已有方法进行充分分析，汲取众长，建立一种统一的建模语言。

统一建模语言 UML 是一个在多种面向对象建模方法联合基础上形成的，它的出现在面向对象领域得到了广泛关注，并逐渐成为描述软件系统结构和设计蓝图建模语言的工业标准。它可以应用于各种系统建模，包括从企业信息系统到基于 Web 的应用。

在 1995 年 10 月出现了第一个版本，称为"统一方法"（Unified Method 0.8）。随后，又以"统一建模语言"（Unified Modeling Language）UML 1.0 的正式名称提交到 OMG（对象管理组织），在 1997 年 1 月正式成为一种标准建模语言。说它是语言，是因为 UML 本身并没有包含软件方法，而仅是一种语言。语言都是由基本词汇和语法两个部分构成的，UML 也不例外。UML 定义了一些建立模型所需要的、表达某种特定含义的基本元素，这些元素称为元模型，相当于语言中的基本词汇，例如，用例、类等。UML 还定义了这些元模型互相之间关系的规则以及如何用这些元素和规则绘制图形以建立模型来映射现实世界；这些规则和图形称为表示法或视图（View），相当于语言中的语法。

UML 是可视化的，这里可视化的含义并不是指 UML 的图形是可以用眼睛看到的，可视化的含义是指，UML 通过它的元模型和表示法，把那些通过文字或其他表达方法很难表达清楚的、隐晦的潜台词用简单直观的图形表达和暴露出来，准确而直观地描述复杂的含义。把"隐晦"的变成"可视"的，也就是把文字变成图形，这才是 UML 可视化的真正含义。

UML 是一种建模语言，是架设在现实世界和软件编码之间的桥梁。UML 在目前是如此的流行以至于提到面向对象技术必然要涉及 UML。

第二节　UML 的建模机制

从面向对象的角度来定义需求，使用到几个分离而又互相影响的面向对象模型或图。这几种图不都是必需的，一般用到其中的三四个就可以准确地定义需求。其中类图、对象图、用例图属于静态建模；协作图、顺序图、状态图、活动图、交互概观图和定时图等属于动态建模；系统架构建模包括包图、构件图、部署图和复合结构图等。下面介绍其中的几个主要的图。

一、类图、对象图

面向对象系统由一系列对象组成，每个对象都封装有它的数据和程序逻辑。我们通过一个类来定义程序逻辑的结构和数据字段。类定义描述了一个执行对象的结构模板。只有当程序开始执行时，对象才能存在。我们称之为类的实例化或生成一个实例对象。每一个类都包括它定义的属性和作用在其上的方法逻辑。

类图的目的是识别组成新系统的对象并进行分类。在类图中，还要识别对象的属性或特性。通常，用一个综合图来显示整个系统中所有的类和关系。

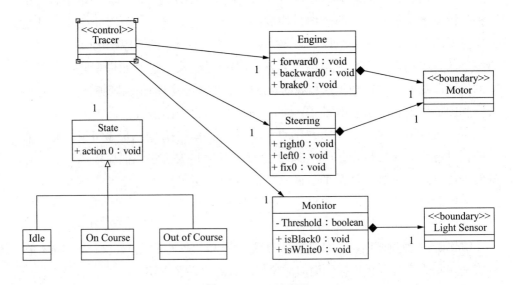

图 11 –1　设计类图

设计类图是对类图的扩展，它增加了属性和方法等细节。设计类图的输入信息来源于类图、交互图、状态图。

设计类图是类图的一个变体。类图表示一系列的类以及它们之间的关系。因为分析阶段是一个发现需求的过程，所以一般我们很少关心属性和方法的细节。

在面向对象设计阶段，类的属性有一个特征叫可见性，它表示其他类是否可以访问该属性。每个属性都有一个类型定义，例如，字符型或数字型。在设计阶段，我们希望细化这些项，并且定义传给方法的参数、方法的返回值以及方法的内部逻辑。因此，虽然分析阶段和设计阶段的类图是很相似的，但是设计阶段更加完善。

二、用例图

一种用以显示不同用户角色和这些用户如何使用系统的图的目的是识别新系统的"使用"情况，即识别如何使用系统。用例图从本质上讲是事件表的延伸。用例图是用来记录系统必须拥有的功能的简便方法。有时可以用一个综合的用例图来描述整个系统，有时可以用一些小型的用例图组成用例模型。

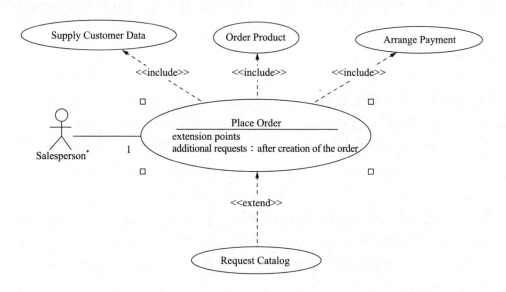

图 11 - 2 销售员处理销售订单的一个用例图

用例图的目标是提供一个系统的概览，包括使用这个系统的使用者和这个系统执行的功能。从这个意义上说，它定义了系统的范围，因此用例图与关联图类似。但是单个用例图在标识系统支持的功能方面来说，更像是一个数据流图 DFD 片段。

结构化建模和面向对象建模的一个主要差别在于开发一个定义自动化边界的用例图的思维过程。在 DFD 的开发中，自动化边界只在所有的过程已被细化后才确定。所以，在 DFD 中外部实体总是信息的源和目的，而且它可以不必是一个与系统交互的实体。在用例图中，不管这个实体是不是信息源，它都是与系统交互的实体。例如，一个客户可以打电话给一个职员订货。DFD 会把外部实体看作客户。职员的活动可以包含在称为"输入客户订单"的过程中。在用例图中，职员标识为使用系统进入并创建订单的参与者。另一个重要的差别是用例图不显示数据流。流进和流出系统的信息只有到下一层建模的交互图中才得以体现。

三、顺序图和协作图

用例图不显示系统的流入、流出及其内部信息。为了在面向对象建模过程中定义信息流，我们需要进入下一层图，即交互图。交互图包括从类图出来的对象和从用例图出来的参与者。一个特定的交互图记录了一个用例或一个场景的信息流动情况。

作为定义面向对象需求第一步的用例图并不标识每一个对象；当开发顺序图时，需要把在类图中确定的类和用例联系起来。使用类图和每一个场景的事件流。辨识哪些对象相互协作以及在场景事件流中所需执行步骤中它们交互什么。

有两种可以用来描述信息流和对象交互的交互图，协作图和顺序图都称作交互图。事实上，协作图和顺序图包含相同的信息，但是它们的侧重点不同。协作图强调对象交织在一起以支持一个用例，而顺序图把侧重点放在消息本身的细节上。在系统开发期间，可以使用这两种图的一种。喜欢自上而下方法的人倾向于画出协作图以得到协作执行一个用例的所有对象的概观，而喜欢自下而上方法的人倾向于画出一个顺序图。两者都是有用的模型。虽然顺序图比协作图更复杂，但顺序图用得更多。

1. 顺序图

顺序图展示对象之间的交互顺序。这些交互是指在场景或用例的事件流中发生的。在顺序图中共有四个基本符号：参与者符号，用一个小人符号表示；对象符号，用一个名字带下划线的方框表示；生命线符号，用虚线或狭窄的竖直方框表示；消息符号，用带消息描述的方向箭头表示。图 11 - 3 是用一个典型的顺序图表达的，表明了要使用的通用格式和符号。

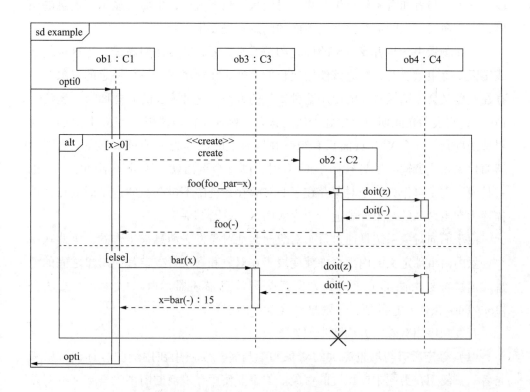

图 11 - 3　交互图（顺序图）

顺序图代表对象之间的消息和交互的一个特定集。有时读者会混淆参与者和对象这两个概念，特别是当它们具有相同的名字时。例如，在订单输入的用例中，有一个叫客户的参与者，也有一个叫客户的对象。它们的差别何在？客户参与者是一个外部的、物理的人，他扮演客户角色，代表物理的人。而客户对象是一个有关于客户维护信息的计算机对象，它纯粹是一个内部的计算机加工工具，一个虚拟的客户。显然，我们需要将内部对象和外部参与者的愿望和行动同步。事实上，这也是系统的目标，以维护有关外部的人（即客户）订购活动的内部计算机信息。当描述如何开发一个类图时，要注意外部"事物"（参与者）与内部"事物"（对象）的差别。

在一个场景处于活动状态时，执行者和对象也处于活动状态。在顺序图中用每个参与者或对象下面的生命线来表示活动所处的时期。

生命线是在顺序图中的一个对象下面的竖线，用以显示这个对象的时间阶段。每个参与者和对象都有生命线。时间从上到下流过，生命线显示了消息的顺序，在生命线之上的消息比在它下面的消息首先发生。

　　当在场景中参与者或对象的创建和销毁不重要时就要使用虚线，当这种创建或销毁变得很重要时，就应该使用狭长的方框。在顺序图中一个特定的对象开始存在然后又会被销毁时，要使用这种狭长的方框。这种狭长的方框称为"激活生命线"，它表示在此期间对象处于活动状态。例如，在描述把一个 Web 页面作为对象的场景，这个 Web 页面只有当它在屏幕上时才作为一个对象存在。当浏览器窗口关闭或者输入了另外一个 URL 时，则这个页面就不再处于活动状态，也就是说，它不再作为一个对象存在了。对象在系统中不再存在的这个时间点，被描述为在生命线的结束处画上一个大大的 X。见图 11 – 3。

　　由于面向对象系统是通过每个对象向其他对象发送消息来工作的，因此在一个场景内由事件定义的内部事件就变成了在对象和参与者或者其他对象之间的消息。消息符号由两部分组成：方向键头和消息描述器。消息描述器的语法是 [true/false 条件] 返回值：= 消息名（参数列表）。

　　开发顺序图有效的方法和步骤如下：

　　（1）确定所有与场景有关的对象和参与者。仅使用在用例图中标识过的参与者；只使用在类图中标识过的对象。如果要使用在以前的图中没有定义的对象和参与者，则要更新那些图。

　　（2）基于活动图，确定每一个需要用于完成场景的消息。同时，标识消息的源对象或参与者、目的对象或参与者。对象只能对他自己操作。例如，如果你想查看库存条目的数量时，只有库存对象本身可以做这件事情，订单对象、办事员对象、其他对象和参与者都不能做这件事情。所以必须存在带有目的对象是库存条目对象的消息。另外一个困难是标识消息的源。识别消息源的一些准则有：识别需要服务的对象；识别有权访问所需输入参数的对象；记住如果在类图中有一对多的关联关系，则通常在一端的对象会创建并发送消息给许多其他端的对象。

　　（3）下一步决定是否总是发送还是有条件地发送每一个消息。为保持简单，不需要识别每一个从消息返回来的响应，应将精力集中到得到消息上，最后再确定每一个消息返回来的响应。

　　（4）正确地为这些消息排序，把它们画在合适的参与者或对象的生命线上。

（5）给消息加上形式化的语法，包括描述条件、消息名、要传递的参数。

（6）如果愿意，可以加上响应消息和通讯以使顺序图更加完整。

2．协作图

协作图主要用来快速浏览相互协作、用来支持一个特定场景的所有对象。写作图的参与者、对象、消息都使用了顺序图中的符号，生命线符号没有使用。但是，也使用了一个不同的符号——链接符号。

协作图消息描述的格式与顺序图的信息描述格式有细微差别。由于没有生命线表明场景消息的时间，所以用数字顺序标号来显示每一个消息的顺序。协作图信息描述的语法是［true/false 条件］顺序编号：返回值：＝消息名（参数列表）。

在对象之间或者在参与者与对象之间的连线表示"链接"。在一个协作图中，链接表示两个对象共享一个消息：一个发送消息，另一个接收消息。连线本质上仅仅用于传递消息。

协作图很难表示同时发生的信息或同时开始的消息。这种图也不能表明场景内创建或删除对象的消息。有时，在交互图的开发过程中，可以画出一个不带有被简单标明写作参与者和对象的协作图，于是就开发一个顺序图用于描述场景内有关交互和消息的详细信息。一旦场景已经使用交互图详细描述好了，下一步的任务就是定义每一个对象类的内部。在交互图中已经定义的消息交互用于帮助描述每一个对象类的行为就是状态图。由于协作图与顺序图作用相同，且较少使用，这里未给出图例，感兴趣读者可参看 UML 相关资料。

四、状态图

状态图是一种用以表示对象在生命周期和转换器情况的图。一个状态图描述了每个对象的状态和行为。每个对象类都含有一个状态图。在状态图的内部是动作陈述，这些动作陈述在最终的系统中变成了逻辑，每个类中的逻辑称为方法。

在开发功能需求时，最后一类需要的信息是每个对象的内部逻辑。这些信息是对对象本身执行动作的描述。顺序图给出了对象行为的一个客观分析，它标识了对象发送和接收的消息。但是当一个对象接收消息时它应该做些什么呢？状态图的目标是描述对象的内部工作。系统类图中的每一个类有它自己唯一的状态图。状态图是从类图和顺序图中的信息开发出来的。

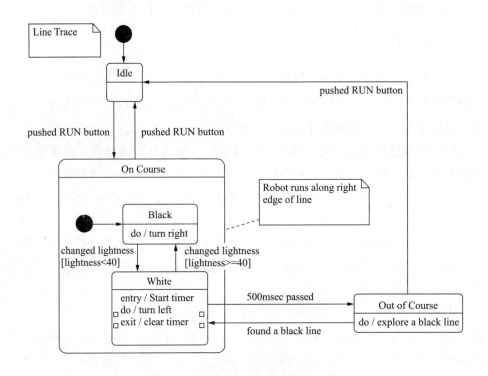

图 11 - 4　状态图（英文版建模软件输出）

　　在面向对象方法中，对象具有行为。每个对象是类的一个实例，每个对象具有完整的生命周期，即从创建到销毁。一个对象在系统内以某种方式开始存在，在它的生命周期中，它处于某种状态并且会从一个状态转换到另外一个状态。这些状态以及从一个状态到另一个状态的转换在状态图中显示出来。在状态图中两个主要的负号用来表示状态和转换。

　　当对象处于一种状态时，它或者是静止的没有任何事情发生，或者可能会处于活动状态并执行某些动作。例如，计算机的显示屏处于"打开"状态，这时它把内容显示在屏幕上；如果处于"关闭"状态，这时不管做什么它都不会有动作。于是动作是指对象在某种状态时执行的活动。动作也可以在状态转换期间执行。

　　状态由一个圆角方框表示，其内部是状态的名称。在某个状态期间需要执行的任何动作都要被放在方框内部的状态名称之下。如图 11 - 4 所示，它是铣床状态图的一部分。箭头是转换。第一个状态是"空闲"状态，它里面没有包含动作，机器处于"空闲"，即它处于"打开"状态，但没有任何事情。第二个状态是"机器正在工作"状态，工作状态是一个活动状态，并且这种机器装载部件、然后加工它、再卸载这个部件。

在图 11－4 中，使用两个特别的状态来表示状态图的开始和结束。一个黑圆圈表示初始状态，它仅表明进入状态图的入口点。初始状态也叫"伪状态"，因为入口点也许会比对象自身的创建更早。在内部涂黑的同心圆表示结束状态，这个状态表示从状态图中退出，通常表示从系统删除一个对象。这些伪状态的目的是使状态图更容易理解，它们没有什么特别的重要性。

另外一个需要说明的问题是关于对象转换。对象转换是一种机制，是指一个对象离开一个状态并转换到另一个新的状态。注意那些状态是半永久的，因为转换中断它们并引起它们终止。相对于状态来说，转换被认为持续的时间很短而且不能被打断。换句话说，一旦一个转换开始，它会一直通过把对象转换成新的状态而结束，这个新的状态叫作"目的状态"。转换用一个箭头表示，起始于转换前的状态，终止于目的状态，并且带有一个字符串来描述转换的组成部分。

关于状态图还有一些复杂的部分，比如并行或并发状态、复合状态、内部转换等。

五、包图

包图是一个高层图，它通过给出哪个类应该包括在哪个子系统中来记录子系统，包图信息主要来源于用例图和类图。

包图的目标是用于标识一个完整系统的主要部分。在一个大的系统中，通常要把系统分成许多子系统，每个子系统的功能相互之间都是独立的，虽然子系统间经常会交换信息并频繁地共享统一数据库。在包图中只使用两个符号：标识框、一个虚线箭头。标识框表示主系统和子系统，将子系统包围在主系统中，表示它是主系统的一部分。子系统可以安排到任何一层，但不允许重叠，换句话说一个子系统不能同时是两个高层系统的一部分。虚线头表示依赖关系。箭头的尾部表示被依赖的包，而头部是独立的包。沿着箭头阅读包图是最简单的办法。从本质上来说包图是如何最好地划分计算机系统的决定上开发出来的。为了实现这个设计决定，设计者要考虑事件表、用例图、类图。一旦类指定属于哪个包，那么依赖的箭头也就确定下来了。

第三节　面向对象的编程语言

面向对象编程语言至少应是基于类的，再加上继承性等方面的特性。下面介绍几种典型的面向对象编程语言。

一、Simula 语言、Smalltalk 语言、Eiffel 语言和 C 扩展语言

面向对象的基本思想来源于 Simula 语言。该语言是 Dahl 和 Nygaard 等在 1967 年设计的，当时取名为 Simula67，在 1986 年被称为 Simula。

后来最有影响的面向对象的语言是 Smalltalk。起源于 19 世纪 60 年代。实际上它不仅是一种语言，也是一个完整的编程环境，它包括编辑器、类层次浏览器和许多第四代语言的特征。

Eiffel 语言的主要设计者是 Interactive Software 公司的 Bertrand Meyer。它是一种目标明确的面向对象语音，试图解决正确性、健壮性、可移植性及效率问题。Eiffel 语言小而易学，还有一个综合性编程环境和高质量的类库。许多人都认为 Eiffel 实现了最好的面向对象语言，并且在许多项目中取得了成功，但是由于种种原因没有得到广泛应用。

Objective－C 和 C＋＋是对现有 C 语音进行扩展以支持面向对象的特性。Objective－C 是基于普通 C 语言，通过增加额外的数据类型而扩展了 C，提供 Smalltalk 语言元素大部分功能的库。它的应用面不是很广。

C＋＋是在 20 世纪 80 年代初期设计的，已有多个版本。它在 C 语言的基础上扩充而成，增加了数据抽象、继承机制、虚函数以及其他改善 C 语言结构成分，使之成为一个灵活、高效和易于移植的面向对象语言。C＋＋语言现有多种版本，它应用广，而且许多大型项目都采用了 C＋＋，C＋＋仍然是业界使用广泛的面向对象语言之一。

二、Java 语言

1995 年 SUN 公司推出了网络编程语言 Java，已经成为 Internet 上的主力语言。它是一种 Web 语言，提供安全性和并发性支持，小的 Java 程序可以作为 applet 在浏览器上运行。它的语法类似于 C＋＋，但是一种纯粹的面向对象语言，具有内存自动回收管理、不允许指针等优点，使软件更安全。Java 称为业界公认的跨平台通用语言，得到强大的后续支持。

Java 语言的特点如下：

其一，Java 虚拟机。Java 编译成为伪代码（字节代码），这需要虚拟机来解释执行。Java 虚拟机几乎可在所有的平台上运行，这就提供了独立于平台的可移植性，但这是以降低性能为代价的。为此，许多平台的本机编译迅速地涌现出来。另外，还出现了 Just－in－Time（JIT 虚拟机上的一种编译器），它在一个 applet 第一次运行时把字节代码转换为本机码，这样以后执行时要快得多。

其二，Java 的异常处理类似于 C＋＋的异常机制，但是更加严密。

其三，JavaBean 是组件，即类和其所需要的资源的集合。企业 JavaBean 是 J2EE 中间件的重要组成部分。

其四，Java 有它自己的对象请求代理技术——RMI（远程方法调用）实现跨网络地访问其他 Java 应用程序。

三、C#语言

C#是由微软公司开发的一种新的面向对象编程语言。这里的#是指在 C＋＋的基础上又多了两个＋，排列一下就是#。这意味着 C#是 C＋＋精炼之后的产物。它在某些方面与 Java 很类似，例如，没有指针、可做废料收集工作、什么都是对象等。但它是一个全新的编程语言，有自己的编译器，自己的语法规则，它是微软的．NET 前锋。它使程序员可以快速地编写各种基于微软．NET 平台的应用程序。由于 C#精心的面向对象设计，使它成为构建各类组件的理想语言。使用简单的 C#语言结构，可使组件方便地转化为 XML 网络服务，从而使它们可以由任何语言在任何操作系统上通过 Internet 进行调用。C#既增强了开发的效率，又消除了很多 C＋＋中常见的编程错误。由于 C#对．NET 框架的支持，加之语言本身容易学习和表达能力强，使它成为 . NET 平台中最适合的本机（native）语言。C#具有如下许多优势：

1. 简单性

没有指针是 C#的一个显著特性，用户使用一种可操控的（Managed）代码进行工作时，直接的内存存取，将是不允许的。在 C#中不再需要记住那些源于不同处理器结构的数据类型。

2. 现代性

用户可以使用一个新的 decimal 数据类型进行货币计算。C#通过代码访问安全机制来保证安全性，根据代码的身份来源，可以分为不同的安全级别，不同级别的代码在被调用时会受到不同的限制。

3. 面向对象

C#支持面向对象的所有关键概念：封装、继承和多态性。C#的继承机制只允许一个基类。如果需要多重继承，用户可以使用接口。

4. 类型安全性

C#实施了最严格的类型安全机制来保护它自身及其垃圾收集器。可以进行边界检查、算术运算溢出检查。C#中传递的引用参数是类型安全的。

5. 版本处理技术

C#尽其所能支持 DLL 版本处理功能，虽然 C#自己并不能保证提供正确的版本处理结果，但它为程序员提供了这种版本处理的可能性。有了这个适当的支持，开发者可以确保当他开发的类库升级时，会与已有的客户应用保持二进制级别上的兼容性。

 思考练习题

1. UML 是一种建模语言，然而它本身（　　）软件方法。

A. 包含了　B. 不包含

2. 用例图是站在用户视角的一种表达，它反映了一种（　　）。

A. 概念模型　B. 业务模型　C. 设计模型

3. 填空：使用 UML 建模过程，大体步骤是首先建立从（　　）到业务领域的模型，其次从业务模型出发建立（　　），最后从（　　）建立设计模型。

4. 填空：在 UML 中，用（　　）表示对象之间动态关系。

5. 为什么说 UML 只是一种建模语言，而不是一种软件开发方法？

 课外练习

ATM 机操作流程

大家经常使用银行卡，包括借记卡、信用卡，很多时候客户通过 ATM 机（自动柜员机）来进行各项操作，包括取款、转账、存款操作。

请认真思考一下业务操作流程。

第十二章
为需求建立模型

学习目标

本章的学习目标是理解面向对象的开发过程中需求表达的重要性以及如何表达需求。掌握获得用户需求的方法，能够区分业务需求和系统需求的不同。重点掌握使用 UML 为需求建模的技术。

第一节　系统开发过程概述

面向对象的开发过程，紧紧围绕"对象"展开，其开发过程的实质是对"对象"从无到有、从抽象到具体的过程，其开发阶段的划分，并不是像传统的结构化开发方法那样泾渭分明，各个阶段之间并没有非此即彼的界限。整个开发过程是一个不断完善、逐步具体化的过程。为了便于读者对照本书前面的结构化开发方法进行学习，这里仍然沿用传统的系统分析与系统设计的阶段划分方法。

将面向对象开发过程大体分为系统分析、系统设计和系统实施几个阶段，这种划分是由于历史的习惯原因，是借鉴传统的面向过程的开发方法的阶段划分。在实际操作中，面向对象的这几个阶段并不那样泾渭分明，而往往是界限不清、有时需要反复循环或相互嵌套的。因此，读者在学习中不必过多关注阶段之间的界限，而应当把注意力放在按照实际具体工作顺序方面。但是为了和传统开发方法衔接，这里仍然按照这样的划分来说明。

面向对象的系统分析（OOA）是对问题领域进行分析，明确需要解决的问题是什么，系统因而需要做些什么。面向对象的系统设计（OOD）是对系统设计阶段提出的模型进一步具体化，包括整个系统的结构设计和"对象"的具体化、对象之间关系的具体化。最后就是进行程序编码，用具体的程序语言来实现"对象"的功能。所以，面向对象的开发是围绕"对象"进行的，一般来说，应当进行以下几个阶段的工作：

一、分析问题、描述需求

为了建立一个系统，开发人员首先要明确系统的需求，即系统要完成哪些功能。这个过程需要开发人员反复多次地与用户交流、沟通和明确。然后得到具体、详尽的书面需求描述。然后要给出用户使用该系统的不同过程的描述。因为面向对象强调要从用户的角度来描述系统，就是"用例"描述。用例描述了用户在不同场景下对于系统的使用情况。用例描述要尽可能地全面。

二、识别对象和类

在用例描述的基础上，找出系统中客观存在的对象。包括识别与系统交互的外部实体、与系统交互的人员的角色、实际问题中的概念实体、系统运行中可能出现的事件等。一般可以从需求的描述中找出名词、短语的方法来识别可能的潜在对象。

对于对象的识别、筛选可以参考 Coad & Yourdon 的建议：潜在对象的信息应当对系统的运行是必要的；对象必须有一组可标识的操作，并且对象用这些操作为其他对象提供服务；对象应当有有意义的属性；为对象定义的有关属性应当适合对象的所有实例；为对象定义的有关操作应当适合对象的所有实例；对象应当是软件需求模型的必要成分，与设计和实现方法无关。只有潜在对象尽可能满足这些条件时，才会成为合格的对象。

三、构造对象模型（属性、行为）

对于对象的属性要仔细分析。对于客观存在的实体，应当作为对象处理，而不应当当作某个对象的属性。对于属性还要考虑尽量简单、减少冗余，如一个属性可以从另外一个属性导出，则考虑仅用其中一个属性。

识别对象的行为的目的是为了确定对象的操作。一般通过用例分析对象的状态—事件—响应，找出对象可能的行为，进而确定对象的操作。

四、构造对象动态模型（对象之间的关系）

前面步骤定义了对象及其具有的属性和操作，然后要确定对象之间的关系。

首先要识别对象所属的类，具有相似的属性和行为的对象同属于一个类。其次要形成不同层次的类之间的关系，如父类和子类。

在系统分析阶段，主要是确定对象之间的静态关系，对象之间的消息传递机制是动态的，放到系统设计阶段更合适。

通过面向对象系统分析得到的模型称为 OOA 模型。这一步的主要工作是研究问题域和用户需求、发现对象、定义对象的属性和操作。OOA 模型是抽象层次较高的系统模型，它忽略了针对具体实现的细节。

在明确了面向对象系统分析的主要任务之后，就要逐步完成这些任务。这个过程就是面向对象系统分析的过程。

五、完善和细化对象的属性和功能

面向对象的系统开发，是个循环细化、不断完善的过程。在完成了初步的对象模型、动态模型的构造之后，要对这些模型完善和细化。

首先要细化对象的属性。仔细分析各个对象，增加和删除对象的属性。同时，随着属性的增加，需要重新修订对象。例如，对于只适合某些特定实例的属性，可以通过引入分类结构予以解决；如果某个对象只有一个属性，则应当考虑合并对象；如果发现存在重复的属性值，就应当考虑是否增加对象。属性的具体化通过属性名称和描述性语言来实现。对于属性的取值、类型、单位等约束，也需要逐步具体化。

其次要具体化对象的服务，即对象的行为功能。具体而言，服务的具体化要分析需求，获得相应的说明，进一步要对服务的具体内容和算法给出描述。

六、反复循环、不断改进

面向对象的系统开发，也是一个反复循环、不断改进的过程。上述各个阶段的工作，不是传统的"瀑布"式的单向过程。开发进行到某个阶段发现问题，往往需要回溯到前面的某个阶段，甚至需求的重新获取。

七、编码实现与调试维护

最后选择合适的程序设计语言，进行编程、调试、试运行等。系统的功能最后必须落实到具体的语言、数据库的技术实现上来。一般认为，由于在前期对此有所侧重考虑，因此系统实现上不应当受到具体的语言限制，因而这个阶段在整个开发过程的比重较小。

需要强调的是，应当尽可能地采用完全支持面向对象的程序语言，不仅是由于这些语言已经成熟和流行，而且重要的是完全支持面向对象的语言有更好的安全性、易用性，能够更好地实现面向对象的开发工作。

第二节　从现实世界中提取、建立业务模型

建立模型是人们解决现实世界问题的一种常用手段。我们通常接触到的建模是为了解决某个问题而建立的一个数学模型，通过数学计算来分析和预测，找出解决问题的办法。从理论上说，建立模型是指通过对客观事物建立一种抽象的方法，用来表征事物并获得对事物本身的理解，再把这种理解概念化，并将这些逻辑概念组织起来，形成对所观察的对象的内部结构和工作原理的便于理解的表达。模型要能够真实反映客观事物就需要有一个论证过程，使模型建立过程是严谨的，并且结果是可追溯和验证的。对于一种软件建模方法来说，为现实世界建立逻辑模型也要是严谨的、可追溯和可验证的，除了描述清楚需求，还要能很容易地将这个模型转化为计算机也能够理解的模型。

我们所处的这个现实世界充满了丰富多彩但杂乱无章的信息，要建立一个模

型并不容易。建立模型的过程是一个抽象的过程，所以建立模型，首先要知道如何抽象现实世界。如果我们站在很高的抽象层次，以高度归纳的视角来看这个世界的运作，就会发现现实世界无论多复杂，无论是哪个行业，无论做什么业务，其本质无非是由人、事、物和规则组成的。人是一切的中心，人要做事，做事就会使用一些物并产生另一些物，同时做事需要遵循一定的规则。人驱动系统，事体现过程，物记录结果，规则是控制。建立模型的关键就是弄明白有什么人，什么人做什么事，什么事产生什么物，中间有什么规则，再把人、事、物之间的关系定义出来，一个模型也就基本成型了。UML 提供了这样的元素来为现实世界建立模型。

UML 采用被称为参与者（actor）的元模型作为信息来源提供者，参与者代表了现实世界的"人"。参与者是模型信息来源的提供者，也是第一驱动者。换句话说，要建立模型的意义完全被参与者决定，所建立的模型也完全是为参与者服务的，参与者是整个

图 12－1　参与者、用例

建模过程的中心。UML 之所以这样考虑，是因为最终计算机的设计结果如果不符合客户需求，再好的设计也等于零。与其在建立计算机系统后因为不符合系统驱动者的意愿而推倒重来，还不如在一开始就从参与者的角度为将来的计算机系统规定好它必须实现的那些功能和必须遵守的参与者的意志，由驱动者来检验和决定将来的计算机系统要如何运作。

UML 采用被称为用例（use case）的一种元模型来表示驱动者的业务目标，也就是参与者想要做什么并且获得什么。这个业务目标就是现实世界中的"事"。而这件事是怎么做的，依据什么规则，则是通过被称为业务场景（business scenario）和用例场景（use case scenario）的 UML 视图来描绘的，这些场景便是现实世界中的"规则"。最后，UML 通过被称为业务对象模型（business object model）的视图来说明在达成这些业务目标的过程中涉及的事物，用逻辑概念来表示它们，并定义它们之间的关系。业务对象模型则代表了现实世界中的"物"。人、事、物、规则就是这样被模型化的。

UML 通过上面的元模型和视图捕获现实世界的人、事、物和规则，于是现实信息转化成了业务模型，这也是面向对象方法中的第一步。业务模型真实映射了参与者在现实世界的行为，如图 12－2 所示。

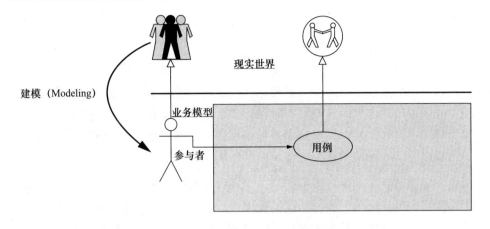

图 12-2 从现实世界到业务模型

第三节 获取需求

开发的前期，或者说系统分析工作由谁来完成？这部分工作应当同时涉及客户和开发团队。也就是说，在这一个阶段，开发团队要和用户合作，发掘客户的需求，因为只有顾客才最了解问题领域以及系统需要完成的事情，同时，开发团队要根据客户的需求来确定系统的功能和边界，因为开发团队最了解如何使用程序设计和软件资源来设计一个符合顾客需求的系统。

一、获得用户需求

开发人员要与用户沟通，了解用户的业务需求。开发系统的目的就是为用户使用，因此对于系统应当具有哪些功能，用户尤其是直接使用系统的直接用户是最有发言权的。获取用户需求是系统开发的第一步，也是最重要的一步。

首先，可以通过交谈获取用户需求。面对面的交谈是有效的方式。开发人员直接询问用户目前业务流程以及对新系统功能方面的期望和要求，并且记录下来，但需要注意以下几方面：有时用户的需求不能完全用语言表达出来，这时需要开发人员通过引导、启发的方式让用户表达出来；另外，用户表达的需求可能与开发人员理解的需求产生歧义，这时最好通过重复表达、反问等形式让用户确认自己的理解，消除歧义，达成共识。

其次，通过观察的方式，了解用户的业务流程，获取用户需求。开发人员要善于观察，用心体会用户的业务流程，从中发现问题和不足。这一过程是对通过交谈方式获取用户需求的补充。有时一些需求用户没有表达出来，其中的原因不能仅仅归结于疏漏，开发人员与用户知识结构方面差异是主要的，如有的问题开发人员不明确，而在用户看来是不言而喻、不需要说出来的常识性的东西。在这种情况下可能造成需求或取得不完整，为日后开发留下隐患。例如，一位大型政府国防项目的项目经理发表过一段措辞偏激的言论："软件工程师毫无用处，我宁愿雇用雷达专家教会他如何编程，也不愿雇用程序员教会他雷达信号流程。"原因是他负责的这个项目系统曾经发出了错误的导弹来袭警报，险些酿成大祸。更让他不能忍受的是，系统的程序开发人员拒绝对这个错误承担责任，程序员说，这是由于用户需求表达不完全造成的，而不是开发人员编程方面的问题。这位经理发现，需求文档没有指出特定的例外环境会导致错误的警报，但是他认为编程人员应该具备这一基本知识，这是不言而喻的常识。由此可见，获取完整的、无歧义的需求是十分重要的。

对象发现过程的第一步是研究分析初始阶段所形成的需求说明规范。因此形成书面的需求是有必要的。也就是理解用户的需求之后"写"到纸面上。因为对于用户的需求并不是理解就可以了，还要交给后续开发人员来使用，因此必须落实到纸面上。另外，项目规模大小不同，需求规范的详细程度也有所不同。即使是最小的项目，也应该有某种成文的需求说明规范，开发团队根据这些规范来进行工作。

在确定用户需求的时候，用户可能不是十分准确地明确他们自己真正想要的东西。需求说明规范也可能并不完全精确或完整。在分析需求规范这个阶段要求开发人员和用户反复沟通确认，对需求规范进行不断完善和更新。因此，这一个阶段要求开发人员与用户协同工作、保持沟通。

最后，获取需求不是一蹴而就的，往往是需要反复进行迭代式的过程。开发人员通过交谈、观察等手段，按照自己理解的方式将用户需求写下来。然后经过整理，再与用户交流，进行补充和修改。如此反复多次，最后形成较为全面、准确的需求。在特别重要的部分还可能需要用户签字确认。

二、系统需求分析报告是系统分析阶段的里程碑

在早期的系统分析方法中，由于采用传统的结构化分析方法（该方法要求对需求进行冻结），因此，分析报告可以按部就班地进行编制，即先编制系统需求报告，然后是可行性分析报告，接着是需求分析报告。但是，现代信息系统的开发要求基于迭代模型，在开发过程中允许需求变更，需要随时对分析模型进行精化，若再采用传统的手工编制方式，则修改的工作量是非常巨大的。正是基于这个原因，现代的建模工具都支持直接将模型自动生成分析文档的功能。例如，Sybase PowerDesigner 中的 Report 提供了一个工具，使开发人员可以定制模型中的任何元素，并将其放入报告中合适的地方；Rational Rose 也具有类似的功能。

另外，还有一些建模工具有反向功能，即如果对生成的报告中有关模型的文字叙述部分进行了修改，则可以通过反向功能修改模型中相应的部分，这样在下次重新使用报告工具生成报告时，不至于造成已修改内容的丢失。但如果采用建模工具进行系统分析，原则上不提倡直接修改报告内容，而是先修改模型，然后重新生成报告。

若采用传统的开发方法，典型的系统分析报告内容包括业务活动描述（数据流程图）、业务逻辑描述（处理过程描述）、业务数据描述（数据字典）、系统的非功能性要求（质量要求等）。

若采用面向对象的方法，典型的系统分析报告内容包括用例图、全局结构描述（静态结构图）、系统术语表等。

第四节　描述需求

在系统开发过程中，技术问题并非主要问题，最重要的是怎样处理需求，即如何能得到正确的需求，并且准确地表达出来。UML 提供了这方面的有效工具——用例图。

在需求表达阶段的难点是如何避免歧义。需求获取的途径有多种形式，但最终必须获取总体问题的陈述、系统的用户、系统的目标、系统的功能以及系统的

属性。用户需求描述了用户使用系统必须完成的任务，使用用例（Use Case）进行说明。

用例图能够增加对需求的理解，它是基于前面形成的需求规格说明书的，用简单而明确的图示来表达需求。用例图用来描述参与者（Actor）使用系统完成某个过程的情况。也就是说，用例图是站在用户的角度来看待系统的功能的，这一点需要特别注意，后面会提到其他一些图示技术，它们描述问题的角度不同。用例图是表达用户的需求的，因此是以用户的观点来描述系统的。

传统的系统开发方法在对需求进行说明时，包含了大量的"系统将……"的功能描述。面对这些难以理解的文档描述，系统分析员、编程程序员经常会有疑问："按照这些描述开发出的系统是用户需要的吗？"大部分人还要找到客户问他们希望系统具备什么样的功能、希望怎样使用系统。

用例就是用来讲述客户（或者系统外的其他主体）如何使用系统来执行某些任务的。用例是系统的使用过程，用例不是简单的需求或功能的规格说明，但是它体现出了需求规格说明中所描述的过程中的需求情况。通过用例来观察系统，能够将系统实现和系统目标分开，这样有助于了解系统最重要的部分。

在用例图中，参与者是一个外部的实体，他以某种方式参与了用例的执行过程。参与者经常通过向系统输入或者请求系统输出某些事件来触发系统的执行。参与者在使用用例时的角色就是参与者的名称，例如，学生、柜台操作员等。

对于一个用例来说，存在一个用例的发起参与者，它发起了用例的执行过程；还存在若干个其他参与者。参与者可以是人员，也可以是计算机系统或者其他设备。

如何找到系统的用例呢？可以使用两种方法。第一种方法是基于参与者的方法。这种方法首先识别出系统或者主旨的有关参与者，然后对于每个参与者，识别出其发起或参与的执行过程。第二种方法是基于事件的方法。首先识别出系统必须相应的外部事件，然后再把事件中涉及的参与者找出来。

把找到的用例，使用用例图来表示出来。用例图显示了参与者、用例和用例之间的关系。用例图在宏观上给出了系统的总体轮廓，通过扩展用例图来描述局部细节。用例图的画法是，将用例表示为一个椭圆，参与者表示为一个人形，用例的命名一般用动词开头，强调这是一个过程。例如，注册学籍、购买商品，如图 12-3 所示。

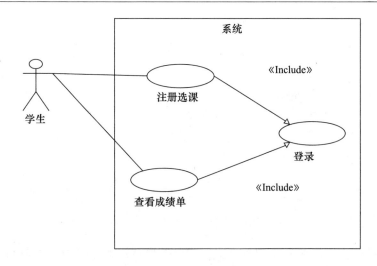

图 12 - 3　一个用例图示例

图 12 - 3 表明了参与者、系统边界、用例及用例之间的关系。在这个用例图中有一个参与者，在左侧，代表了系统的外部环境。右侧的大的矩形框表示了系统的边界。系统的边界用来说明构建的用例模型应用范围。系统边界的定义是很重要的，能够表示出哪些是系统之内的、哪些是系统之外的，进而明确识别出系统的职责是什么。需要说明的是，选取不同的角度，可能系统的边界不同。图 12 - 4 左图表示了以银行为系统边界，右图表示了以柜台终端为系统边界，表示了对于一个银行储蓄系统以不同角度看到的系统边界。

用例之间也是有关系的。一般分为如下几种：①关联关系，只能用于参与者与用例之间的关系，可以是单向的也可以是双向的；②包含关系，只能用于两个用例之间，说的是一个用例包含在另外一个用例之中；③扩展关系，是使用一个新的对原有的某个用例的补充，而不对原有的用例产生影响，新的用例定义了一些新的特点和行为，通常用来表示异常行为或例外的处理；④泛化关系，也是抽象与具体的用例关系；⑤实现关系，它表达了基本用例和实现用例之间的关系。基本用例不涉及用例的实现细节，在系统分析阶段创建的都是基本用例，而实现用例一般是在系统设计阶段创建的。部分关系如图 12 - 5 所示。

需要说明的是扩展关系、包含关系和可选关系之间的区别和联系。在扩展关系中，扩展用例时可能执行过程，扩展用例具有新的扩展功能，额外地附加到基用例的某一点，对于基用例的流程描述不产生改变影响。采用扩展用例的目的

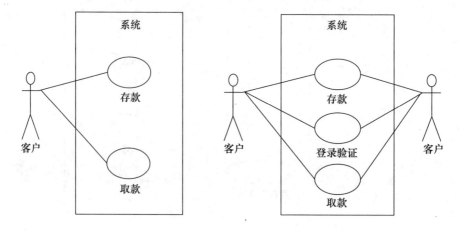

图 12 - 4 (a) 以银行为系统边界   图 12 - 4 (b) 以柜台终端为系统边界

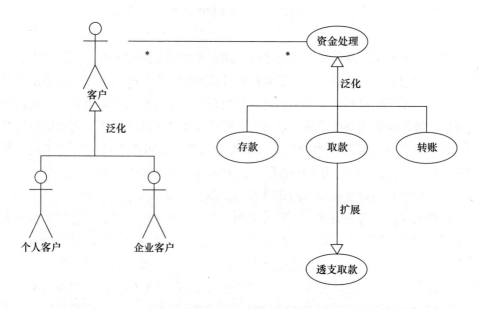

图 12 - 5   用例图中的部分关系

是为了使用例流程更加清晰。基用例执行到某一个扩展点，根据实际条件决定是否执行扩展用例。如果不执行扩展用例，基用例正常执行；如果决定执行扩展用例，那么转入扩展用例，当扩展用例的行为结束后，控制仍然返回到基用例的扩展点，基用例无须了解扩展用例。总之，扩展用例是对基用例增加的额外行为，无论扩展用例执行与否，都不会对基用例产生影响。包含用例的流程与扩展用例的流程基本一致，区别在于，包含用例中被包含的用例中的事件不需要被判断，肯定被执行，可以看成是基用例整个行为的一部分。可选关系则是另外一种情况，可选事件表示实现用例的另外一种可能途径，它改变了基用例的流程，可选事件执行结束后，可能不返回基用例。

用例图是分层次的。在初期，只需要找出最重要的、最高层次的用例，然后层层扩展。因为面向对象开发方法不同于传统的瀑布式的开发方法，它更强调迭代式的开发，不需要一次性到位，可以在后续的工作中反复补充、改进。用例可以分为主要的用例、次要的用例和可选的用例。主要的用例是对那些主要过程的描述；次要的用例描述了那些不重要的或者不常见的用例；可选的用例描述了那些可以处理也可以不处理的用例。

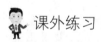 思考练习题

1. 简述使用面向对象开发方法的系统开发过程。

2. 如何获取需求？

3. 在面向对象方法中，使用哪些具体工具描述需求？

课外练习

ATM 机需求表达

小张对银行自动柜员机进行初级分析。他持卡到 ATM 机操作，通过分析其主要的业务过程，写出简单的需求如下：

（1）银行卡的识别。包含伪卡识别以及密码验证。

（2）进入用户账号界面。一般提供的功能有"查询余额""取款""更改密码"等功能。

（3）结束操作。客户执行完"账户界面"的功能之后，可以选择"打印单据"或"不打印单据"，选好之后"退卡"就结束此次交易操作。

请分析需求，使用用例图表达出来。

第十三章
分析问题

学习目标

通过本章学习，首先要理解建立分析模型的原因和基本思想；其次对于静态分析要求能够初步识别对象、归纳出类；要求重点掌握使用类图表达类之间的几种关系；对于动态分析，要求理解动态分析与静态分析的区别，掌握使用通讯图动态建模的方法。

第一节　建立分析模型

面向对象的开发过程，紧紧围绕"对象"展开，其开发过程的实质是对"对象"从无到有、从抽象到具体的过程，其开发阶段的划分，并不像传统的结构化开发方法那样泾渭分明，各个阶段之间并没有非此即彼的界限。整个开发过程是一个不断完善、逐步具体化的过程。为了便于读者对照本书前面的结构化开发方法进行学习，本章仍然沿用传统的系统分析与系统设计的阶段划分方法。

一、分析模型作用

从现实世界到业务模型的映射，只是原始需求信息，距离可执行的代码还很遥远，必须把这些内容再换成一种可以指导开发的表达方式。UML 通过被称为概念化的过程（Conceptual）来建立适合计算机理解和实现的模型，这个模型称为分析模型（Analysis Model）。分析模型介于原始需求和计算机实现之间，是一种过渡模型。分析模型向上映射了原始需求，计算机的可执行代码可以通过分析模型追溯到原始需求；同时，分析模型向下为计算机实现规定了一种高层次的抽象，这种抽象是一种指导，也是一种约束，计算机实现过程非常容易遵循这种指导和约束来完成可执行代码的设计工作。

二、分析模型里的元模型分类

事实上，分析模型在整个分析设计过程中承担了很大的职责，起到了非常重要的作用。绘制分析模型最主要的元模型有接口类、实体类和控制类，如图13-1所示。

图 13-1　分析阶段的类图表达方式
（从左至右分别是接口类、实体类和控制类）

1. 接口类

边界是面向对象分析的一个非常重要的观点。从狭义上说，边界就是大家熟悉的界面，所有对计算机的操作都要通过界面进行。从广义上说，任何一件事物都分为里面和外面，外面的事物与里面的事物之间的任何交互都需要有一个边界。比如参与者与系统的交互，系统与系统之间的交互，模块与模块之间的交互等。只要是两个不同职责的簇之间的交互都需要有一个边界，换句话说，边界决定了外面能对里面做什么"事"。在后续的章节中，读者会感受到边界的重要性，边界能够决定整个分析设计的结果。

2. 实体类

原始需求领域模型中的业务实体映射了现实世界中参与者完成业务目标时所涉及的事物，UML采用"实体类"来表达业务实体。实体类采用计算机的观点，在不丢失业务实体信息的条件下重新归纳和组织信息，建立逻辑关联，添加那些实际业务中不会使用到，但是执行计算机逻辑时需要的控制信息等。这些实体类可以看作是业务实体的实例化结果。

3. 控制类

边界和实体都是静态的，本身并不会动作。UML 采用控制类来表述原始需求中的动态信息，即业务或用例场景中的步骤和活动。从 UML 的观点看来，边界类和实体类之间，边界类和边界类之间，实体类和实体类之间不能够直接相互访问，它们需要通过控制类来代理访问要求。这样就把动作和物体分开了。考虑一下，实际上在现实世界中，动作和物体也是分开描述的。

这里有一个类比，"某物在某地做了什么事"，有了"物""地点"和"事情"，就能构成一个有意义的结果。分析类也是应用这个道理来把业务模型概念化的。由于所有的操作都通过边界类来进行，能做什么和不能做什么由边界决定，所以边界类实际上代表了原始需求中的"地点"；实体类则由业务模型中的领域模型转化而来，它代表了现实世界中的"物"；控制类则体现了现实世界中的"动作""行为""事情"；再加上由参与者转化而来的系统的"用户"，这样一来，"人"也有了。有了人、事物、地点、动作，我们就可以把它们组合成各种各样的应用场景，表达业务过程。当然不能随意组合，而是要依据业务模型中已经描绘出来的用例场景来组合这些元素，让它们表达特定的业务含义。

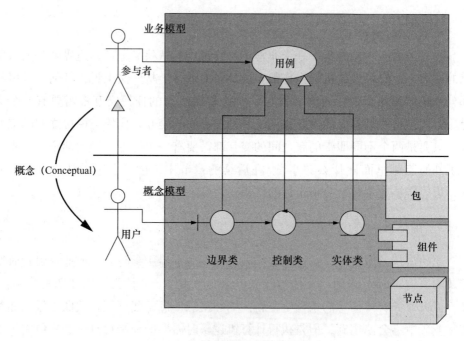

图 13-2　业务模型到概念模型

另外，在这个阶段，还可以对这些分析类在不同的视角上进行归纳和整理，以表达软件所要求的一些信息。如包、组件和节点。软件架构和框架也通常在这个阶段产生。

经过概念模型的转换，业务模型看起来对计算机来说可理解了。但是要得到真正可执行的计算机代码，需要将概念模型实例化，即再次转化为计算机执行所需要的设计模型。后面将讨论概念模型到设计模型的转化问题。

第二节　静态分析

面向对象的开发工作主要是围绕着对象、类来进行的。所谓静态和动态，说的是系统的状态。考虑系统软件中应当有哪些对象、哪些类？它们应当有哪些属性？可能有哪些行为？这些分析一般来说是静态分析。这些对象在系统运行的时候，会怎样动作？与其他对象会有怎样的交互？这些分析一般来说属于动态分析。

一、发现对象

完成需求说明规范、用例图之后，需要确定系统中可能的候选对象。用例图从外部的角度描述了系统，但是还不能向开发人员提供功能的细节，也就是说要转到开发人员的视角来描述系统。因此系统分析人员还需要考虑系统的静态结构。建立概念模型（或称对象模型）来对系统建模。将现实世界中的真实事物抽象出来，概念化，形成模型。"类"就是对现实世界中具有相同属性、操作、方法、关系和语义的一组对象的抽象描述。

我们说对象是类的实例。那么，为什么说这一阶段是确定对象，而不说是确定类呢？这是因为在分析过程中，从特定对象的角度来思考要比从更通用的类的角度来思考更容易。随着系统模型的逐步明确，分析阶段发现的对象被直接代入设计阶段用以创建系统的体系结构，最终实现可用代码来表示的类的定义。

对象在面向对象系统中处于核心地位，需要经验和判断来决定哪些对象存在于系统中。因此对于 OOA 最重要的就是对象发现（object discovery）。对象发现的目的是找出可能成为软件系统一部分的那些对象。

使用用例模型表达的是系统的行为，而对象模型描述的是系统的静态结构。对象模型是对用例模型的补充，由关联、聚集、泛化等概念组成的静态模型，从另一个方面表达了系统的需求，这两者共同组成了完整的分析模型。在传统的结构化分析中，数据流图（DFD）提供了系统的功能视图，逻辑数据模型代表了系统的静态视图。在面向对象的开发方法中，用例表达了系统的功能范围，对象模型表达了系统的静态结构。这两个方面是不可分割的，两者不是孤立的。对象模型中的对象应当参与到用例中，用例的行为应当有对象及其关系来支持。用例可用于建立对象模型，并用于验证对象及其关系。

发现对象的方法主要有三种：

第一种是从问题领域中抽象而来。这种途径要求在系统开发之前必须进行领域分析，从领域模型的领域对象模型而来。

第二种是直接从用例而来。经过前面的步骤，得到了用例图和用文字表达的用例描述，对其进行分析，获得对象。

第三种是从列表中找出对象。将系统中可能是用例的事物列表，从中找出对象及其属性。

这里以第二种方法为例。用例描述中的名词可能是一个对象也可能是一个对象的属性，而用例中的动词很有可能就是对象的动作，即对象的函数。例如，某网上交易系统，其中的一个用例是"检索订单"。描述如下：

"用户通过客户 ID 查询客户订单，系统验证 ID，若 ID 无效则显示出错信息；若 ID 有效则显示客户的姓名、地址，并且检索出该客户的未完成订单，显示订单的日期，检索出对应的订单项目。"

通过这一段描述，找出其中有价值的名词和动词，这些名词可能是对象，也可能是对象的属性，要进行区分。

其中，属于对象的名词是用户、客户、订单、订单项目；属于对象属性的名词是客户 ID、姓名、地址、订单日期；属于对象操作的动词是验证客户、显示、检索订单、检索订单项目等。

分析阶段和设计阶段之间一个主要区别是得到的对象细节程度不同。分析过程在更高的层次上处理对象，设计的细节较少。特定的属性、操作和类之间的关系留待设计阶段去添加。

在开始进行对象发现时，应当找出尽可能多的候选对象。尽管找出过多的对象可能会较困难，但大多数情况下找到的越多越好，因为在接下来的工作中可以进一步处理这些候选对象的清单，对这些对象进行删减、归并，使其开发人员和客户能够尽可能地理解这些对象。

二、识别类

在面向对象的分析中，要识别类。这种分析方式的优点是可以产生更小、更专门化的类，更容易区分固定不变的对象和容易变化的对象。分析模型中的类有三种，它们是实体类、边界类和控制类。

1. 实体类

实体类（Entity Class）是应用领域中的核心类，一般是从现实世界的实体对象归纳和抽象出来的，用于长期保存系统中的信息，以及提供针对这些信息的相关处理行为。在一般的情况下，实体类的对象实例和应用系统本身有着相同的生命周期。例如，在一个学籍管理系统中，我们为"学生"构造一个类，这个类对应的对象是我们需要分析和实现的现实事物，在面向的对象领域，这种与现实事物对应的类就是实体类。

2. 边界类

仅仅有了实体类还不够，为了保证系统的正常运行，系统中必须提供与外界用户交互的对象。

边界类（Boundary Class）是从那些系统和外界进行交互的对象中归纳和抽象出来的，也就是说，边界类是系统内的对象和系统外的参与者的联系媒介，外界的消息只有通过边界类的对象实例才能发送给系统。

3. 控制类

有了边界类还不够。还有一些用来管理实体对象和便捷对象之间交互的，这些对象就是控制对象，它们可以被抽象成一个或多个控制类。控制类（Control Class）是实体类和边界类之间的润滑剂，是从控制对象中归纳和抽象出来的，用于协调系统内便捷和实体类之间的交互。例如，某个边界对象必须给多个实体对象发送消息，多个实体对象完成操作后，传回一个结果给边界对象，这时我们可以使用控制类来协调这些实体对象和边界对象之间的交互关系。

每一个边界类和控制类通常都只会有一个对象实例，这反映了边界类和控制类的独特性质，即在一般的软件系统中，边界类和控制类的对象实例具有唯一性。从这个角度来看，边界类和控制类更像是纯软件的东西，是为了协调实体类而添加的类，它们并不是我们编写系统想要处理的核心事物。因此可以将边界类和控制类统称为软件类。当然，这并不是说软件类在现实世界中一定不存在，有时，它们只是设计者虚构出来的用来完成管理功能的类，但有时，它们的对象实例会直接对应于现实世界中的一些实体事物。

在管理信息系统中，一般有用户交互的界面，这时，边界类表现为用户界面，而实体类就是那些用来描述核心业务逻辑的类，控制类负责把界面的消息传递给相应的一个或多个实体类，并把处理结果返回给用户界面显示输出。

目前，大多数学者都强调，在面向对象设计阶段，应当将系统中的所有重要实体类、控制类和边界类都发掘出来。但是也有一些专家有不同的看法，他们认为，面向对象分析应当侧重于实体类的提取，在这一阶段，设计者可以尽量不考虑边界类和控制类。

三、使用类图表达概念之间的联系

找出了系统有关的概念后可以建立系统的术语表，然后建立概念之间的联系。在 UML 中可以使用类图表达概念之间的联系，如图 13 - 3 所示。概念之间的联系如下：

1. 关联（Association）关系

描述了两个对象之间的语义连接。关联可以是二元的、三元的或多元的，它表明了该关系中所涉及对象的数目。在实际情况中，二元关联出现得最多。关联的一端可连接任意个数的对象实例，称为该关联的多重性，其原理类似于逻辑数据模型。

关联往往是句子中动词的直接体现，例如，"客户有地址信息"中的"有"表示了客户与地址之间的关联关系。客户可以有地址信息也可以没有地址信息，因此，在该关联中，地址一端的多重性为 0、1。该动词可以作为关联的名称，在一般情况下，可以省略关联名称。关联还可以有方向，表明一个对象了解对方，而另一个对象不了解有对方的存在。单向关联有利于提高对象的重用性。有时为了说明关联两端对象在该关联中所起的作用，可以在关联的两端标出各自的角色，例如，客户所具有的地址为"联系地址"。在关联中可以采用约束对关联进行进一步的说明。例如在图 13 – 3 中使用 {有序} 约束，关联关系在 UML 中使用实线表示。

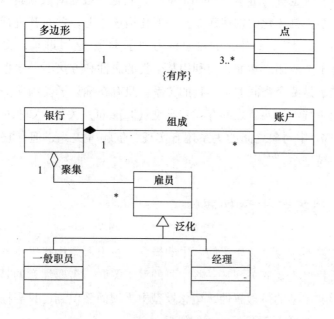

图 13 – 3　UML 表示概念之间的关系

2. 聚集（Aggregation）关系

是一种特殊的二元关联，用于表示两个概念之间整体与部分关系。当部分是整体中不可分割的一部分时，称为组成（Composition）关系。例如，银行与账户之间的关系属于组成关联，若银行破产不存在了，则客户的账户也不存在了；而银行与雇员之间则是聚集关联。组成关系拥有其被关联的部分，两者之间可能拥有"终身关系"，即它们被同时建立和清除。若两个对象之间是组成关系，则整体对象的多重性必为 1。

聚集和组成具有传递性。即如果 C 是 B 的一部分，B 是 A 的一部分，则 C 也是 A 的一部分。在系统分析阶段不必严格找出所有的概念之间的关联、聚集、组成的关系区别，也不必过分关注关联的方向性等属性，可以等到设计阶段再进行细化。因为面向的对象的技术强调的就是多次分阶段迭代开发。

聚合的关系和组成的关系分别使用空心菱形和实心菱形表示。

3. 泛化（Generalization）关系

泛化关系有时也称为继承（Inheritance），它是一般化对象与具体化对象之间的一种分类关系，具体化的描述建立在一般化描述之上，并对其进行扩展。一般化的对象称为"父类"，具体化的对象称为"子类"。通过继承，父类中的属性与方法可以为子类所用。然而，要利用某个类的属性和方法不一定也不应该总是使用继承。继承是两个类间非常独特的关系。只有在确认子类为父类的一个特殊类别时，才运用继承，两者之间存在着类型（Type of）关系。如职员与雇员之间的关系。在 UML 中对象之间的关系还有实现、依赖等关系，但是它们一般不用于这个阶段的模型中。

四、为对象和类添加属性

建立概念模型时应该关注于问题中的概念，找出概念比找出概念之间的关联更重要。然后找出主要的关联和一些主要的派生关联。需要注意的是，派生关联太多反而会影响模型的可理解性，概念模型中无须面面俱到，只需描述出系统主要的概念和关联即可，千万不要过分分析。

初步概念模型建立好之后，下一步是为概念模型添加属性。属性是某个对象的逻辑数据值。例如，对于"经理职员"，具有属性"姓名"和"年龄"，如图13－4 具有属性的类表示。需要注意的是，概念之间的联系不能用属性来表示它们，而应该用关联来表示。

图 13－4　具有属性的类

五、建立和维护术语表

术语表是指用于定义术语的简单文档。术语表至少要列出并定义所有需要澄清的术语，以便增进人员之间的交流和减少由于误解所带来的开发风险。建立术语表，也是一个迭代的过程，在整个开发过程中都要不断地对其进行维护。在UML中并没有规定术语表的标准格式。可以建立一个适当的术语表，如表 13 – 1 所示。

表 13 – 1　系统术语表示例

术语	分类	解释
资金处理	用例	描述客户处理资金的过程
年龄	属性	客户的年龄
账户	概念属性	客户的账户

第三节　动态分析

通过动态分析可以确认静态类图的完整性和正确性，包括类图中对于类的添加和修改，类之间的关系、类的属性等；还可以探索前期的模型在未来系统中实现的可能性。

一、用例的实现过程建模——通讯图

动态分析中最重要的是用例的实现。分析用例如何在系统中实现，对象之间如何协作，把用例变成现实。用例的实现步骤如下：

第一步，分析用例、用例图，模拟对象之间发送消息，可以采用通讯图表达。

第二步，在接收消息的对象上引入操作。

第三步，根据需要，引入接口类、控制类。

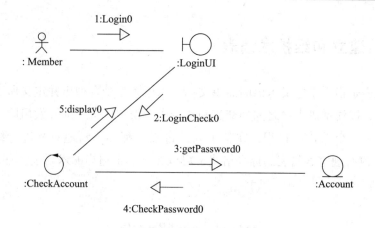

图 13 - 5 　登录的分析阶段通讯图

二、为类添加操作

我们说面向对象的开发方法是一个循环、迭代的过程。在前面的静态模型里，类图、对象图中表示了一些类、对象。有些属性、操作在类图中可以添加进去。在这个阶段，随着分析的深入，另外一些操作需要添加到类中。

在这个阶段，通讯图中类之间具有的消息传递，需要在相应的类中添加相应的操作，如图 13 - 6 所示。具体来说，通讯图中的每一个消息都对应类的一个操作。为类添加操作，得到用例实现的完整集合。UML 操作的一般格式如下：

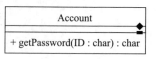

图 13 - 6 　为类添加操作

操作名（参数 1，类型；参数 2，类型）：返回类型

因此，Account 类就应当添加操作 getPassword （）：

其他的类的操作与此类似。

三、状态建模

有时实体的生存周期很复杂，需要显示在状态机上，用来表示某一对象的状态变化情况。这样能对系统运行时对象的变化有动态了解。例如，对报警器的状态建模，如图 13 - 7 所示。

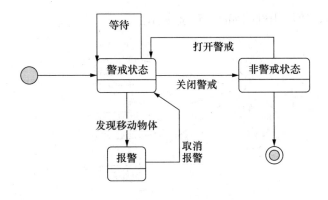

图 13 - 7　状态图

 思考练习题

1. 如何发现对象?

2. 接口类与实体类有何区别?

3. 动态分析和静态分析的主要区别是什么?

课外练习

ATM 机 分 析

对银行自动柜员机进行初级分析。客户持卡到 ATM 机操作,通过分析其主要的业务过程,写出简单的需求如下:

(1) 银行卡的识别。包含伪卡识别以及密码验证。

(2) 进入用户账号界面。一般提供的功能有"查询余额""取款""更改密码"等功能。

(3) 结束操作。客户执行完"账户界面"的功能之后,可以选择"打印单据"或"不打印单据",选好之后"退卡"就结束此次交易操作。

表达需求，使用用例图如图 13 – 8 所示。

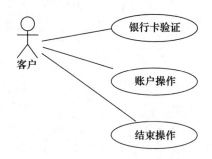

图 13 – 8 ATM 机的用例图

将"账户操作"用例，进一步分解，如图 13 – 9 所示。

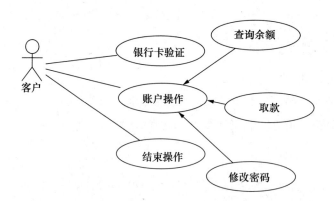

图 13 – 9 ATM 机用例图的进一步分解

请识别此系统中的对象。请画出主要的序列图。

第十四章
设计系统

学习目标

通过本章学习，要了解面向对象的系统设计的具体工作任务，理解从分析模型到设计模型的转化思想；掌握分析类到设计类的转化方法，包括对于对象和模型的细化、具体化。对于其他的设计要求有初步的认识。

第一节 建立设计模型

一、从分析模型到设计模型的转化

前面建立的概念模型距离可执行代码已经非常接近了。概念模型使我们获得了软件的蓝图，获得了建设软件所需要的所有组成内容以及建设软件所需要的所有必要细节。

设计类可以简单地从分析类映射而来。在设计模型中，概念模型中的边界类可以被转化为操作界面或者系统接口；控制类可以被转化为计算程序或控制程序，例如工作流、算法体等；实体类可以转化为数据库表、XML 文档或者其他带有持久化特征的类。这个转化过程也是有章可循的，一般来说，可以遵循的规则如下：

第一，软件架构和框架。软件架构和框架规定了实现类必须实现的接口、必须继承的超类、必须遵守的编程规则等。例如，当采用 J2EE 架构时，Home 和 Remote 接口就是必需的。

第二，编程语言。各类编程语言有不同的特点，例如，在实现一个界面或者一个可持久化类时，采用 C＋＋还是 Java 作为开发语言会有不同的设计要求。

第三，规范或中间件。如果决定采用某个规范或采用某个中间件时，实现类还要遵循规范或中间件规定的那些必需特性。

实际上，由于软件项目可以选择不同的软件架构和框架，可以选择不同的编程语言，也可以选择不同的软件规范，还可以购买不同的中间件，因此同样的概念模型会因为选择的技术不同而得到不同的设计模型。图 14－1 展示了从概念模型到设计模型的转化过程。

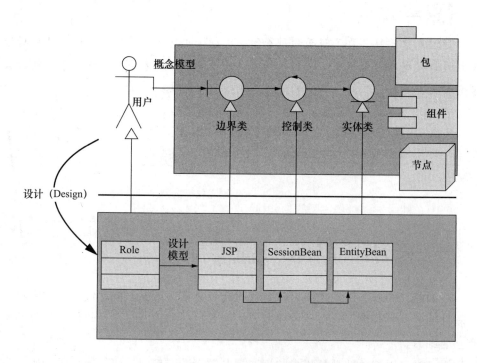

图 14－1　从概念模型到设计模型

系统分析和系统设计的差别，在面向对象的开发方法中体现不是绝对的泾渭分明。原因是分析工作被模糊化，经常的情况是需求弄清楚以后直接进入设计，例如，详细的表结构、类方法、属性、页面等，然后就进入开发。当然，从理论上说分析和设计是有差别的。

从工作任务上来说,分析做的是需求的计算机概念化,设计做的是计算机概念实例化。

从抽象层次上来说,分析是高于实现语言、实现方式的;设计是基于特定的语言和实现方式的。因此分析的抽象层次高于设计的抽象层次。

从角色上来说,分析是系统分析员承担的,设计是设计师承担的。

从工作成果来说,分析的典型成果是分析模型和组件模型,设计的成果是设计类、程序包。换句话说,系统分析是在不考虑具体实现语言和实现方式的情况下,将需求在软件架构和框架下进行的计算机模拟。系统分析的目的是确定系统应当做成什么样的设想,而系统设计的目的是将这些设想转化为可实施的步骤。

如果类比于建筑工程,分析相当于绘制设计图,而设计则相当于绘制施工图。分析的工作会决定应该是什么样子;而设计的工作则是决定采用什么材料,使用什么工艺。

面向对象系统设计主要的工作是在 OOA 的基础上考虑系统实现的问题,进行系统的结构设计和详细设计。OOD 模型的抽象层次较低,包含了与计算机具体实现有关的设计细节。OOD 要考虑的计算机实现条件包括硬件选择、操作系统的选择和网络设施的选择;数据库的选择、编程语言的选择等。

OOA 和 OOD 两者之间没有十分明确的界限。允许 OOA 表述的问题域信息不完整,可以重复进行 OOA,也可以在 OOD 阶段完善细化。

OOD 阶段的成果是 OOD 模型,其中的对象、对象的属性、操作和对象之间的关系,都必须是明确的,都应当是所选择的编程语言可以实现的。

二、优化概念模型

在 OOA 中已经给出了对象的基本的属性和操作,这一步要进一步细化、完善。在这一步中,还要对象类型的识别,对象分为实体对象、接口对象和控制对象。实体对象是在问题域中直接认识到的对象,它代表了要为之存储的数据的实现或抽象的东西。接口对象是一种技术性的对象,用于连接应用软件和外界系统或用户,例如,用户接口屏幕,实体对象的数据通常都是经由接口对象与外界联系的。控制对象主要用来协调实体对象和接口对象的活动。实体对象在 OOA 阶段中已经识别了,在 OOD 阶段要识别接口对象和控制对象。

接口对象的服务包括从系统外部获得信息、为外部提供信息。为用户、主要设备安排接口对象是中央接口对象；对于特制的图形用户接口界面 GUI 分别建立接口对象；对于其他类型设备，如输入输出设备，安排接口对象。

对于控制对象的识别，首先要考虑其能否承担某项功能。控制对象通常是暂时的或瞬间的，只存在于某一时间的发生过程中。在实体对象和接口对象之间起到了缓冲作用。凡是不属于实体对象或接口对象的，都是控制对象。其次要确定实体对象、接口对象和控制对象之间的各种关系，完善对象类结构图。包括对象之间的静态关系和动态关系。实体对象的静态关系在 OOA 阶段已经确定。需要确认接口对象、控制对象之间的静态关系。动态关系是指消息连接。通常实体对象不关心接口对象和控制对象，与它们没有消息连接，仅回答接口对象或控制对象发出的消息请求。接口对象和控制对象接到事件的触发，向实体对象发出消息。最后需要对概念模型进行优化。概念模型体现了建模人员对领域的理解。理解有深浅之分，无对错之分。概念模型的好坏直接影响到系统的质量。采用不好的概念模型也能实现系统的功能，但是它的灵活性差，不能适应变化。

下面通过一个实例，展示高质量概念模型的优势。

例如，在一个组织中，最高层为总部的运营单元，下辖地区中心，每个地区又拥有一些分公司。初步的概念模型如图 14－2 所示，我们不能说该概念模型不

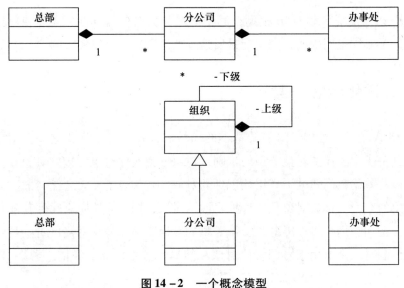

图 14－2 一个概念模型

正确，但是若组织面对竞争的环境，希望减少管理层次，去除地区中心，直接由总部来管理各分公司，则必须修改这个概念模型了。相比较，图中下面所示的概念则灵活得多，它能够适应未来的变化。

要获得高质量的概念模型，则需要对业务领域具有丰富的认识，需要系统分析人员与领域专家共同讨论才能获得。

三、构建系统动态模型

动态模型用来表示瞬时的、行为化的系统的"控制"性质，规定了对象模型中对象的合法变化序列，即对象的动态行为。可以使用状态图、顺序图来表示。如图 14-3 所示。

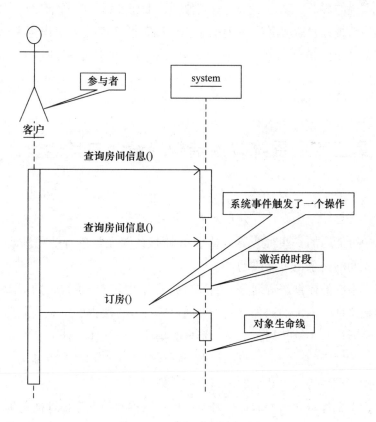

图 14-3　预订房间的顺序

状态图用来描绘某个对象的状态、触发状态转换的事件以及对象的行为（对事件的响应）。每个类的动态行为用一张状态图来描绘，各个类的状态图通过共享事件合并起来，从而构成系统的动态模型。其中包括事件、状态和行为。事件是指某个时刻所发生的事情，是对引起对象从一种状态转换到另一种状态的现实世界中事件的抽象。状态是指对象在其生命周期中某个特定阶段所处的某种情形。行为是指对象达到某种状态时所做的一系列处理操作。总之，状态图是站在个体的角度解读个体的合法变化情况。

顺序图展示了一个用例特定事件发生的过程中，参与者、系统内对象以及事件之间时间顺序的交互关系。在 UML 中，顺序图是交互图的一种，它突出了消息的时间顺序，另一种交互图是协作图，它突出了对象之间的关系。

描述系统的静态、动态模型还有其他图，上述过程的不断细化和完善，就是面向对象的系统开发阶段最有价值的工作，剩下的程序编码工作可由软件代劳，从管理信息系统的角度来看，其在整个开发过程中的比重不是很大，本章不再讨论。

第二节　系统体系结构的设计与其他设计

包括系统总体结构设计、分布方案、并发控制、人机交互、数据管理等。在这个过程中可能增加一些对象类、对 OOA 阶段的对象类进行补充修改、对 OOA 阶段的类此间的关系也可能改动。

对整个系统的体系进行划分，例如，分成人机交互子系统、数据库管理子系统等。但是这种子系统的划分不同于面向过程开发方法中的子系统划分，面向对象方法中是通过对类进行划分归纳，形成类集团的方式体现的。

其中，数据库的设计和传统的数据库设计区别在于其概念模型的获得直接通过类图等概念模型得到，其余的细节没有区别。

因此，类图等概念模型的优化是系统体系结构和数据库设计的基础。

另外，在设计阶段，还要进行大量其他设计工作，如数据库设计、输入/输出设计和业务服务设计等。在面向对象开发中，数据库设计要与实体类紧密联系，其中有个转换过程；输入/输出设计在面向对象开发方法中有一些特殊的设计原则；另外，在网络环境下系统开发中的业务服务设计要与系统体系结构和选择的开发技术相结合。

 思考练习题

1. 系统设计包括哪些内容?
2. 系统动态模型是用什么工具表达?

 课外练习

ATM 机系统中的类

1. 根据常识，为图 14 – 4 中的类添加属性、操作。

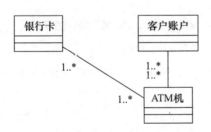

图 14 – 4　ATM 机系统中的类图

2. 依据图 14 – 5 的序列图，为银行卡、ATM 机和客户账户添加操作，画出添加操作后的类图。

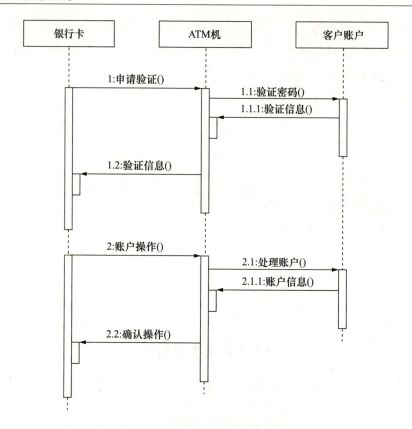

图 14 – 5 ATM 机系统中的序列图

第五部分 管理信息系统的管理与应用

第十五章
系统的实施与运行管理

📖 学习目标

本章要求掌握系统实施阶段的主要任务内容；了解物理环境、软件环境、编程工具的准备内容；理解系统测试的作用，了解系统测试的基本原理；对于系统运行和评价阶段的主要工作有所了解。

第一节 软硬件及编程环境

实施阶段要完成的任务不同于系统设计的重要一点在于实施阶段要将设计阶段所形成纸上的、不可执行的物理模型变为系统可运行的计算机模型。系统正式投入运行后，为了使系统能够长期高效地工作，还必须对系统运行进行日常管理、维护和评价。

管理信息系统的运行需要坚实的平台，该平台是指管理信息系统赖以运行的软、硬件环境。

一、物理环境的建立

物理系统主要包含计算机硬件及网络的实施，是计算机系统和通信网络系统设备的订购、机房的准备和设备的安装调试等一系列活动的总和。

硬件实施基本原则是是否能够满足 MIS 的设计要求。除此之外，还应该考虑以下的问题：计算机系统是否具有合理的性能价格比；系统是不是具有良好的可扩充性；能否得到来自供应商的售后服务和技术支持。

管理信息系统通常是一个由通线线路把各种设备连接起来组成的网络系统。常用的通信线路有双绞线、同轴电缆、光纤电缆以及微波和卫星通信等。网络实施主要包括通信设备的安装、电缆线的铺设、网络性能的调试等工作。

二、软件环境的建立

各类系统软件和工具软件对管理信息系统的开发和运行的支持作用毋庸置疑，系统软件从下到上，包括操作系统、数据库管理系统、应用程序开发工具、网络安全工具等。

服务器的操作系统包括 UNIX、WINDOWS NT （2000/XP/2003/2007）、NOVELL NET WARE 这几种网络操作系统。工作站操作系统主要包括 DOS、WINDOWS 系列、OS/2、UNIX 等。

数据库管理系统用于对数据库进行统一的管理和控制，以保证数据库的安全性和完整性。用户通过 DBMS 访问数据库中的数据，数据库管理员也通过 DBMS 进行数据库的维护工作。它提供多种功能，可使多个应用程序和用户用不同的方法在同时或不同时刻去建立、修改和询问数据库。目前主要的数据库产品有 Oracle、Sybase、Informix、Microsoft SQL Server、Microsoft Access、Visual FoxPro 等。

三、编程工具

1. 结构化编程还是面向对象编程

程序设计相当于土建施工，是产生最终产品的生产步骤，其任务是使用选定的计算机程序设计语言，将软件系统详细设计所得到的各个模块的信息处理功能和过程描述转换成能在计算机系统上运行的源代码，即源程序。程序设计主要依据是系统总体结构图、数据库结构设计、代码设计方案、类图中的操作等。这个步骤直接关系到能否有效地利用计算机达到预期目的。

如果采用结构化开发方法，在程序设计时应当遵循模块化、结构化设计的原则，选择适合结构化编程的语言工具，例如，Basic、VF、VC 等。另外鲍赫门

（BOHM）和加柯皮（JACOPINI）在1966年就证明了结构定理：任何程序结构都可以用顺序、选择和循环这三种基本结构。结构化程序设计的基本思想是按由上向下逐步完善细化的方式，由三种标准控制结构反复嵌套来构造一个程序。按照这种思想，可以对一个执行过程模糊不清的模块，以顺序、选择、循环的形式加以分解，最后使整个模块都清晰起来，从而确定全部细节。

应用程序的开发是系统实施阶段中最复杂的工作，在选择应用程序开发工具时，应选择最适合系统实现的，并且为团队成员所掌握的工具。早前流行的信息系统应用程序员开发工具主要有 Borland 公司的 Delphi 和 C + + Builder，微软公司的 Visual Basic 和 Visual Foxpro 等。

面向对象的程序设计是目前的主流，建议读者采用面向对象的开发方法。开发语言可以选择 Java、集成开发环境 Eclipse，也可以选择 C#，并选择相应的集成开发环境 Visual Studio。可从下面的网址下载微软提供的面向学生的完全免费版本 Visual Studio Professional 2013，或者下载免费版 Visual Studio Express。

https：//www. dreamspark. com/Product/Product. aspx？ productid = 72&cmpid = W_ VS_ DSV_ DS_ 728x90_ CHS.

http：//www. visualstudio. com/zh - cn/downloads/download - visual - studio - vs #DownloadFamilies.

2. 程序设计基本要求

无论是采用结构化程序设计，还是面向对象的程序设计，都要遵循以下程序设计的一些基本要求。

（1）可维护性。指当系统需求变化时，容易对程序进行补充或修改。

（2）可靠性。不仅正常情况下能正确工作，而且在意外情况下应便于处理。

（3）可理解性。要求层次清楚，便于阅读，便于维护。

（4）高效率。程序的效率指程序能否有效地利用计算机资源，如节省存储空间、提高运行效率等。但片面地追求程序的运行效率反而不利于程序设计质量的全面提高，因为效率与可维护性、可理解性通常是矛盾的。

第二节　系统测试

任何软件系统都不可能是完美无缺、没有错误的。不同的错误来自不同的原因，彻底发现并解决这些错误的方法就是系统调试。该阶段的重要性体现在它是保证系统质量与可靠性的最后关口，是对整个系统开发过程包括系统分析、系统设计和系统实现的最终审查。

从测试方法上，可以分为黑盒测试和白盒测试；从测试的层次上，大多数测试专家都把测试分为不同的层次。

一、程序调试

程序只有经过调试，才能认为基本正确，而要证明程序完全正确，则要经过一段时间试用才能确定。程序调试包括代码调试和程序功能调试。代码调试测试程序在逻辑上是否正确；程序功能调试测试程序能否满足功能和应用上的需求。

二、功能调试

功能调试的目的是保证模块内各程序间具有正确的控制关系，并测试模块的运行效率。功能调试的时间是在单个程序调试完成以后；做法是将一个功能内所有程序按次序串联起来进行调试。

三、总调

总调包含主控程序和调度程序调试以及程序的总调。主控程序和调度程序调试目的不是处理结果的正确性，而是验证控制接口和参数传递的正确性，以便发现并解决逻辑控制问题。程序的总调是将主控制和调度程序与各功能模块联结起来进行总体调试。这一阶段查出的往往是模块间相互关系方面的错误和缺陷。

四、特殊测试

特殊测试是根据系统需要而选择进行的，如峰值负载测试、容量测试、响应时间测试、恢复能力测试。

五、实况测试

实况测试是以过去手工处理时得出正确结果的数据作为输入，然后将新系统输出结果与手工处理结果进行比较。除严格校对结果外，还要考察系统运转的合理性、效率和可靠性。调试与测试都只能证明系统有错，而不能证明系统无错，所以任何软件系统都不能保证内部没有错误。

第三节　系统的运行维护和评价

系统经过调试后，便可交付使用，进入到运行阶段。该阶段是一个以新系统代替旧系统的过程。运行期间，系统的功能、硬件设备、软件设备和网络环境等都可能出现问题。

一、系统切换

系统切换的关键问题是选择合适的切换方式和时机，主要目的是为了保证新旧系统平稳、可靠地交接，从而使新系统顺利交付使用。系统切换工作不是一天就可以完成的，它需要一个切换过程，在这个过程中要建立起整套的与之相应的管理制度。

1. 系统转换的方式

系统转换的方式有直接方式、并行方式和分阶段三种切换方式。

（1）直接切换方式。这种转换方式是在某一时刻，用新系统完全代替老系统工作。这种转换方式省时省力，但风险较大。对于信息规格要求高的那些信息系统，如会计信息系统而言，不能采用这种转换方式。因为系统中可能会存在一些始料不及的事情。

（2）并行切换方式。新老系统同时在一段较长时间内并行运行，并行期的初期是以老系统来考核新系统，老系统处理的结果作为管理的依据。并行期的后期，根据新系统工作情况逐步让老系统退出实际管理工作，这时老系统起考核作用。这种转换方式可靠性高，风险小，但并行运行阶段会增加业务人员的工作量。

（3）分阶段逐步切换方式。新老系统的转换是子系统逐个地进行。每个子系统的转换是按平行方式进行。这种切换方式可以达到风险小，又不加重业务部门的负担。但各个子系统转换的先后次序和相互之间的接口处理较难解决。通常是先转换相对独立的"前道工序"的子系统，联系密切的"后道工序"的子系统则留在后期转换。

2. 三种切换方式优缺点比较

直接切换方式简单但风险大，万一新系统运行不起来，就会给工作造成混乱，适合于在系统小且不重要或时间要求不高的情况下使用。并行切换方式无论在工作安全，还是在心理状态上均是较好的，这种方式的缺点就是费用开销高，所以适合于系统安全性要求特别高的管理信息系统。分阶段切换方式是为克服并行切换方式缺点的一种混合方式，因而属于一种很灵活的方式，可以通过控制各个分段区间的大小来适应各种不同要求的管理信息系统。

二、系统运行

系统的运行管理是对信息系统的运行进行控制，记录其运行状态，进行必要的修改与补充，以使信息系统真正满足管理决策的需要。运行管理包含组织建设和制度建设等方面的工作。系统运行包含以下两方面：

1. 系统运行管理任务

系统运行情况的记录。从开机后，应用系统的进入，功能项的选择与执行，到关机前的数据备份、存档，关机，都要就系统的软硬件及数据等的运行情况做出详细记录。

审计踪迹。在系统中设置自动记录功能，能通过自动记录的信息发现问题及原因。

审查应急措施的落实情况。为减少意外事件对系统的损害，要制定应付突发事件的计划，每天审查应急措施的落实工作。

系统资源的管理。包括对系统软、硬件、人员及资金的管理。

2. 系统运行管理制度

运行管理制度包括不同机房安全运行管理制度的制定，以及计算机信息安全的法律法规制定。

三、系统维护

系统维护是面向系统中各种构成因素的，按照维护对象的不同，系统维护的内容可分为以下几类。

1. 系统应用程序维护

系统的业务处理过程是通过应用程序的运行而实现的，一旦程序发生问题或业务发生变化，就必然地引起程序的修改和调整，因此系统维护的主要活动是对程序进行维护。

2. 数据维护

业务处理对数据的需求是不断发生变化的，除了系统中主体业务数据的定期正常更新外，还有许多数据需要不定期进行更新，或随环境、业务的变化而进行调整，以及数据内容的增加、数据结构的调整。此外，数据的备份与恢复等，都是数据维护的工作内容。

3. 代码维护

随着系统应用范围的扩大、应用环境的变化，系统中的各种代码都需要进行一定程度的增加、修改、删除以及设置新的代码。

4. 硬件设备维护

对主机及外设的日常维护和管理，如机器部件的清洗、润滑、设备故障的检修、易损部件的更换等，都应由专人负责，定期进行，以保证系统正常有效地运行。

四、系统评价

系统的评价是对一个信息系统的性能进行全面估计、检查、测试分析和评审，包括用实际指标与计划指标进行比较，以求确定系统目标的实现程度，同时对系统建成后产生的效果进行全面评估。

系统评价目的主要包括检查系统总体目标是否达到用户期望；检查系统功能是否达到预期设计要求，有哪些不足之处；检查系统各项运行指标是否达到预期设计要求；比较系统实际使用效果与预期设计要求之间的差异；根据评价结果，提出改进意见，形成系统评价报告。

系统评价内容包括对信息系统的功能评价、对现在硬件和软件的评价、对信息系统的应用评价、对信息系统的经济效果评价等。

系统评价方法可以用定性与定量的方法进行评价。其中定性方法有结果观察法、模拟法、对比法、专家打分法。定量方法有德尔菲法（Delphi）、贝德尔法（Beded）、卡尼斯法（Chimes）等。

五、系统验收

对于信息系统这样的大项目，系统完成并运行了一段时间之后，要进行必要的验收。验收是由投资项目的企业和使用系统的企业中有关专家和主管部门人员参加的，按照管理信息系统总体规划和合同书以及计划任务书进行的全面检查和综合评定。系统验收内容不仅包括管理信息系统评价的各项指标，还包括企业的相应管理措施和应用水平，检查是否达到建立管理信息系统的目标。

思考练习题

1. 简述管理信息系统的实施阶段主要任务有哪些？
2. 程序设计有哪些基本要求？
3. 如何进行程序调试？包括哪些内容？
4. 系统切换方式分为哪几类，各有什么优缺点？

5. 如何进行系统评价，其主要内容是什么？

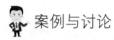案例与讨论

电信诈骗与个人隐私

2011 年 8 月 5 日，本市最大一起倒卖公民个人信息案在北京市二中院宣判，23 名被告人分别因出售非法提供非法获取公民个人信息罪等被判处有期徒刑两年半到缓刑不等。这些人中有电信公司"内鬼" 7 人，国内三大电信运营商——中国移动、中国联通和中国电信均有人员涉案。他们获取机主身份信息后，提供给中间人，几经转手最终落入调查公司之手。据了解，23 名被告中包括 7 名通信单位工作人员。其中，被告人黄××、周××系派遣至中国移动 10086 客户服务中心职员，属于最低级别员工，但均有权接触个人用户的通话记录短信清单，以及登记信息中的身份证号、家庭住址等。黄××个人就利用 200 余条公民个人信息，非法获利人民币 1 万余元。市检控二分院称，涉案人员售卖的个人信息主要包括座机通话清单、手机定位信息、公民个人户籍。

💬 信息时代如何保护个人隐私？

第十六章
管理信息系统开发应用案例

学习目标

本章的目的是要展示管理信息系统在不同环境中的应用。要求通过案例理解管理信息系统的多样性，理解管理信息系统要与具体的企业发展战略相结合，领会管理信息系统是如何帮助不同业务背景的企业提升核心竞争能力的。

第一节　郑州市网格化管理信息系统

一、城市网格化管理是一种革命和创新

城市网格化依托统一的城市管理以及数字化的平台，将城市管理辖区按照一定的标准划分成为单元网格。通过加强对单元网格的部件和事件巡查，建立一种监督和处置互相分离的形式。对于政府来说主要优势是政府能够主动发现、及时处理，加强政府对城市的管理能力和处理速度，将问题解决在居民投诉之前。

城市化网格管理将过去被动应对问题的管理模式转变为主动发现问题和解决问题；城市化网格管理是管理手段数字化，这主要体现在管理对象、过程和评价的数字化上，保证管理的敏捷、精确和高效；城市化网格管理是科学封闭的管理机制，不仅具有一整套规范统一的管理标准和流程，而且发现、立案、派遣、结案四个步骤形成一个闭环，从而提升管理的能力和水平。

图 16 - 1 郑州市社会公共管理信息平台

二、系统介绍

在平台的首页输入正确的用户名、密码，跳转至工作动态页面，如图 16 - 2 所示。

图 16 - 2 工作动态页面

1. 工作动态

工作动态模块，用户具有查看平台中发布的工作动态，如工作简报、领导活动等类型的工作动态。

2. 业务流转

主要管理社情业务流转和台账业务流转。通过信息的采集、上报、交办等操作，按照一定的流程来完成事件的处理，主要功能有社情业务流转、社情业务查询、台账业务流转、台账业务查询、社情业务预警、台账业务预警。

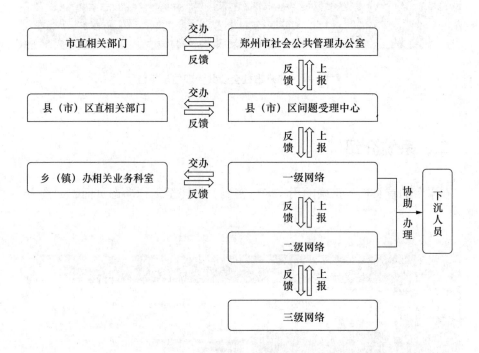

图 16 - 3 社情和台账业务的处理流程

三级网格人员用户采集页面，网格人员采集信息可以根据实际情况选择自行办理、上报办理或备案等操作。①自行办理。对于可以进行办理的事件，三级网格人员可选择"自行办理"。提交后事件会流转到社区，最终由社区进行办结。②上报办理。对于无法进行办理的事件，三级网格人员可选择"上报办理"。提交后事件会流转到社区，由上级部门进行办理后，最终反馈到三级网格，由三级网格人员进行办结操作。③备案。对于暂时不提交的事件，可选择"备案"。提交后，信息暂时备案到三级网格的备案信息里。如果事件流转到三级网格，则需要对事件进行签收。会有红色标记提示尚未签收的事件。

図 16 – 4　社情信息采集

図 16 – 5　社情信息列表

对于事件的办理，三级网格的办理方式为"办理并反馈""退办"。办理并反馈是对事件进行办理，并反馈给上级，由上级网格办结；退办是对于不属于本网格或无法办理的事件，进行退办操作。

社情业务查询可以查询社情相关的信息。查询条件包括采集类型（社情独有）、时间、时间段、排查人姓名、事件编号、关键字、分类筛选、办件状态、签收状态、红黄牌、事件类型。使用社情业务查询时，单击左侧功能树的社情业务查询，进入查询筛选页面。

图 16 – 6　社情业务查询筛选页面

台账业务流转包括台账信息采集、台账信息处理等业务。

台账业务查询可以查询社情相关的信息。查询条件包括台账类型、时间、时间段、事件编号、隐患单位名称、关键字、分类筛选、办件状态、

图 16 – 7　台账业务查询筛选页面

签收状态、红黄牌。使用台账业务查询时，单击左侧功能树的台账业务查询，进入查询筛选页面。

台账类型包括"非法生产""非法经营""非法建设"等八种类型；时间包括"本日""本周""本月""本季""本年"。

社情业务预警、台账业务预警：对即将到期的待签收和待处理社情案件做提前通知提示，待签收的案件默认按签收截止日期2小时前做预警提醒，待处理的案件默认按处理截止日期提前1天做预警提醒。

统计报表包括业务信息红牌统计、重点领域排查情况统计社情台账日统计。①业务信息红黄牌统计，统计各部门台账信息和社情信息的业务签收（黄牌）、业务办理（黄牌）、业务办理（红牌）数量以及公文信息的公文签收（黄牌）的数量。②重点领域排查情况统计，统计各单位非法生产、非法经营、非法建设等八个台账类型的发现数。③社情台账日统计，统计各部门当天的社情信息和台账信息的发现数和办结数。

图 16 - 8 业务信息红黄牌统计

单位	非法生产	非法经营	非法建设	信访稳定	安全生产	基层组织建设	城市管理提升	其他	单位总计
双桥村一组	0	7	0	1	3	0	0	0	11
双桥村二组	1	6	0	0	2	0	0	0	9
双桥村三组	0	2	0	0	1	0	0	0	3
双桥村四组	0	0	0	0	0	0	1	0	2
双桥村五组	1	13	0	0	0	0	0	0	14
双桥村六组	0	1	0	1	1	0	0	0	3
双桥村七组	0	1	0	0	15	0	0	0	16
双桥村八组	0	0	0	4	2	1	0	0	7
双桥村九组	1	6	0	2	1	0	0	0	10

图 16 - 9 重点领域排查情况统计

当天业务统计				
按条件查询				
单位：	🔍 检索 📄 导出 🖨 打印			
西镇民社区当天业务统计				
单位	社情信息		台账信息	
	发现数	办结数	发现数	办结数
网格一	15	0	0	0
网格二	0	0	0	0
网格三	6	0	6	0
合计	21	0	6	0

图 16 – 10　社情台账日统计

第二节　某高校教务管理信息系统

本案例主要介绍某高校的教务管理信息系统的功能。通过功能介绍，了解业务流程与系统流程的关系。

一、系统登录

打开 IE 浏览器，输入 WEB 服务器地址，进入用户登录界面，如图 16 – 11 所示。输入用户名及口令（用户名与密码由教务处统一提供，用户名是教师在系统中的职工号），选择"教师"角色，单击"登录"。

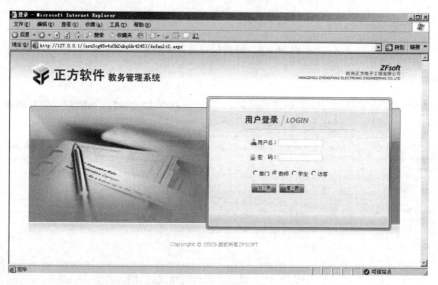

图 16 – 11　登录界面

登录系统之后，就能看到许多菜单选项。

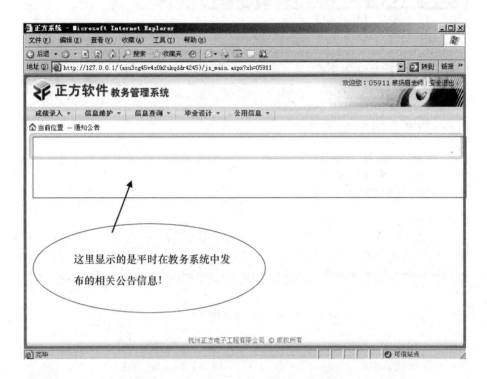

图 16 – 12　登录之后一般显示通知公告

二、成绩录入

将鼠标移到"成绩录入"上时，就能显示该教所上的相应课程。选择相应的课程就切换到输入课程密码的界面，密码由教务处统一提供。

在这里输入密码之后，必须单击"确定"按钮，不能直接按回车。单击"确定"按钮之后就出现成绩录入的主界面了。设置各个成绩的成绩比例，然后选择相应的成绩记分制：百分制或五级制。

成绩录入完成之后单击"保存"按钮，系统会根据设置的成绩比例以及记分制将相应的总评成绩自动换算进去。成绩确认无误后单击"提交"按钮。注：单击"提交"按钮后，成绩不能更改。提交完成后，系统会自动跳转到成绩单打印页面。

图 16－13　课程密码

图 16－14　成绩比例设置

图 16-15　打印

选择班级及"格式二"导到 Excel，打印并签名后交教务员存档。选择班级及"试卷分析"导到 Excel，可制作试卷册用。

三、信息维护

信息维护内容包括个人简历、密码修改、全校性公选课申请、教学日历、临时调、停（补）课申请。

1. 教师个人简历

单击"信息维护"→"个人简历"，维护性别、出生日期、联系电话、E-Mail、教师简介等内容。

图 16-16　个人信息维护

2. 密码修改

为防止登录信息泄密，请各位教师尽快更改原始密码，单击"信息维护"→"密码修改",修改自己的原始密码。

3. 全校性公选课申请

单击"信息维护"→"全校性公选课申请"。

(1)依次选择开课学年学期(默认当前学年学期)、课程名称、课程性质、课程类别、课程归属、考核方式、上课校区、场地要求。

(2)输入周学时、起止周(格式如 01~16)、学分、容量。

(3)设置面向对象、禁选对象:选择年级、学院或专业(若面向 2017 级的只选年级 2017),单击添加对象。

(4)录入课程简介(250 字以内)、申请说明(150 字以内)。

(5)单击"保存"完成申请。

(6)单击"打印"输出到 Excel,打印后交院系签字审核。

图 16-17 开课申请表

4. 教学日历

选择学年、学期以及课程名称，录入教学内容；录入完毕后单击保存按钮。教学日历可以根据不同的系统设置显示不同的两种格式，可以满足不同学校的要求。

图 16 – 18 教学日历

5. 临时调、停（补）课申请

单击"信息维护"→"临时调、停（补）课申请"，依次选择变动类别、课程、变动上课信息、原起始周、原结束周、变动后起始周、变动后结束周、变动后上课时间（星期几、第几节、上课长度），单击"检测可使用教室"后选择可使用教室，再录入调课理由，单击"申请"，下面显示申请信息及审核情况，待教务处审批同意后，会显示审批结果及调整后的时间、地点。若输入有误可单击"退选"取消申请。

图16-19 临时调、停（补）课申请

四、信息查询

信息查询包括教学任务、专业推荐课表、教师个人课表、选课情况、教学质量评价、考试安排、培养计划、教室等内容查询。

1. 教学任务查询

单击"信息查询"→"教学任务查询"可查询教师各学期担任的教学任务。可以以多种方式进行查询：按课程名称查询、按课程代码查询、按选课课号查询、按教师姓名查询等，并且支持模糊查询。

2. 专业推荐课表查询

单击"信息查询"→"专业推荐课表查询"可查询各专业推荐课表。在课表的最下方有该行政班的实践课程信息，如图 16 - 21 所示。

图 16 - 20 教学任务查询

图 16 - 21 专业推荐课表查询

3. 教师个人课表查询

单击"信息查询"→"教师个人课表查询"可查询全校每位教师的上课情况，如图 16 - 22 所示。

4. 选课情况查询

单击"信息查询"→"选课情况查询"可查询、打印教学班的学生名单。

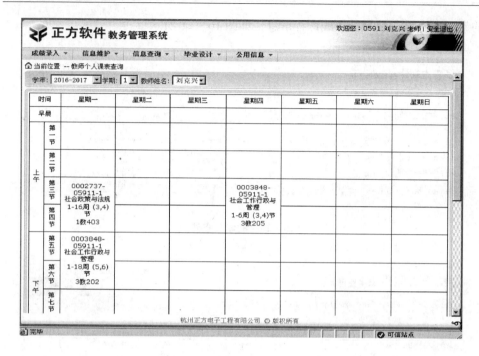

图 16 - 22　教师个人课表查询

5. 教学质量评价查询

单击"信息查询"→"教学质量评价查询"可查询教学评价结果。如图16 -
23 所示。

6. 考试安排查询

单击"信息查询"→"考试安排查询"可查询教师担任监考任务。

7. 培养计划查询

单击"信息查询"→"培养计划查询"可查询全校各专业的培养计划。

8. 教室查询

（1）选择学年学期，输入教室名称，单击"按教室查询使用情况"可查询
使用情况，如图 16 -24 所示。

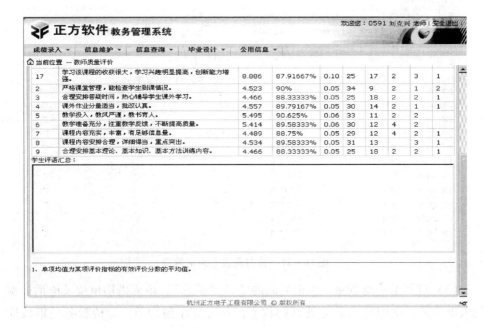

图 16 – 23　教学质量评价查询

图 16 – 24　教室查询

（2）选择时间段、星期几、节次，单击"按时间段查询空教室"查询时间段内的空教室，如图 16 –25 所示。

图 16－25　按时间段查询空教室

（3）选择某一空教室，单击后面的"教室预约"，填入借用单位及电话、预约人电话及用途即可向教务处预约教室，并可打印预约单，等待教务处审核通过，如图 16－26 所示。

图 16－26　教室预约

再单击"预约教室审核结果"可查询审批结果。

五、毕业设计

1. 教师信息维护

在此页面里教师可以维护自己的信息。

2. 教师申报题目

教师可以在此页面申请毕业设计的题目，如图 16 - 27 所示。

图 16 - 27　毕业设计题目申请

教师只要在页面中填入所需要的信息后，点"保存"即可完成毕业设计题目的申请。单击申请页面中的"查看题目申报情况"按钮就能进入已有题目的页面。

3. 教师管理学生

教师需要在毕业设计的过程中对学生进行管理，在教师学生管理的页面中可以完成对学生申请题目的审核和学生的信息的查询和对学生的毕业设计周志的审核和回复。

如果要审核某学生，只要单击"查看学生××"的超链接即可进入学生的提交页面。如果要回复学生，则只要再单击"回复"按钮。在单击"回复"按钮后，在页面下方会出现回复学生的页面，只要在这里输入回复的信息后，点"确定"就可以了。

周志00000001	
学生信息：学号：05142225姓名：崔晓希当前所在级：2014学院：人文社会科学学院专业名称：广告学行政班：051422	
学生周志	提交日期：
前一阶段总结：学习！ 后一阶段计划：还是学习！ 问题与建议：怎么学习？	
教师回复	回复日期：2009-02-12-10-30-23
学习情况属实！|	

确定　关闭

图 16 – 28　教师回复

4. 教师成绩录入

教师进入登录成绩的页面时会看到一个学生信息的列表。

当前位置 -- 教师登录成绩

请选择课题：我的人文科学　总评记分制：百分制　打 印

学号	姓名	专业	行政班	所属学院	答辩成绩	验收成绩	总评成绩	答辩时间	保存状态	
05142222	刘胜	广告学	051422	人文社会科学学院						选择
05142225	崔晓	广告学	051422	人文社会科学学院						选择

图 16 – 29　教师成绩录入一

如果要给某位学生录成绩的话只要单击该学生列表后面的"选择"字样。

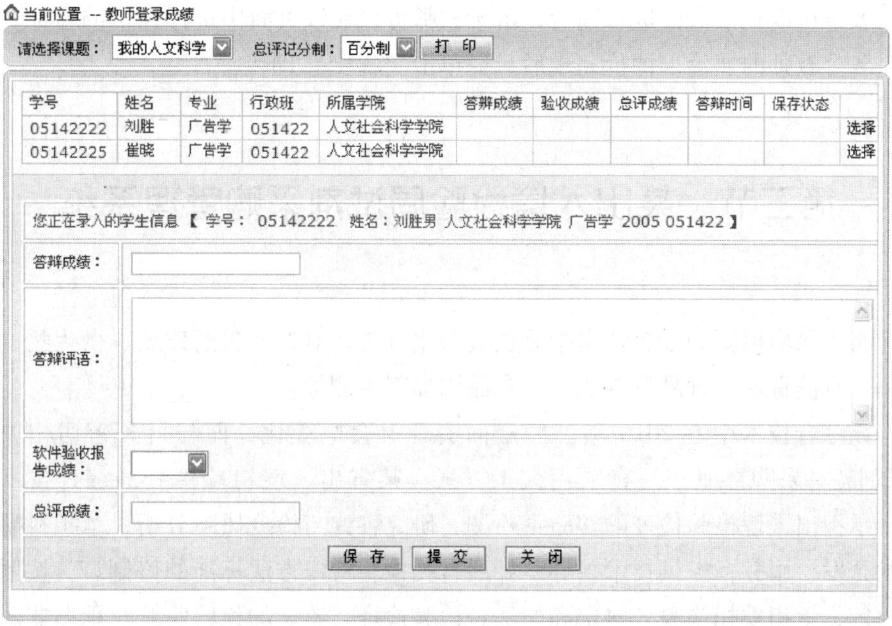

⌂ 当前位置 -- 教师登录成绩

请选择课题： 我的人文科学 ▼　　总评记分制： 百分制 ▼　 打 印

学号	姓名	专业	行政班	所属学院	答辩成绩	验收成绩	总评成绩	答辩时间	保存状态	
05142222	刘胜	广告学	051422	人文社会科学学院						选择
05142225	崔晓	广告学	051422	人文社会科学学院						选择

您正在录入的学生信息 【 学号： 05142222　姓名:刘胜男 人文社会科学学院 广告学 2005 051422 】

答辩成绩：

答辩评语：

软件验收报
告成绩： ▼

总评成绩：

保 存　　提 交　　关 闭

图 16 – 30　教师成绩录入二

教师只要在这个页面上录入学生的各个单项的成绩就可以了。

六、教学评价

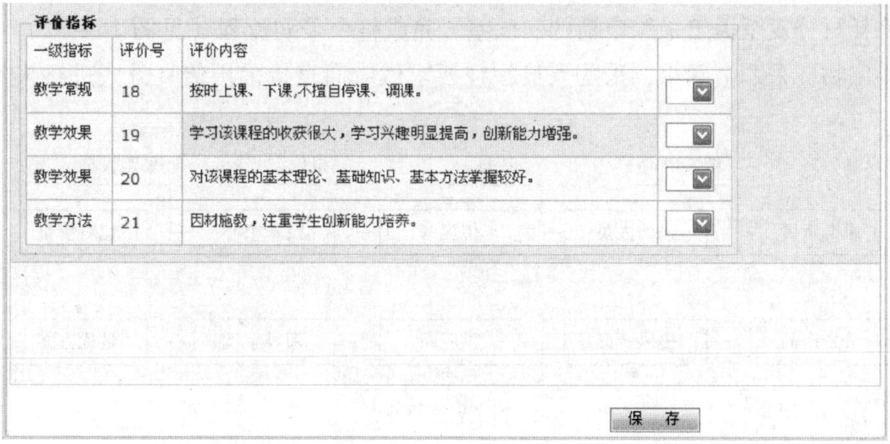

评价指标

一级指标	评价号	评价内容	
教学常规	18	按时上课、下课,不擅自停课、调课。	▼
教学效果	19	学习该课程的收获很大,学习兴趣明显提高,创新能力增强。	▼
教学效果	20	对该课程的基本理论、基础知识、基本方法掌握较好。	▼
教学方法	21	因材施教,注重学生创新能力培养。	▼

保 存

图 16 – 31　教学评价

教师可以在该页面进行同行评价。教师可以在该页面中选择评价的指标，完成对各个教师的评价，评价完成后只要单击"提交"即可。

第三节　某出入境检验局试剂采购管理系统

某出入境检验局综合技术中心负责理化分析、对农药兽药残留、微生物、重金属、真菌毒素、食品营养成分、食品添加剂检测等。

该综合技术中心 2016 年已经全面实现财会电算化，而与财务密切相关的"试剂耗材采购管理"一直采用人工方式。某省出入境检验检疫局综合技术中心，承担出入境检验检疫的实验室检测、研究咨询与检疫风险分析；承担科研与技术开发、服务，提供技术指导，开展有关检验检疫方法标准的修制订，按照有关规定，承担委托检验、鉴定和非法定检验检疫、鉴定的检验实验。承办非法定检验商品及纯技术性的大宗商品的检验。做好仪器设备的日常保养和检测样品的留样保管。具体承担的检测项目：通常情况下，由实验室提出相关耗材的采购申请，将纸质采购申请文件交技术中心专职采购人员，采购人员将采购申请传真至耗材供应商，供应商报价后回传至技术中心，技术中心采购人员对比各个价格，权衡利弊筛选出最优方案，报由技术中心领导审批，审批后将签字文件传真到中标供应商处，中标供应商提供技术中心需采购耗材，试剂耗材到货后，由采购人员将耗材分发至提出采购申请的实验室，完成整个采购流程（见图 16 - 32）。由于小宗物资采购金额小，采购人员往往要求供应商直接采用传真方式进行报价。

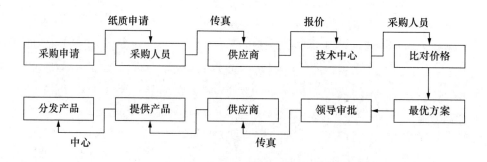

图 16 - 32　原有的业务流程

这一方式的不严密性在于供应商报价可能在截止日期前被人窃取，导致不公平竞争。

随着中心规模的日益增长，采购业务量也逐渐增加，手工处理方式带来的各种弊端也开始暴露出来，影响采购工作效益，阻碍了先进管理方法的运用。2017年中心开始制定新的目标，将试剂耗材采购管理与计算机技术、网络技术、数据处理技术相结合，将当代高新技术应用于业务流程管理与控制中，建立包括申请、采购、库存和控制为一体的管理系统（见图 16 - 33）。

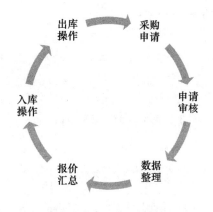

图 16 - 33　新的业务流程

为了实现这一目标，中心与专业软件设计公司合作，实施了强强联合的战术，管理系统采用"实验室物资采购询比价系统"。网上询价采购系统提供了供应商报价的加密功能，项目相关人员只有在报价截止后才能获得供应商的报价信息，从而保证了供应商报价的安全可靠。

按照中心采购流程及相关实际情况设计应用软件，通过设计好的"网上询价竞价信息管理系统"解决了大部分的试剂耗材采购管理与库存管理，由以前的纸质交流变为网上数据交流，采购人员收到采购申请后可在网上将采购物资信息发送至供应商处，由供应商按要求进行报价，审批人员也可直接在网上查看报价情况，按照实验室要求与综合条件评估最优原则选择中标供应商，供应商通过管理系统可直接查看自己中标情况。到货后，采购人员与实验室人员验收后，可直接系统入库，并将库存分为综合库存与实验室分管库存，改变了以前直接交付实验室管理的状态，若实验室需要领用，可由实验室从系统提出领用申请，试剂耗材管理人员选择出库管理，若实验室暂不需要领用，可在需要领用时，由系统查看库存情况，若无库存，可申请购买，实现了中心内部信息共享，提高了试剂耗材的管理效率。

采购申请页面如图 16 – 34 所示。

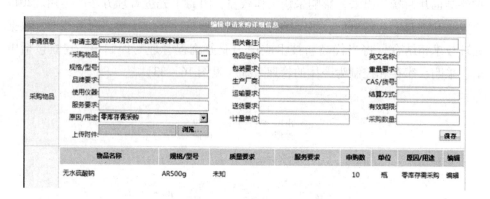

图 16 – 34　采购申请

 思考练习题

1. 本章的三个信息系统的本质区别是什么？

2. 请分析第三节的案例中原有业务流程的弊端，并帮助完善新的业务流程或系统流程。